MARTIN SCHNEIDER

EUROPÄISCHES WALDENSERTUM
IM 13. UND 14. JAHRHUNDERT

ARBEITEN ZUR KIRCHENGESCHICHTE

Begründet von Karl Holl † und Hans Lietzmann †
Herausgegeben von Kurt Aland, Carl Andresen und Gerhard Müller

───────────── 51 ─────────────

EUROPÄISCHES WALDENSERTUM IM 13. UND 14. JAHRHUNDERT

GEMEINSCHAFTSFORM – FRÖMMIGKEIT SOZIALER HINTERGRUND

VON

MARTIN SCHNEIDER

WALTER DE GRUYTER · BERLIN · NEW YORK

1981

CIP-Kurztitelaufnahme der Deutschen Bibliothek

Schneider, Martin:
Europäisches Waldensertum im 13. [dreizehnten]
und 14. [vierzehnten] Jahrhundert : Gemeinschafts-
form, Frömmigkeit ; sozialer Hintergrund / von
Martin Schneider. – Berlin ; New York : de Gruyter,
1981.
(Arbeiten zur Kirchengeschichte ; 51)
ISBN 3-11-007898-8

NE: GT

by Walter de Gruyter & Co., Berlin 30
Printed in Germany
Satz und Druck: Saladruck, Berlin 36
Buchbinder: Lüderitz & Bauer, Berlin 61

MEINER FRAU GEWIDMET

VORWORT

Das vorliegende Buch stellt eine überarbeitete Fassung meiner Dissertation dar, die ich im September 1976 der Theologischen Fakultät der Universität Heidelberg vorlegte. Diese Dissertation trug den Titel „Die Entwicklung des Waldensertums vom Beginn der Verfolgungszeit bis zur Mitte des 14. Jahrhunderts – Untersuchungen zum Gemeinschaftscharakter, zur Frömmigkeit und zum sozialen Hintergrund –".

Aus der Literatur zu meinem Thema, die in der Zeit nach Abschluß meiner Dissertation erschien, sind zwei Titel hervorzuheben: Grado G. Merlo, Eretici e inquisitori nella società piemontese del Trecento, Turin 1977 und Alexander Patschovsky, Quellen zur böhmischen Inquisition im 14. Jahrhundert, Weimar 1979. Ich habe versucht, Forschungsergebnisse beider Autoren an einigen wesentlichen Punkten zu berücksichtigen und freue mich, daß beide durch die Herausgabe ungedruckter oder schwer zugänglicher Quellen die weitere Erforschung der Waldensergeschichte im 14. Jahrhundert sicher anregen und fördern werden.

Mein Dank gilt all denen, die in vielfältiger Weise den Weg der vorliegenden Arbeit von ihren Anfängen bis zur Drucklegung gefördert und begleitet haben. Ich nenne besonders Kurt-Victor Selge, der nicht nur die Anregung zu diesem Thema gab, sondern mir auch stets mit seinem Rat und mit seiner Kritik zur Seite stand. Danken möchte ich auch meiner Landeskirche, der Evangelischen Landeskirche in Baden, der Evangelischen Kirche im Rheinland, sowie der Evangelischen Kirche der Union und der Vereinigten Evangelisch-Lutherischen Kirche Deutschlands für die Gewährung von Zuschüssen für die Drucklegung. Möge die Veröffentlichung dieser Untersuchung dazu dienen, daß die lebensgestaltende und gemeinschaftsbildende Kraft des Evangeliums sichtbar wird.

Meißenheim, im Oktober 1980   Martin Schneider

INHALTSVERZEICHNIS

ABKÜRZUNGEN

Alle hier nicht erläuterten Abkürzungen, besonders die der biblischen Bücher, orientieren sich am Abkürzungsverzeichnis der «Religion in Geschichte und Gegenwart» I, S. XVI ff.

AFP	= Archivum Fratrum Praedicatorum, Rom
AMA	= Abhandlungen der (kgl.) bayerischen Akademie der Wissenschaften, III. (Histor.) Klasse, München
BSSV	= Bollettino della Società di Studi Valdesi, Torre Pellice
CF	= Cahiers de Fanjeaux, Toulouse
CV	= Communio Viatorum, Prag
DA	= Deutsches Archiv für Erforschung des Mittelalters
DHGE	= Dictionnaire d'Histoire et de Géographie Ecclésiastique, 1912 ff.
DThC	= Dictionnaire de Théologie Catholique, Paris (1909–1937)
LA	= Liber Antiheresis s. u. Durandus von Osca
Lib. Sent.	= Liber Sententiarum s. u.
LThK	= Lexikon für Theologie und Kirche, herausg. von J. Höfer/K. Rahner, 2. Aufl. 1957 ff.
MG	= Monumenta Germaniae Historica
MG SS	= Scriptores
MG Const.	= Constitutiones
MG Ep. saec. XIII	= Epistolae saeculi XIII
PL	= Migne, Patrologia Latina
Quellen	= Quellen zur Geschichte der Waldenser s. u.
Reg. Pamiers	= Register der Inquisition des Jaques Fournier, Bischof von Pamiers s. u.
RHE	= Revue d'Histoire Ecclésiastique, Löwen, 1900 ff.
ZKG	= Zeitschrift für Kirchengeschichte

EINLEITUNG

Die wissenschaftliche Erforschung der mittelalterlichen Waldensergeschichte beginnt erst in der Mitte des vergangenen Jahrhunderts. 1851 erschien Wilhelm Dieckhoffs Buch «Die Waldenser im Mittelalter», in dem nachgewiesen wurde, daß die bekannten waldensischen Handschriften als Quelle für die mittelalterliche Waldensergeschichte nicht in Frage kommen. Damit war der Weg frei für eine sachgemäße Darstellung auf der Grundlage der mittelalterlichen Quellen. Auf diesem Weg kam man dann auch bald zu Ergebnissen, die zum Teil heute noch gelten. Die Namen von Wilhelm Preger, Karl Müller, Hermann Haupt und Emilio Comba markieren diese erste Blütezeit der Forschungsgeschichte, deren Ertrag Heinrich Boehmer in seinem Artikel «Waldenser» in der RE zusammengefaßt und ausgewertet hat[1]. Die hier vorliegende Arbeit steht dabei Karl Müllers «Die Waldenser und ihre Gruppen» in besonderer Weise nahe. Die sorgfältige Auswertung der Quellen, die klare Darstellung der verschiedenen Gruppen der Waldenser und nicht zuletzt die Anlage seines Werkes mit den quellenkritischen Erörterungen im Anhang sollten auch für mich Vorbild sein.

In der ersten Hälfte dieses Jahrhunderts haben Gioacchino Volpe und Herbert Grundmann das Waldensertum im Gesamtzusammenhang der religiösen und sozialen Bewegungen des Mittelalters dargestellt und diese Sichtweite und Fragestellung scheint mir auch unumgänglich, nur darf sie nicht dazu führen, daß dabei das Besondere einer Gruppe oder einer Person nicht mehr gesehen wird. In diesem Sinne hat Selge auf der Grundlage neuer Quellen versucht, das besondere Anliegen des Valdes herauszuarbeiten. Sein grundlegendes Werk «Die ersten Waldenser» war für mich der Ausgangspunkt[2].

Meine Darstellung beginnt mit dem Jahr 1218; in jenem Jahr wurde noch einmal der Versuch unternommen, angesichts der sich abzeichnenden Verfolgung die Einheit der Waldensergemeinschaft wiederherzustellen. Das Scheitern dieses Versuchs macht deutlich, daß nun nicht mehr einfach von «den Waldensern» gesprochen werden kann. Die weitere Waldensergeschichte kann deshalb nur als eine

---

[1] RE, 3. Aufl., Bd. XX (1908), S. 799–840).
[2] Über die neuere Forschung und Literatur informiert gründlich Selge, Die Erforschung der mittelalterlichen Waldensergeschichte, in: Theologische Rundschau, N.F. 33 (1968), S. 281–343.

Geschichte verschiedener Gruppen und Richtungen unter den jeweils gegebenen Verhältnissen dargestellt werden[3]. Frankreich, Italien und die deutschsprachigen Länder Mitteleuropas bilden dabei Schwerpunkte für die Ausbreitung des Waldensertums in der Verfolgungszeit. Den Entwicklungsprozeß dieser verschiedenen Gruppen im ersten Jahrhundert der Verfolgungszeit nachzuzeichnen ist die mir gestellte Aufgabe.

Wer sich dieser Aufgabe stellt, wer den Spuren der Waldenser nachgeht, der ist und bleibt angewiesen auf das Quellenmaterial aus dem Umkreis der Inquisition.

Dabei spielen die Inquisitionsakten eine besondere Rolle; in Verhören und Urteilen begegnet uns eine Vielzahl konkreter Personen, und wenn auch der Ertrag ihrer Aussagen – bedingt vor allem durch das Frageschema der Inquisitoren – oft nur gering ist, so geben sie doch wichtige Aufschlüsse über den sozialen Hintergrund der Bewegung[4]. Wichtige Informationen finden sich auch in Traktaten und Handbüchern für den Gebrauch der Inquisitoren. Aber hier besteht die Schwierigkeit, daß sich diese Angaben häufig weder zeitlich noch geographisch einordnen lassen. Diese Schwierigkeiten wenigstens teilweise zu überwinden, soll Aufgabe des Anhangs sein.

Es ist kaum möglich und wenig sinnvoll, eine Darstellung der «Lehre» des Waldensertums in der Verfolgungszeit zu geben. Jede Darstellung dieser Art käme über eine Aufzählung jener «errores» nicht hinaus, die die Inquisitoren zusammengestellt haben. Einen Zugang zum Wesen und zum Selbstverständnis dieser Laienbewegung bietet vielmehr die Untersuchung der konkreten Formen ihres missionarischen Wirkens, ihrer Frömmigkeit und ihres Gemeinschaftslebens. Einen Zugang zum Selbstverständnis der piemontesischen Waldenser bietet auch eine bisher unbekannte Ursprungslegende, die uns in den Inquisitionsakten von Giaveno (Piemont) aus dem Jahre 1335 begegnet[5].

Dennoch bleibt die Hauptschwierigkeit bestehen; alles was wir erfahren können über die Waldenser, erfahren wir auf dem Weg über die Inquisition! Die Inquisition war aber keine allwissende und allmächtige Institution; und außerdem hatte sie ja den Zweck, solche häretischen Gemeinschaften wie die Waldenser auszurotten. Auf den ersten Blick scheint es daher unmöglich, ein annähernd wahrheitsgetreues Bild über die Waldenser und über mittelalterliche Ketzer überhaupt zu bekommen. Aber

---

[3] In ähnlicher Weise hat schon Müller versucht, die Waldensergeschichte darzustellen, wie der Titel seines Buches «Die Waldenser und ihre einzelnen Gruppen bis zum Anfang des 14. Jhs.» zeigt.
[4] Zur Problematik von Ketzerverhören hat H. Grundmann sich grundlegend geäußert. («Ketzerverhöre des Spätmittelalters als quellenkritisches Problem» in: Deutsches Archiv für Erforschung des Mittelalters 21 (1965), S. 519–575.
[5] Vgl. hinten S. 87 ff.

dieser Eindruck trügt; denn gerade weil die Inquisition Ketzer aufspüren und verurteilen wollte, hatte sie ein vitales Interesse an Informationen über ihre Anschauungen und Lebensgewohnheiten[6]. Wenn vieles ungeklärt bleiben muß, dann liegt das daran, daß die Inquisition nicht alles wußte und nicht an allem interessiert war, was der heutige Betrachter für wichtig hält. Nicht zuletzt muß auch bedacht werden, daß nur ein geringer Teil der Inquisitionsakten uns erhalten blieb.

[6] So hat Emmanuel Le Roy Ladurie auf der Grundlage von Verhörsprotokollen der Inquisition des Bischofs Jacques Fournier (s. Reg. Pamiers in unserem Literaturverzeichnis) ein überaus lebendiges Bild der sozialen Struktur eines mittelalterlichen Dorfes in Südfrankreich gezeichnet: Montaillou. Ein Dorf vor dem Inquisitor 1294 bis 1324, Berlin 1980.

I. TEIL: DIE FRANZÖSISCHEN WALDENSER

1. KAPITEL: DAS SÜDFRANZÖSISCHE WALDENSERTUM AM VORABEND DER VERFOLGUNG

a) Verbreitung und allgemeine Lage

Sieht man von vereinzelten Hinweisen für Reims, Lothringen und Burgund ab, so erscheint Südfrankreich als das Zentrum des französischen Waldensertums in der ersten Hälfte des 13. Jahrhunderts[1]. Aber dieses Bild, das die Quellen zeichnen, entspricht wahrscheinlich nicht der historischen Wirklichkeit. Es gibt Anzeichen dafür, daß die Mission der Waldenser auch in Lothringen und Burgund erfolgreich war, aber die dortigen Verfolgungen haben nur wenige Spuren hinterlassen[2]. Um so reichhaltiger sind die Quellen für den Süden Frankreichs, da Teile der Inquisitionsarchive von Toulouse und Carcassonne erhalten geblieben sind[3].

Aber so umfangreich das Material auch ist, Hinweise auf Waldenser finden sich nur selten und diese konzentrieren sich auf das Rhônetal mit Arles und Avignon, auf Narbonne, Beziers, das Quercy, das Rouergue und Castres mit Umgebung. Im eigentlichen Zentrum des Languedoc, also in den Diözesen Toulouse, Carcassonne und Albi, begegnen uns fast ausschließlich Katharer. So enthalten zum Beispiel von den ungefähr 5500 Verhören der Inquisitoren Bernhard von Caux und Johann von Saint-Pierre im Ostteil der Diözese Toulouse in den Jahren 1245/1246 nur 21 einen Hinweis auf Waldenser[4]. Haben die Waldenser hier seit dem Beginn des 13. Jahrhunderts an Bedeutung verloren? Das läßt sich schwer abschätzen, denn über die zahlenmäßige Bedeutung der Waldenser und ihrer Freunde zu Beginn des 13. Jahrhunderts besitzen wir keine genaueren Angaben. Die Rückkehr des Durandus von Osca und seiner Gruppe zur römischen Kirche hatte aber vermutlich in diesem Zusammenhang keine ausschlaggebende Bedeutung. Die Namen des Durandus und seiner Gefährten weisen vielmehr darauf hin, daß nicht im Herzen des Languedoc, sondern in seinen Randgebieten das Zentrum der französischen Waldenser zu suchen

---

[1] Um das Jahr 1230 wird von einer Synode in Reims Echard, der Bäcker, als Waldenser verurteilt, wie aus Predigten von «Philipp dem Kanzler» (sc. der Universität Paris, gest. 1236) hervorgeht, die bei Haskins (Studies in medieval culture, Oxford 1929, S. 246–252, besonders aber S. 247–250) im Auszug nach verschiedenen Handschriften veröffentlicht sind.

[2] Zur Mission in Burgund und Lothringen vgl. hinten S. 31 ff.

[3] Überblick über die noch vorhandenen Inquisitionsakten bei Dossat, Les crises S. 37–5.

[4] Dossat, Les vaudois S. 212.

ist[5]. Außerdem haben sich die katholischen Armen schon bald nach 1209 aus dem Languedoc zurückgezogen und können daher nicht für das vermeintliche Ende des Waldensertums in der Grafschaft Toulouse verantwortlich gemacht werden[6]. Es hat mehr Wahrscheinlichkeit für sich, wenn man annimmt, daß die Waldenser im Zentrum der Katharer nie richtig Fuß fassen konnten[7].

Exkommuniziert waren die Waldenser schon lange, aber von einer planmäßigen Verfolgung, die ihr öffentliches Auftreten wirksam behindert hätte, kann vor 1233 nicht die Rede sein[8]. Die Albigenserkreuzzüge schafften zwar die politische Voraussetzung für eine Bekämpfung der Häresie, mehr aber auch nicht. Die Verbrennung von 7 Waldensern bei der Einnahme von Morlhon (Rouergue) durch die Kreuzfahrer war ein Einzelfall[9]. Auch der Friede von Paris 1229 löste noch keine allgemeine Verfolgung aus, denn noch war die Inquisition Aufgabe der Bischöfe und von diesen haben sich nur wenige dieser Aufgabe gewidmet[10]. Erst die Beauftragung der Dominikaner in Toulouse mit der Inquisition hat die Lage grundlegend geändert. Aber auch jetzt noch mußten viele Widerstände von seiten der Bevölkerung und des Grafen Raymund VII. von Toulouse überwunden werden, bevor eine wirksame Bekämpfung der Häresie beginnen konnte[11].

b) Die Inquisition des Peter Seila im Quercy 1241

Die wichtigste Quelle für südfranzösisches Waldensertum in der ersten Hälfte des 13. Jahrhunderts sind die sogenannten «poenitentiae» des Inquisitors Peter Seila (Sillani, Seilha); diese bestehen aus einem Extrakt des Verhörs und der jeweiligen Buße, die den insgesamt 641 Personen in verschiedenen Orten des Quercy auferlegt

---

[5] Durandus von Osca (wohl Losque, Rouergue) und seine Gefährten stammen mit einer Ausnahme alle aus Narbonne, Beziers und dem Rouergue. Vgl. Vicaire, Rencontre S. 176.

[6] Über den Rückzug der katholischen Armen aus der Languedoc vgl. S. 176 f. Gegen die Überbewertung des Disputs von Pamiers und der Katholischen Armen überhaupt für die Erklärung dieses Phänomens (z. B. bei Dossat, Les Vaudois S. 225) hat sich m. E. mit Recht Selge gewandt (I, S. IX f.).

[7] So auch Koch, S. 160.

[8] Beispiele für öffentliches Auftreten von Waldensern noch in denzwanziger Jahren s. S. 7 f. Für Avignon vgl. das Manifest des Kardinallegaten Romanus von Saint-Ange gegen die Einwohner von Avignon aus dem Jahre 1226: «qui etiam Waldenses a longis retro temporibus receptaverunt et adhuc etiam non verentur publice receptare» (Histoire générale du Langue-doc VIII, 838).

[9] Peter von les Vaux-de-Cernay, ed. Guébin/Lyon, t. 2 S. 208.

[10] Wolff, S. 206.

[11] Dossat, Les crises, S. 125–151.

wurden[12]. Es fehlt jede Datierung der angesprochenen Ereignisse und wir wissen nicht einmal, wann die Aussagen gemacht wurden, denn daß der Inquisitor in der Woche vor Himmelfahrt 1241 allein in Montauban 257 Personen verhört haben soll, erscheint nur schwer möglich[13]. Man muß vielmehr die Auferlegung einer solchen Masse von Bußen als den Abschluß eines langen und intensiven Verfahrens verstehen[14]. Peter Seila war schon 1235/1236 als Inquisitor in der Diözese Cahors und in Montauban tätig[15]. Einige Zeugen berufen sich darauf, sie hätten schon Absolution und Buße empfangen, und zwar durch den Dominikaner Bernhard von Caux, oder einen Bischof[16]. Auch der bekannte Franziskanerprediger Wilhelm von Cordela wird genannt[17]. Ein weiterer Hinweis auf die Tätigkeit von Franziskanern im Quercy ist die Aussage des Wilhelm von Cavaroca, eines Anhängers der Waldenser in Montcuq: «disputavit cum fratribus Minoribus utrum homo deberet occidere»[18].

Auffällig ist, daß der Inquisitor keinen der Angeklagten zu Kerker – oder Todesstrafe verurteilt. Das ist darin begründet, daß es sich fast bei allen verhörten Personen um einfache Anhänger der Katharer oder Waldenser handelt und daß, von zwei Ausnahmen abgesehen, alle Aussagen freiwillig und innerhalb der sogenannten Gnadenzeit gemacht wurden[19]. Man hat mit Recht geurteilt, daß darin ein Anzeichen für Niedergang und Auflösung der häretischen Gemeinschaften zu sehen ist, deren Gründe uns noch an anderer Stelle beschäftigen werden[20].

Damit nun eine Auswertung dieser Inquisitionsakten überhaupt möglich ist, muß zunächst geklärt werden, wie lange Waldenser im Quercy noch tätig waren, auf welchen Zeitraum also sich die Aussagen beziehen können. 1244 steht eine Frau namens Peregrina, ehemalige Magd der Sancha von Aragon (Frau des Grafen

---

[12] Coll. Doat 21, 185r–312v; Auszüge bei Lea II, 659–663. Nach Vicaire (Geschichte des heiligen Dominikus, Bd. 1, Freiburg im Br. 1962, S. 216 f.) ist «Seila» die richtige Namensform dieses Mannes, der zu den ersten Gefährten des Dominikus gehörte. In den Inquisitionsakten steht dagegen «Sillani» (Doat 21, 185r).

[13] Gegen Dossat, De Vaudes S. 404.

[14] Duvernoy, Albigeois et Vaudois S. 112.

[15] Hinweise darauf finden sich in der Chronik des Wilhelm Pelhisson (ed. Ch. Molinier, De fratre Guillelmo Pelisso, Paris 1880, S. 20, 28, 42 f.).

[16] Doat 21, 310v–311r, 240r.244v. Zur inquisitorischen Tätigkeit der Bischöfe vgl. Dossat, La répression de l'hérésie par les évêques, CF 6, Toulouse 1971, S. 231–236.

[17] Zu seiner Tätigkeit als Kreuzungsprediger in Italien vgl. Wadding (Annales, T. 3, S. 66) und G. Golubovich (Biblioteca bio-bibliografica della Terra Santa e dell'oriente francescano, t. 2, Quaracchi 1913, S. 285).

[18] Doat 21, 216v.

[19] Doat 21, 186r, 220r heißt es: «non fuit (non venit) in tempore gratiae». Eine Erklärung dieses Begriffs findet sich z. B. im «Ordo processus Narbonensis» (1244–1254), wo all denen, die innerhalb einer bestimmten Zeit ein freiwilliges Geständnis ablegen, Verschonung vom Kerker zugesagt wird. (Ed. Selge, Texte S. 71) Vgl. dazu auch Lea I, S. 415 f.

[20] Dossat, Les Vaudois S. 211.

Raimund VII. von Toulouse) vor dem Inquisitor und sagt unter anderem aus: «... quoda semel dedit ad comedendum quatuor Valdensibus apud moissacum in domo P. ortola, qui est mortuus, sed tunc temporis Ecclesia non persequebatur Valdenses, et ipsa quae loquitur didiscit quandam orationem a valdensibus praedictis... requisita de tempore praedictorum valdensium dixit quod non sunt viginti anni, sed possunt esse quindecim vel sexdecim (sic!) anni, et tunc ... credidit Valdenses bonos homines, et habere bonam fidem quousque audivit, quod Ecclesia persequebatur eos ...»[21].

1228/1229 sind Waldenser also noch in Moissac gewesen und von einer Verfolgung war noch nichts zu spüren. Das Letztere kann natürlich eine Schutzbehauptung gewesen sein. Eine andere wichtige Aussage betrifft Montauban und einen nicht näher bekannten Ort namens «Malrazenc» zwischen Corbarieu und Saint-Nauphary südöstlich von Montauban. Arnaldus Corbarieu sagt 1243 aus: «vidit Valdenses publice ambulantes per Carrerias Montis Albani, sed nunquam fuit locutus cum eis verbum et sunt viginti anni. Item in Podio qui dicitur Malrazenc inter sanctum Leofarium et Corbariu vidit B. del Puech et R. de Labaur ducentes tres homines... audivit ... quod erant Valdenses ... et possunt esse octodecim anni. Item vidit tolsanum de Lavaur Valdensem operantem in pariete Ecclesiae sancti Leosarii (muß wohl Leofarii heißen)[22]». 1223 sollen Waldenser also noch öffentlich in Montauban aufgetreten sein und wurden also noch nicht verfolgt. Eine schon etwas veränderte Situation zeigt das nächste Beispiel. Der Ritter Sais von Montesquieu steht ebenfalls 1243 vor dem Inquisitor und berichtet: «Item dicit quod quadam nocte dum ipse testis veniret ala crosila iuxta Podium Laurentium (Lacroisille bei Puylaurens, Tarn) invenit ad portam dicti castri multos homines de dicto castro, et Capellanum eiusdem castri cum eis, et quaesivit, quare erant ibi omnes praedicti congregati, qui responderunt ipsi testi, quod quidam Valdensis loquebatur ibi et ascultabant ipsum, et ipse testis reprehendit dictos homines, qui ascultabant dictum Valdensem tali hora, et dicti homines responderunt ipsi testi, quod ibi erat Capellanus eiusdem castri... de tempore sexdecim annos et amplius[23].» Noch kann es ein Waldenser wagen, in der Öffentlichkeit, ja sogar im Beisein des Kaplans zu predigen, aber er tut es im Schutz der Nacht[24]. Obwohl sich die machtpolitischen Verhältnisse im Zuge der Albigenserkriege verändert haben, konnten die Häretiker noch nicht aus dem öffentlichen Leben verdrängt werden. Der lokale Klerus konnte es nicht wagen,

---

[21] Doat 22, 30r–31r.
[22] Doat 23, 71 r–v. Zu dem Waldenser Tolsanus, der beim Bau oder der Renovierung der Kirche von Saint-Nauphary mitarbeitete vgl. auch S. 37.
[23] Doat 24, 133r–v.
[24] Die Meinung Dossats (Les Vaudois S. 216) hier habe es sich um die Predigt eines katholischen Armen gehandelt, kann ich nicht teilen. Denn dann wäre unverständlich, warum diese Predigt bei Nacht stattfindet.

gegen sie vorzugehen oder war ihnen vielleicht sogar gewogen, wie in dem eben zitierten Beispiel[25].

Wir können also jetzt bei der Auswertung der Inquisitionsakten des Peter Seila davon ausgehen, daß den Waldensern noch bis weit in die zwanziger Jahre hinein in Montauban und vielleicht auch an anderen Orten ein öffentliches Auftreten möglich war[26].

c) Die Anhänger der Waldenser im Quercy

In den Bußen des Peter Seila begegnen uns nicht die Waldenser selbst, sondern nur deren Anhänger. Wir werden also nur wenig über die innere Struktur und das Selbstverständnis der Predigergenossenschaft erfahren. Um so größer ist der Wert unserer Quelle für die Erforschung des Milieus, in dem die Waldenser auftraten, für die Wirkung, die von ihnen ausging und nicht zuletzt auch für die Art ihrer Beziehungen zu ihren Anhängern. Die große Zahl der Zeugen erlaubt auch eine statistische Auswertung, die allerdings auf Grund der wenigen greifbaren Daten nur einige Fragen beantwortet. Erste Hinweise soll uns das folgende Schaubild geben. Ich habe die Zeugen in drei Gruppen eingeteilt:
1. reine Anhänger der Waldenser (W),
2. reine Anhänger der Katharer (K),
3. solche, die zu beiden Gruppen Beziehungen unterhielten (G)[27].

Dieses Schaubild läßt erkennen, daß auch im Quercy die Zahl der Kathareranhänger überwiegt; eine Ausnahme bilden nur Montauban und Montcuq. Überraschend ist eine andere Erscheinung, daß nämlich 15 % der Zeugen zu beiden häretischen Gruppen Beziehungen unterhielten. Eindeutig ist auch, daß der Frauenanteil bei den Waldenseranhängern unverhältnismäßig groß ist; mehr als die Hälfte aller Anhänger sind Frauen[28]. Im folgenden soll nun versucht werden, diese Ergebnisse zu ergänzen, indem die Zusammensetzung der waldensischen Anhängerschaft im einzelnen untersucht wird.

Montauban

Diese Stadt ist nach allem, was wir wissen, die einzige in Südfrankreich, in der das Waldensertum mehr Anhänger gewonnen hat als die Katharer. Wir wissen nicht wie

[25] Über die Stellung des lokalen Klerus zu den Häretikern vgl. auch Guiraud I, 346–348.

[26] Die Auffassung von Duvernoy «La plupart des renseignements concernent de toute évidence la période antérieure à la Croisade.» (Albigeois et Vaudois S. 115) ist somit unbegründet.

[27] Ein Schaubild dieser Art, wenn auch oft mit ungenauen Zahlen, findet sich bei Duvernoy, Albigeois et Vaudois S. 113. Dossat (Les Vaudois S. 210) hat genauere Zahlen, teilt aber nur in zwei Gruppen ein.

[28] Dieselben Ergebnisse auch bei Dossat (ebd.) und Duvernoy (ebd.).

Männer/Frauen M F	W M	W F	K M	K F	G M	G F	an- dere	ins- gesamt
Montauban	80	55	60	23	27	11	1	257
Moissac	3	–	48	44	–	–	–	95
Gourdon	6	22	68	23	18	7	–	144
Montcuq	9	29	28	8	8	1	–	83
Hautmont	–	–	14	9	–	–	–	23
Sauveterre	–	–	2	2	1	–	–	5
Beaucaire	–	1	5	–	1	–	–	7
Castelnau- Montratier	–	1	7	2	–	–	–	10
Montpezat	–	–	12	9	–	1	–	22
Summe	98	108	244	120	54	21	1	646
Prozentualer Anteil der einzelnen Gruppen	206	=30%	364	=55%	75	=15%		
Frauenanteil		52%		30%		30%		

es dazu kam, daß gerade hier die Waldenser ihr Zentrum hatten, während sie in Moissac z. B. völlig ohne Bedeutung sind. Vielleicht lag es daran, daß in dieser erst 1144 gegründeten Stadt, die aus ärmlichen Anfängen bis zum Bischofssitz (1317) aufstieg, das soziale Gefüge noch beweglicher war als anderswo[29], und die Katharer sich vor Ankunft der Waldenser noch nicht etablieren konnten. Aber das bleibt eine bloße Vermutung, da nicht einmal bekannt ist, wann die ersten Waldenser nach Montauban kamen.

Dank der Forschungen von Yves Dossat sind wir in Montauban über die soziale Struktur der Anhängerschaft von Waldensern gut unterrichtet. Er stellt fest, daß die Anhänger der Ketzer zwar insgesamt eine Minderheit darstellen, daß aber die Mitglieder der großen Familien unter den Anhängern beider häretischen Gruppen

---

[29] Zur Geschichte Montaubans vgl. Daux, Histoire de l'église de Montauban, t. 1, Paris 1881, passim.

zahlreich vertreten sind[30]. Die Carbonel, die Foucaud, die Gairaut, Faure, Sabatier und andere bekannte Familien, aus deren Mitte einige Konsuln der Stadt stammen, neigen den Waldensern zu, während andere Familien von gleicher Bedeutung wie die Touzet die Katharer unterstützten[31]. Von Ramon Carbonel, einem eifrigen Anhänger der Waldenser, wissen wir, daß er seinen Bruder veranlaßte, den Waldensern 200 solidi zu bezahlen, die ihnen vielleicht von einem verstorbenen Mitglied der Familie geschenkt worden waren[32].

Denselben bürgerlichen Familien entstammen auch sieben «dominae», die alle mehr oder weniger den Waldensern zuneigen. Es handelt sich dabei nicht um adlige Frauen, sondern um Witwen oder ältere alleinstehende Frauen aus den besseren Familien von Montauban. So begegnet uns z. B. eine «domina Carbonella»[33]. Eine «domina Genser», Tochter des Waldenseranhängers Jacobus Carbonel, war eine von den ersten, die in den 1258 gegründeten Konvent der Klarissen eintraten[34].

Berufsangaben sind selten; finden sich bei den Katharanhängern 2 Ärzte, so läßt sich ein Kleriker von den Waldensern ein Pflaster geben[35]. Von den Webern und Weberinnen tendieren 3 zu den Katharern und 2 zu den Waldensern[36]. Am häufigsten werden Schmiede genannt; 6 von 7 der genannten sind Anhänger der Waldenser[37]. So treten also neben die Mitglieder der großen Familien die Handwerker; und zwar bei den Katharern wie bei Waldensern[38]. Hinsichtlich der sozialen Struktur bestehen hier zwischen Katharern und Waldensern keine Unterschiede. Das drückt sich auch darin aus, daß nicht alle Familien einheitlich einer bestimmten häretischen Gruppe zuneigen[39].

Waldenser wie Katharer spielen eine wichtige Rolle im Leben dieser Stadt. Man holt sie bei Krankheitsfällen, gibt ihnen Almosen, hört sich ihre Predigt an und hält sie für «gute Menschen». Aber so sehr sie auch anerkannt sind, eigentliche «Anhänger», die sich mit ihnen auf eine exklusive Weise identifizieren würden, haben sie wenige. Das gilt in besonderer Weise für die Waldenser; nur einmal hören wir von

---

[30] Dossat, ebd. S. 211.
[31] Dossat, De Vaudes S. 406–408.
[32] Doat 21, 243r–v, auch Lea II, 661. Zum Vergleich: 1255 erhielt der Koch des Inquisitors von Toulouse für 9 Monate Dienst 24 solidi; 2 eingepökelte Schweine kosteten 26 solidi. Dossat, Les crises S. 90, Anm. 11; S. 95, Anm. 43 (Geldwertschwankung und Verschiedenheit der Währung müssen bei diesem Vergleich berücksichtigt werden).
[33] Doat 21, 269v.
[34] Dossat, De Vaudes S. 410.
[35] Doat 21, 238r, 256v, 244r.
[36] Doat 21, 244v, 247r, 268v, 278r, 280v.
[37] Doat 21, 234r, 235r, 241r, 247v, 252v, 259r, 276v.
[38] Dossat, ebd. S. 406.
[39] Dossat, ebd. S. 408.

Waldensern, die selbst aus Montauban stammen[40]. Nur so kann man sich auch erklären, wie spurlos gerade die Waldenser im Verlauf der dreißiger Jahre aus Montauban verschwunden sind.

Der eigentliche Grund für die Abwendung der Masse der Anhänger von den Waldensern ist nicht in der Tätigkeit der Inquisition zu suchen. Es scheint vielmehr, als wären die besonderen religiösen Interessen der städtischen Bevölkerung nun von einer anderen Gemeinschaft armer Prediger, nämlich den Franziskanern befriedigt worden. Dossat hat nachgewiesen, daß gerade jene Familien, die einmal die Waldenser unterstützten, nun die eifrigsten Verehrer und Gönner der Franziskaner wurden[41]. Sie haben nicht nur die Gründung des Franziskaner- und des Klarissen- konvents in den Jahren zwischen 1250 und 1258 gefördert, sondern einzelne Mitglie- der dieser Familien sind in die Konvente auch eingetreten[42]. Von dieser Entwicklung waren offenbar nur die Waldenser betroffen und das liegt auch nahe, wenn man bedenkt, wie nahe sich die waldensische und die franziskanische Konzeption des Lebens in der Nachfolge der Apostel stehen. Der Versuch, mit Hilfe der Franziska- ner «die Eingliederung der evangelisch-apostolischen Armutsbewegung in die Ord- nungen der Kirche» zu erreichen, war in Montauban offenbar geglückt[43].

Gourdon

Anders liegen die Verhältnisse in diesem Ort, der beherrscht wird von der Burg der Herren von Gourdon. Die Bürgerschaft erhält zwar 1244 gewisse Rechte, aber befreien von der Herrschaft des lokalen Adels kann sie sich nicht[44]. Dessen führende Vertreter Bertrand von Gourdon (gest. nach 1241) und sein Sohn Fortanerius (gest. 1259/1260) stellten sich zwar frühzeitig auf die Seite des französichen Königs und Simons von Montfort, waren aber, wie aus unseren Inquisitionsakten hervorgeht, Anhänger der Katharer[45]. Die Katharer gingen auf der Burg von Gourdon aus und ein[46]. Im Vergleich zur großen Zahl der Kathararanhänger, sind es nur wenige, die z. B. einen Waldenser oder eine Waldenserin in ihr Haus aufnehmen oder in anderer Weise mit ihnen in Beziehung standen. Die reicheren Familien neigen fast aus- schließlich den Katharern zu. Dies geht aus einer Auswertung der «Geldstrafen»

---

[40] Doat 21, 247r: «Arnalda textrix recepit pluries fratres suos Valdenses in domo sua».
[41] Dossat ebd. S. 412.
[42] So zum Beispiel die oben S. 13 erwähnte «domina Genser».
[43] Grundmann, Ketzergeschichte S. 37.
[44] Bulit, S. 67.
[45] Ebd. S. 64, 68 f. Bulit weiß nichts von der Verurteilung Bertrands und Fortanerius von Gourdon. Doat 21, 186r-v, 199v–200r. Bei beiden fehlt eine Buße.
[46] Doat 21 ebd.

hervor, die der Inquisitor in Gourdon verhängt hat[47]. Die schweren finanziellen Bußen schließen z. B. die Pflicht ein, lebenslänglich für den Unterhalt eines Priesters oder eines Armen aufzukommen. Von den 11 Bußen dieser Art entfallen 6 auf reine Anhänger der Katharer und 5 auf Kathareranhänger, die auch Beziehungen zu den Waldensern unterhielten. So haben «Guillelmus Ricart» und «Galterus Archambaut» die Waldenser zu einer Disputation mit Katharern eingeladen, ein anderer hat sie einmal beschenkt, der vierte sich ihre Predigt angehört und der fünfte «Petrus Guillelmi de Godor» hat sie zu sich eingeladen, ihre Predigt angehört und sie für gute Menschen gehalten[48].

Typisch für die Situation in Gourdon scheint mir die Toleranz und Großzügigkeit einer weitgehend von den Katharern geprägten Gesellschaft gegenüber den Waldensern. Man veranstaltet eine Disputation bei sich zu Hause und lädt Waldenser dazu ein; ja es kommt sogar vor, daß der Mann ein Anhänger der Katharer ist, die Frau dagegen die Waldenser unterstützt[49]. Von engstirnigem Sektierertum ist hier nichts zu spüren, statt dessen herrscht eine große Offenheit, die sich vor allem auch in der Freude an Disputationen zeigt. Auffällig ist hier der hohe Frauenanteil unter den Waldenseranhängern. Die Gründe hierfür werden uns noch an anderer Stelle beschäftigen.

Montcuq

Auch dies ist einer der Orte, die von einer Burg, dem Sitz des Lokalherren, beherrscht werden. Nach Aussagen des Klerikers Franciscus haben die Waldenser öffentlich «in castro de Montequo» gepredigt, was wohl aber eher auf den Ort selbst als auf die Burg zu beziehen ist[50]. Über die einzelnen Familien wissen wir leider nichts, aber verschiedene Handwerker werden genannt. Ein offenbar wohlhabender Schuhmacher flickt einem Waldenser die Schuhe und schenkt ihm außerdem noch 10 solidi; auch eine Magd, eine Wirtin und die Frau eines Schmieds erscheinen unter den Anhängern der Waldenser[51]. Aus alledem lassen sich aber keine allgemeinen Schlüsse ziehen.

---

[47] Auch Albe hat diese finanziellen Bußen in seinem Aufsatz «L'hérésie albigeoise et l'inquisition en Quercy ausgewertet. (Revue d'histoire de l'eglise de France, I (1910). S. 271–293).

[48] Doat 21, 197v, bei Lea II, 659; Doat 21, 196v, 188r, 208v.

[49] So z.B. «G. de Engolesma» (Doat 21, 213v) und seine Frau Raimunda (ebd. 206v). Bezeichnend scheint auch, daß die einzige uns bekannte Waldenserin aus Gourdon die Schwester eines Kathareranhängers ist, «Guillelmus de Montefalhardo»: «quod in domo sua soror sua fecit se Valdensem». Doat 21, 188r–v.

[50] Doat 21, 219v–220r: «... Item vidit Valdenses publice praedicantes in castro de Montecuquo.»

[51] Doat 21, 215r, 224r, 224v, 217.

Eindeutig ist allerdings auch in Montcuq, daß die Waldenser besonders auf Frauen eine große Anziehungskraft ausgeübt haben. Hier finden sich sogar drei Frauen, die Waldenserinnen sind. Zumindest zwei davon sind schon älter, vermutlich Witwen[52]. Die Waldenserinnen leben hier zusammen in einem Haus, das sie gemietet haben oder das man ihnen zur Verfügung gestellt hat[53]. Sie leben aber keineswegs zurückgezogen, sondern treten in aller Öffentlichkeit auf und besuchen auch ihre Angehörigen[54].

Fassen wir die gewonnenen Ergebnisse zusammen, so ergibt sich folgendes Bild:
1. Die Waldenser haben ihre Aktionszentren in den Städten. So ist Montauban, wo die Waldenser ein Haus und einen eigenen Friedhof besitzen, auch der einzige Ort, wo die Anhänger den Unterricht besuchen können oder auch an der Mahlfeier am Gründonnerstag teilnehmen[55]. Ein anderes waldensisches Zentrum befand sich in Castres; hier haben sich die Waldenser sogar bis zum Ende der dreißiger Jahre gehalten[56]. Man kann vermuten, daß sich solche Zentren auch in Narbonne, Arles und Avignon befanden[57]. Für ihre Predigt in der Öffentlichkeit, für ihre Disputationen mit den Katharern waren die Städte das geeignete Forum. Dort fand sich auch ein interessiertes Publikum, von dessen Almosen die Wanderprediger leben konnten. Hierin aber unterscheiden sich die Waldenser nicht von den Katharern[58].

2. Was die soziale Herkunft der Anhängerschaft angeht, so finden sich neben Handwerkern auch Angehörige bürgerlicher Familien, die z.T. auch – wie in Montauban – eine wirtschaftlich und politisch führende Position innehatten. Dagegen hatten die Waldenser im Unterschied zu den Katharern keine direkten Anhänger unter dem Adel[59].

3. Abgesehen von den besonderen Verhältnissen in Montauban ist der Frauenanteil unter der Anhängerschaft überraschend groß. Er ist größer als bei den Katharern, die ja nicht nur einen festen Stamm von Anhängerinnen hatten, sondern wie die Waldenser Frauen als «perfectae» in ihren engeren Kreis aufnahmen. Lag es an dem «unstet suchenden» Charakter der Frauenfrömmigkeit, wie es Grundmann für das 12. Jahrhundert umschrieben hat, daß gerade Frauen gegenüber einer noch nicht

---

[52] «Raimunda de Bernah recepit matrem suam multotiens Valdensem ...» Doat 21, 215r. Vgl. auch ebd. 217r, 221v.
[53] «Nolgartz de Villario locavit domum suam mulieribus Valdensibus et fuerunt ibi per biennium, et dedit eis de bonis suis et credebat quod essent bonae mulieres.» Ebd. 219r.
[54] «Arnalda Bernardi de Roset dixit quod quadam Valdensis lavit sibi caput ...» Ebd. 214v–215r.
[55] Vgl. dazu die folgenden Abschnitte, S. 19 f.
[56] Dossat, Les Vaudois 223–225.
[57] Vgl. oben S. 7 f. und unten S. 37.
[58] Koch, S. 13.
[59] So auch Selge (I, S. 266).

etablierten religiösen Gemeinschaft aufgeschlossener waren als Männer[60]? Möglicherweise mag der Grund auch darin zu sehen sein, daß uns gerade bei den Waldensern immer wieder Frauen begegnen, die gepredigt haben. Weit weniger als in der Kirche, waren hier dem religiösen Engagement der Frauen Grenzen gesetzt, obwohl sie weder bei Katharern noch bei Waldensern eine führende Rolle spielten[61]. Daß die häretischen Gemeinschaften zugleich eine Art von «Versorgungsanstalt» für alleinstehende Frauen vor allem auch Witwen waren, mag vielleich für die Katharer zutreffen, die offenbar besondere Konvente für alleinstehende Frauen aus den lokalen Adelsgeschlechtern unterhielten[62]. Für die Waldenser trifft es auf keinen Fall zu, denn gerade bei ihnen war ja die Versorgung nicht gesichert, da sie auf Almosen angewiesen waren. Ich würde den Hauptgrund für den häufigen Eintritt von Witwen darin sehen, daß diese Frauen in ihrer Entscheidung frei waren und nach dem Ende ihrer «weltlichen» Verpflichtungen in Haus und Familie ihrem Leben nun einen neuen Inhalt geben konnten.

Die Waldenser waren eine Gemeinschaft armer Prediger, aber deswegen kann man noch lange nicht behaupten, «daß ihr wahrscheinlich Männer und Frauen aus den unteren Schichten von vornherein ihren Stempel aufdrückten[63].» Wir konnten vielmehr feststellen, daß sich die Anhängerschaft der Waldenser im Quercy in den ersten beiden Jahrzehnten des 13. Jahrhunderts aus der städtischen Bevölkerung insgesamt rekrutiert und nicht nur aus den unteren Schichten. Wenn die Waldenser das Ideal der apostolischen Armut radikaler befolgten als die Katharer, dann bedeutet das nicht, daß «bedeutsame Unterschiede in der Sozialstruktur von Waldensertum und Katharismus (bestanden)»[64]. «Armut» ist in jener Zeit eben mehr als die Umschreibung eines sozialen Zustands. Wenn sich die Waldenser als «pauperes Christi» oder «pauperes spiritus» bezeichnen, dann wollen sie damit ausdrücken, daß sie im Angewiesensein auf die Unterstützung ihrer Hörer die notwendige Voraussetzung für ihre Predigt in der Nachfolge der Apostel sahen[65].

---

[60] Grundmann, Religiöse Bewegungen, S. 523.
[61] Zur Frauenpredigt vgl. Koch, S. 170–172. Häufig sind die Hinweise auf Predigt durch Waldenserinnen in den mir bekannten Inquisitionsakten nicht: Doat 21, 228v. 269r. 282v. Doat 22, 76v. In der katharischen Hierarchie finden sich Frauen höchstens als «Diakonissen». (Borst, S. 182, Anm. 10 und S. 211). Bei den Waldensern sind um die Mitte des 13. Jhs. Frauen vom Generalkapitel ausgeschlossen und werden auch nicht ordiniert (vgl. hinten S. 68).
[62] Koch, S. 51, 53.
[63] Koch, S. 156.
[64] Gegen Koch, S. 157.
[65] Selge, I, S. VIII f. Wenn Koch aus der Tatsache, daß Waldenserinnen bei Castres als «mulieres pauperes» bezeichnet wurden und Getreide geschenkt bekamen, schließt, «daß sie sich wohl im Gegensatz zu den Katharern vor allem aus den ärmsten Kreisen der Bevölkerung rekrutieren» (S. 160), so verkennt er völlig den Charakter der waldensischen Armut.

Damit wird die tatsächliche und ungewollte Armut, der man in Stadt und Land begegnete und die man im Zeitalter des Aufschwungs von Handel und Geldwirtschaft stärker als früher empfand, nicht mehr einfach negiert. Sie wird vielmehr zum Problem für die ganze christliche Gesellschaft, nicht zuletzt auch für den reichen Kaufmann Valdes und den Kaufmannssohn Franz von Assisi[66]. Auch diejenigen, die nicht den Weg der apostolischen Armut gewählt haben, die also Besitz, Beruf und Familie nicht aufgaben, haben den religiösen Wert der Armut insofern anerkannt als sie in der Unterstützung der Armen, seien sie nun freiwillig oder unfreiwillig arm, ihre Christenpflicht sahen[67].

Die zahlreichen Disputationen zwischen Katharern und Waldensern in den Städten des Quercy, die offenbar nicht nur von den Repräsentanten dieser beiden rivalisierenden Gruppen, sondern auch von ihren interessierten Anhängern organisiert wurden, sind für die religiöse Situation bezeichnend. Die offiziellen Vertreter der Kirche stellen sich der Auseinandersetzung nicht; vom Lokalklerus und von den «orthodoxen Katholiken» hören wir nichts, sieht man von den Klerikern ab, die zu den Häretikern Beziehungen unterhielten. Das mag zum Teil auch an den Quellen liegen, die uns ja nur einen ganz kleinen Ausschnitt aus dem Leben in diesen Städten zeigen. Aber wir wissen aus anderen Quellen, daß die Vertreter der Kirche nur wenig Lust zu einer Auseinandersetzung zeigten. Man hätte sie ja auch gar nicht akzeptiert, da ihr Lebensstil sich so sehr vom Leben der Apostel unterschied[68]. Man muß also davon ausgehen, daß die Waldenser damals faktisch die einzige glaubwürdige Alternative zu den Katharern darstellten. Sie gewannen die Sympathien und die Unterstützung jener, die keine Häretiker sein wollten, obwohl sie die Mißstände in der Kirche und besonders im Klerus sahen.

Aber die Situation änderte sich, als die Bettelorden in die Auseinandersetzung eingriffen. Sie waren offiziell anerkannt und führten auch ein Leben in apostolischer Armut und konnten somit die Rolle übernehmen, die die Waldenser bisher gespielt hatten. So ist es also nicht verwunderlich, daß jene einflußreichen bürgerlichen Familien in Montauban und vielleicht auch anderswo sich ihnen zuwandten. Zur gleichen Zeit begann auch die Verfolgung, die Katharer wie Waldenser aus dem öffentlichen Leben vertrieb, sie als Häretiker aus der Gesellschaft ausschied. Hatten sich die Anhänger der Waldenser schon bisher nicht als Mitglieder einer häretischen Gemeinschaft gefühlt, so mußte ihnen die Anpassung an die neuen Verhältnisse leichter fallen als jenen, die die Katharer unterstützt hatten[69].

---

[66] Mollat, Le problème de la pauvreté au XIIe siècle CF 2, Toulouse 1967, S. 30.46.

[67] Vgl. dazu die Ausführungen des Durandus im Kapitel «de terrena possidentibus» des LA, ed. Selge II, S. 105.

[68] Aus dieser Erkenntnis heraus, hat Bischof Diego von Osma dann eine neue Taktik der Ketzerbekämpfung entwickelt. Vgl. Grundmann, Religiöse Bewegungen, S. 102.

Ich bin mir bewußt, daß diese Darstellung nicht beanspruchen kann, für das ganze Waldensertum zu gelten. Sie gilt zunächst einmal nur für die Waldenser im Quercy und besonders für ihr Zentrum im Montauban. Ob die dortigen Verhältnisse und Entwicklungen exemplarische Bedeutung haben, muß solange offenbleiben, wie vergleichbares Material für die anderen südfranzösischen Waldenserzentren wie Castres oder Narbonne fehlt.

d) Gemeinschaftscharakter

Aus einem Schreiben der lombardischen Armen an ihre Brüder jenseits der Alpen, das über Verlauf und Ausgang der Konferenz von Bergamo 1218 berichtet, wissen wir, daß sich die Waldenser als eine «societas», eine Genossenschaft verstanden[70]. Dieser Genossenschaft gehören Männer und Frauen an, die ihre bisherige Existenz, Besitz, Familie und Beruf aufgaben, um sich der apostolischen Wanderpredigt zu widmen. Innerhalb der Genossenschaft gibt es nur den einen Unterschied, daß die neueingetretenen Brüder und Schwestern, die als «nuper conversi» (später «novellani») bezeichnet werden, noch nicht predigen und noch keine Sandalen tragen, da sie zunächst noch ausgebildet werden[71]. Wer der Genossenschaft nicht angehört, der kann zu ihren Freunden gehören; die Freunde halten den Weg der Waldenser für richtig, hören sich ihre Predigt an, lassen sich von ihnen beraten und unterstützen die Prediger. Sie sind nicht Mitglieder der Gemeinschaft, sondern ein Kreis von Gönnern und Sympathisanten[72].

Man hat nun gerade in Montauban eine gemeindeartige Struktur der Waldenser entdecken wollen, aber davon kann keine Rede sein, da die Anhänger der Waldenser keineswegs eine fest umrissene Gruppe sind[73]. Auch die Art ihrer Beziehungen zu den Waldensern ist verschieden; die meisten konsultieren die Waldenser bei Krankheitsfällen, hören sich ihre Predigt an und unterstützen sie mit Geld oder Lebensmitteln. Auch ein eifriger Anhänger der Katharer wie Johannes Toset kann die Waldenser

---

[69] Wenn die «domina Carbonella» aus Montauban behauptet, sie habe die Waldenser in ihrer Jugend zwar unterstützt, aber nicht geglaubt, daß sie Häretiker seien (tamen dixit quod non credebat ipsos esse haereticos, Doat 21, 269v), dann ist das nicht nur eine Schutzbehauptung. Auch viele andere behaupten zunächst nichts von der Verurteilung der Waldenser durch die Kirche gewußt zu haben. Z. B. P. Austorcs (Doat 21, 238r = Lea II, 661.) und Jacobus Carbonel (ebd. 234v = Lea II, 661).

[70] Reskript (Quellen, S. 22).

[71] Daß sie noch keine Sandalen trugen und noch nicht predigten, schließe ich aus dem späteren Traktat «de vita et actibus» (ed. Preger, S. 708, Döllinger II, S. 92.96).

[72] Müller, S. 97.

[73] Boehmer (S. 819 f.) spricht von «gemeindeartigen Verbänden» in Montauban, Montcuq und Gourdon.

für «gute Menschen» halten[74]. Nur klein ist die Zahl derer, die am Unterricht der Waldenser teilnehmen, sich eine Predigt in ihrem Haus anhören, zur Mahlfeier am Gründonnerstag kommen oder den Friedenskuß annehmen[75]. Der Friedhof schließlich gehört nicht einer «Gemeinde» sondern den Waldensern; eine Frau, die dort begraben werden will, tritt auf dem Totenbett in die Gemeinschaft ein[76]. So sind also die Waldenser auch in Montauban weiterhin keine Sekte. Was sich geändert hat, ist dies, daß diese Gemeinschaft von Wanderpredigern hier ein Zentrum unterhält, zumindest mit einem Haus[77] und einem Friedhof, vielleicht auch mit einem eigenen Hospital. In Beaucaire und Montcuq haben Waldenserinnen zeitweise in Häusern, die man ihnen zur Verfügung gestellt hat, ein gemeinsames Leben geführt[78]. Vielleicht haben in diesen reinen Frauenkonventen nur ältere Frauen gewohnt, die den Strapazen eines Wanderlebens nicht mehr gewachsen waren. Vielleicht sind auch ältere Frauen in die Genossenschaft eingetreten ohne die Absicht, einmal zu predigen[79]. Im Zusammenhang damit ist auch die Tatsache von Bedeutung, daß die Waldenser in Montauban eine Magd hatten, die offenbar den Haushalt führte[80]. Damit wird eine Tendenz deutlich, die von der ursprünglichen Konzeption einer Gemeinschaft armer Wanderprediger abführt. Die Gründung eines Zentrums steht in direktem Zusammenhang mit der Ausweitung der Tätigkeiten über eine reine

---

[74] Doat 21, 232v–233r, bei Lea II, 661.

[75] 2 Personen haben den Unterricht in Montauban besucht, 36 an der Mahlfeier teilgenommen, eine Frau hat ihnen gebeichtet. Vgl. dazu die betreffenden Abschnitte (S. 23 f).

[76] Doat 21, 232v: «P. Lanes senior ··· et uxor sua dedit se Valdensibus in morte et fuit sepulta in Cimiterio eorum ipse tamen absens». (Lea II, 661) Der Friedhof wird auch Doat 21, 281v erwähnt («sepultura Valdensium»).

[77] Ein Haus der Waldenser in Montauban wird öfters erwähnt. So erklärt z. B. die «domina de Coutas»: «. . . venit ad domum, in qua manebant». (Doat 21, 241v = Lea II, 660) «A. Capra: . . . portavit panem et piscem Valdensibus ad domum suam». (Doat 21, 257r = Lea II, 663) Ob die Waldenser in Montauban ein eigenes Hospital unterhielten oder nur in einem Hospital tätig waren, geht aus der folgenden Aussage nicht klar hervor: «Poncius de la Iunqueria . . . dixit, quod pluries venit ad Valdenses in hospitali et ibi audivit pluries praedicationem eorum» ebd. 249 r–v.

[78] «Bernarda fabrissa (Beaucaire) locavit quandam domum duabus Valdensibus et fuerunt fere per annum» (Doat 21,228v.) «Nolgartz de Villario (Moncuq) locavit domum suam mulieribus Valdensibus, et fuerunt ibi per biennium et dedit eis de bonis suis . . .» (Doat 21,219r.) Der Ausdruck «locare» kann «vermieten» oder auch «zur Verfügung stellen», «Wohnrecht geben» bedeuten. Ich denke eher an das Letztere, weil ein Mietpreis nicht genannt wird. Katharische «perfectae» bezahlen dagegen dem «Gaubertus Sicart aus Montauban» für das Wohnrecht. Sein Sohn R. Sicart sagt aus: «vidit haereticas stantes in manso patris et habuit inde pater suus viginti solidos». Doat 21,232r–v.

[79] Auch der Traktat «de vita et actibus» spricht von besonderen «hospicia» für ältere Frauen. (Preger, S. 709 Nr. 18. Döllinger II, S. 93 f.)

[80] «Caercina fuit pedisseca Valdensium tribus annis et audivit praedicationem eorum·et comedit cum eis tamquam pedisseca et habebat plenam fidem Valdensium.» Doat 21,263v. Über eine Magd der Waldenser in Castres vgl. Dossat, Les Vaudois S. 223.

Wanderpredigt hinaus. Die Ausbildung des Predigernachwuchses, die Abhaltung von liturgischen Feiern, an denen auch die Anhänger teilnahmen und nicht zuletzt auch das Gemeinschaftsleben der «societas» legten eine zumindest zeitweilige «Seßhaftigkeit» nahe. Dazu kam auch die Notwendigkeit, für die alten und kranken Brüder und Schwestern zu sorgen. Das bedeutete keine generelle Abkehr vom Prinzip der Wanderpredigt, schon deswegen nicht, weil nicht überall so günstige Bedingungen wie in Montauban herrschten. In Gourdon z. B. finden der Waldenser Peter «de Vallibus» und die Waldenserin Geralda weiterhin bei ihren Anhängern Aufnahme[81]. Aber es entstanden neue Probleme; es war jetzt nicht mehr möglich im Sinne des Valdes «sorglos» zu leben[82]. Es mußte die Versorgung all jener sichergestellt werden, die nicht als Prediger tätig waren. Das war ohne die Annahme von Geldspenden kaum noch möglich. Zwar sind die 200 solidi, die von der Familie Carbonel gespendet wurden, ein Einzelfall, aber kleinere Summen werden oft genannt[83]. Aus späteren Quellen wissen wir, daß bei den Freunden eine Kollekte gesammelt wurde, die dann auf dem Generalkapitel auf die einzelnen «hospicia», also Häuser, wo eine Gruppe von Waldensern zusammenlebte, verteilt wurde[84]. Da die Prediger selbst, die «sandaliati», auch weiterhin nicht mit Geld umgehen durften, wurde schon auf der Konferenz von Bergamo 1218 der Vorschlag gemacht, aus den «amici» oder «nuper conversi» «ministri» auszuwählen und zu ordinieren, die sich mit der materiellen Versorgung zu befassen hatten. Später haben dann die Diakone diese Aufgabe übernommen[85].

e) Predigt, Disputation, Unterricht und Seelsorge

Hauptinhalt des waldensischen Auftrags blieb weiterhin die Predigt, und zwar in erster Linie die öffentliche Predigt auf den Plätzen der Städte[86]. Bis in die zwanziger

---

[81] Doat 21, 203v = Lea II, 659 f. Ebd. 204r = Lea II, 660.

[82] Im Glaubensbekenntnis des Valdes heißt es unter Berufung auf Mt. 6,34; 10,9: «pauperes esse decrevimus, ita ut de crastino solliciti esse non curavimus nec aurum nec argentum vel aliud tale preter victum et vestitum cotidianum a quoquam accepturi sumus.» (LA, ed. Selge, S. 5).

[83] 4s, Doat 21, 197v; 20d, ebd. 204r; 10s, ebd. 206r und öfter.

[84] «De vita et actibus», ed. Preger, S. 710. Döllinger II, S. 96.

[85] Da ich es für unwahrscheinlich halte, daß mit der Abendmahlsverwaltung gerade die «amici» und «nuper conversi» betraut werden sollten − so interpretiert Selge (I, 162) die betr. Stelle im Reskript (Quellen, S. 24) − halte ich das Amt des «minister» für ein Hilfsamt, das für die materielle Versorgung der Prediger zuständig ist (so auch Haupt, Neue Beiträge S. 49).

[86] «Bertrandus Bodo . . . audivit praedicationem Valdensium in plateis Montis albani. «Doat 21, 269v.

Jahre hinein, war ihnen diese öffentliche Predigt zumindest in Montauban möglich[87]. Und solange es ihnen möglich war, nutzten sie diese Gelegenheit, um ihren Aufruf zur Buße vor einem großen Hörerkreis und mitten im Zentrum des öffentlichen Lebens laut werden zu lassen. Es hat ihnen also nichts geschadet, daß man sie nicht mehr in den Kirchen predigen ließ, im Gegenteil[88]! Über den genaueren Inhalt dieser Predigt erfahren wir nichts; den Inquisitor haben nur die häretischen Bestandteile, das Verbot des Schwörens und des Tötens interessiert[89]. Aber man kann sagen, daß die waldensische Predigt Bußpredigt in dem Sinne war, daß sie zur Abkehr von der Sünde und dem Tun des Guten aufrief. Im Unterschied zu den Katharern haben die Waldenser nicht ihren besonderen Weg der apostolischen Armut zum alleinigen Heilsweg erklärt, sondern sie haben bewußt anerkannt, daß es auch für jene, die nicht den «Weg der Vollkommenheit» gehen, eine Möglichkeit des Heils gibt[90]. Offenbar haben sie ihre Hörer auch dazu angehalten, zur Kirche zu gehen, den Zehnten und andere Abgaben dem Klerus zu zahlen[91]. Es konnte nicht ausbleiben, daß ihre Predigt Widerspruch hervorrief und zwar vor allem von seiten der Katharer. So kam es zu den vielen Disputationen in Montauban, Montcuq, Gourdon und Montpezat[92]. In Gourdon fanden solche Disputationen auch in den Häusern reicherer Bürger statt[93].

Gepredigt wurde aber auch bei anderen Gelegenheiten und an verschiedenen Orten, so z. B. beim Friseur oder im Hause eines Verstorbenen[94]. Es gibt also fast keinen Bereich des öffentlichen Lebens, in den die Waldenser nicht vordringen; keine Gelegenheit zu Predigt oder Ermahnung wird ausgelassen. Daneben versäum-

---

[87] Vgl. dazu die oben S. 10 zitierten Aussagen.

[88] Noch ca. 1204 sollen Waldenser in der Kirche von Aiguesvives (Diöz. Carcassonne) gepredigt haben, wie der Ritter Raimund Hugo 1244 aussagt. Doat 23, 116v, 118r: «Anno ... (1244) ... Raimundus Hugo miles de aquaviva diocesis Carcassonensis ... dicit se vidisse pluries quod Valdenses praedicabant publice in Ecclesia de aquaviva convocato toto populo post Evangelium, de tempore quadraginta anni vel circa». Bei einem Ereignis, das so lange zurückliegt, ist ein Irrtum leicht möglich. Dieses Aiguesvives (Dep. Aude, ca. 20 km östlich von Carcassonne) könnte auch der Herkunftsort jenes «Berengarius de aquaviva» sein, der im Reskript genannt wird (Quellen, S. 28).

[89] Diese beiden «errores» werden als einzige genannt. Doat 21,214v; 201r = Lea II,559.

[90] Darüber Durandus im Kapitel «de terrena possidentibus» des LA (Selge II, 105–109); zum Problem des Inhalts der waldensischen Predigt vgl. Selge I, 95 ff.

[91] Nach den Richtlinien des Erzbischofs Petrus de Albalat von Tarragona 1242 erkennt man einen Insabbatatus – so nennt man die Waldenser in Aragon – an folgenden unverdächtigen Worten: «nolite mentiri nec jurare, nec fornicari et reddite cuilibet quod suum est, eatis ad ecclesiam, solvite decimas et jura sua clericis et similia»; (ed. Selge, Texte S. 56).

[92] Doat 21, 231 v = Lea II,660; ebd. 225v, 208v, 308r.

[93] Vgl. dazu oben S. 15.

[94] «Johannes Saturnini ... Rasit Valdenses pluries et audiebat monitiones eorum» (Doat 21,249v–250r). «Joanna ... quod mortuo viro suo quidam Valdensis vigila vit ibi de nocte et praedicavit astantibus et in crastinum comedit ebidem» (ebd. 247r).

ten sie aber nicht, sich in seelsorgerlicher Weise bestimmten Menschen zuzuwenden. Eine Frau aus Montauban berichtet, sie habe die Waldenser wegen der Krankheit ihres Sohnes gerufen und ein Waldenser sei fast täglich in ihrem Hause gewesen, habe dort gepredigt und sie getröstet, als der Sohn starb[95]. Eine andere Frau sagt aus, ein Waldenser habe die Nacht über bei ihrem toten Manne Wache gehalten, den Anwesenden gepredigt und am nächsten Morgen dort auch gegessen[96]. Man sieht daran, wie konkret und wie persönlich die Predigt der Waldenser auch sein kann. Um so mehr muß es verwundern, daß die Beichte nur ein einziges Mal erwähnt wird[97]. Es ist möglich, daß der Inquisitor danach nicht gefragt hat; aber hätte sie bei den Beziehungen zwischen Waldensern und ihren Freunden eine wichtige Rolle gespielt, wäre sie sicher auch öfter erwähnt worden.

Eine andere Form waldensischer Verkündigung, ist die Auslegung biblischer Texte[98]. Mehrmals wird eine Auslegung der Leidensgeschichte Jesu erwähnt, die am Karfreitag stattfand[99]. Da uns diese Form nur in Montauban begegnet, darf man annehmen, daß sich der kleine Kreis der Interessenten im Haus der Waldenser versammelte[100].

Auch der Unterricht fand wohl im Haus der Waldenser statt. Aber nur zwei Zeugen haben daran teilgenommen; Jakob Carbonel will als Zwölfjähriger häufig den Unterricht der Waldenser besucht und mit ihnen gelesen haben. Poncius Seguini hat als Knabe einmal in den Büchern der Waldenser gelesen[101]. Der Unterricht war also in der Hauptsache eine interne Angelegenheit der Waldenser und diente der Ausbildung des Nachwuchses[102]. Wenn die beiden Knaben diesen Unterricht besucht haben, dann hatten sie vielleicht einmal vor, in die Genossenschaft einzutreten; beide waren eifrige Anhänger[103]. Von einem katechetischen Unterricht für die Freunde der Waldenser ist nichts bekannt. Wohl aber wird erwähnt, man habe von den Waldensern Gebete gelernt[104].

---

[95] Doat 21, 247r.

[96] Ebd. 266.

[97] «Domina de Coutas . . . confessa fuit Valdensi cuidam peccata sua et recepit poenitentia a Valdense»; Doat 21, 241v = Lea II,662.

[98] «Guillelmus de Catus . . . audivit expositionem Evangelii a quodam Valdensi» (ebd. fol. 236v).

[99] «B. de Caraves . . . audivit expositionem passionis a Valdensibus in die paraceves . . .» Doat 21,235r. «Boneta . . . vidit *quandam* Valdensem, quae exponebat passionem Dominicam» (ebd. fol. 282r–v).

[100] Dort fand ja auch am Tag zuvor die Abendmahlsfeier statt (vgl. u. S. 24).

[101] Doat 21, 234v = Lea II,661; ebd. 274r.

[102] Vgl. Selge I, 263 f.

[103] «Poncius Seguini cum esset puer coenavit cum Valdensibus et totiens fuit cum Valdensibus quod nescit numerum . . . et aliquando legit in libris Valdensium.» Doat 21, 274r. Dies deutet darauf hin, daß er sich oft im Hause der Waldenser aufhielt.

[104] Doat 22, 30v (s. oben S. 10).

f) Die Mahlfeier am Gründonnerstag

Ungefähr 36 Personen haben in Montauban an der Mahlfeier der Waldenser (cena Valdensium) teilgenommen. Da uns diese Feier nur in Montauban begegnet, darf man annehmen, daß sie im Haus der Waldenser stattgefunden hat. Dabei werden am Gründonnerstag Brot und Fisch gesegnet und anschließend zusammen mit Wein genossen[105]. Manche nehmen von dem gesegneten Brot und Fisch mit nach Hause, anderen wieder wird davon gebracht[106].

Welche Bedeutung hat diese Feier, an der außer den Waldensern selbst auch ein kleiner Kreis von Freunden teilnimmt? Die Inquisitoren haben in dieser Feier eine Eucharistiefeier sehen wollen, bei der also eine Konsekration stattfindet[107]. Sie kannten den Anspruch der französischen Waldenser, im Notfall konsekrieren zu können und kamen wohl daher zu diesem Schluß[108].

Aber welche Beziehung könnte die Weihe von Brot und Fisch zu dem Bericht vom letzten Mahl Jesu und seiner Jünger haben, wo ja ausdrücklich von Brot und Wein die Rede ist? Brot und Fisch verweisen dagegen eindeutig auf die Geschichte von der Speisung der 5000 (Mt 14,13–21; Joh. 6,1–13). Derselbe Hinweis auf die wunderbare Speisung der Volksmenge durch 5 Brote und 2 Fische findet sich nun auch in vielen liturgischen Formeln, die bei der sogenannten Brotweihe Verwendung fanden. Der Ausdruck «panis benedictus» weist ebenfalls eindeutig auf den Brauch der Brotweihe. Besonders in Frankreich war es lange üblich, daß der Priester nach der sonntäglichen Messe jenen Gläubigen, die nicht kommuniziert hatten, geweihtes Brot austeilte, das man auch mit nach Hause nehmen konnte[109]. Vielerorts, beson-

---

[105] «Ramon Carbonel . . . interfuit cene Valdensium et comedit de pane et piscibus benedictis ab eis, de vino bibit . . .» Doat 21, 234r = Lea II,661. «B. Clavelz . . . et interfuit cene Valdensium et cenavit cum eis in die Jovis cene . . .» Doat 21, 258r = Lea II,663. Daß diese Feier gewöhnlich oder ausschließlich am Gründonnerstag stattfand, geht aus dem Gutachten für die Inquisitoren von Arles aus dem Jahre 1235 hervor: «Similiter eos, qui comederunt panem et piscem in die cene iuxta maledictum morem suum a Valdensibus benedictum, cum firmiter existiment ipsi consiliarii quod Valdenses tunc credunt conficere corpus Domini» (Quellen, S. 52). Hieraus geht auch eindeutig hervor, daß nur Brot und Fisch gesegnet wurden.

[106] «P. Austorcs . . . quidam apportavit sibi de pane pisceque benedicto a Valdensibus et comedit; «Doat 21, 273v–238v = Lea II,661.

[107] Vgl. die o. Anm. 105 zitierte Stelle aus dem Gutachten von 1235. So auch in den Richtlinien der Synode von Narbonne 1243: «aut coenae Valdensi, ubi di coenae mensa posita, et pane superposito, Valdensis unus benedicens, et frangens, dansque astantibus, credit secundum damnabilem sectam conficere corpus Christi», ed. Selge, Texte, S. 67).

[108] Peter von les Vaux-de-Cernay I, S. 19 = Enchiridion, S. 168) zählt zu den Hauptirrtümern auch: «. . . in hoc etiam quod asserebant quemlibet eorum in necessitate, dummodo haberet sandalia, absque ordinibus ab episcopo acceptis posse conficere corpus Christi.»

[109] Franz, I, . 247 ff.

ders aber in Klerikergemeinschaften und Klöstern, wurde die Brotweihe am Gründonnerstag feierlich vollzogen und anschließend ein Mahl zum Gedächtnis an das letzte Mal Jesu mit seinen Jüngern gefeiert[110]. So hat also dieses Mahl der Waldenser sein Vorbild in kirchlichem Brauchtum. Sein Mißverständnis als Eucharistiefeier erklärt sich daraus, daß gerade in Frankreich der Genuß des geweihten Brotes vielen als ein Ersatz für die Kommunion galt. Die Kirche hat zwar die Teilnahme an der Kommunion zumindest einmal im Jahr verlangt, aber durch eine Vielfalt von Geboten und Beschränkungen die Gläubigen von einer häufigen Kommunion faktisch abgehalten[111]. In Südfrankreich, wo man die Priester allgemein verachtete, wird die Kommunion wohl noch seltener gewesen sein. Um so mehr sahen sich offenbar die Waldenser dazu berufen, dieses Mahl zu feiern und auch ihre Freunde daran teilnehmen zu lassen[112].

Über die Frage, wer nun eigentlich dazu berechtigt sei, die Konsekration zu vollziehen, bestand dabei noch keine Einigkeit, wie sich auf der Konferenz von Bergamo zeigte[113]. Die Mahlfeier am Gründonnerstag scheint ein Versuch gewesen zu sein, dieses Problem zu umgehen, indem man eine sakramentale Bedeutung vermied und statt dessen ein Mahl der Gemeinschaft in Erinnerung an Jesu Mahl feierte[114]. Daß daneben, vielleicht an Ostern, noch im kleinen Kreis eine Eucharistiefeier stattfand, ist wahrscheinlich[115].

---

[110] Ebd. S. 259. Dazu ausführlicher unten S. 51 f.

[111] Franz ebd. S. 255; Jungmann (II, S. 451 f.) nennt als Gründe für die seltene Kommunion u. a. die Änderung der Bußdisziplin, Festsetzung von Ausschließungsfällen besonders für Eheleute und Frauen, sowie die Forderung nach einer intensiven Vorbereitung.

[112] Am deutlichsten wird das im Glaubensbekenntnis von Bernhard Prim vor Innozenz III ausgedrückt: «Specialiter autem de fractione panis, super qua infamati sumus, diximus et dicimus quia nunquam factum fuit causa praesumptionis, sed causa ardoris fidei et charitatis et causa deliberationis, ne indurarentur simplices fideles inter hareticos permanentes et sacramentum eucharistiae non accipientes»; (MPL/216,291 = Enchiridion, S. 138). Wie diese «fractio panis» im einzelnen vollzogen wurde, wissen wir nicht. Jene anonyme Beschreibung des waldensischen Abendmahls, die uns in den Inquisitionsquellen häufig begegnet, stammt ja kaum aus dieser frühen Zeit (vgl. unten S. 146).

[113] Reskript (Quellen, S. 29 f., 36 f.) Selbst wenn die französischen Waldenser unter Berufung auf einen Notstand und auf die ausschlaggebende Bedeutung der Einsetzungsworte prinzipiell jeden für fähig hielten zu konsekrieren, haben in der Praxis wohl schwerlich jeder beliebige Laie oder eine Frau diese Funktion ausgeübt; wo ein Priester fehlte, haben wohl die Sandalenträger dieses Amt ausgeübt. Vgl. Peter von les Vaux-de-Cernay s. o. Anm. 108.

[114] Ein Gemeinschafts- und Erinnerungsmahl, das im Unterschied zu später auch die Freunde mit einbezog (vgl. dazu S. 51). An die Stelle des kirchlichen Rituals trat wieder die Tischgemeinschaft. Auch auf liturgischem Gebiet ließen sich die Waldenser also vom konkreten Vorbild der evangelischen Berichte inspirieren.

[115] Ein konkreter Hinweis darauf findet sich allerdings erst in der Aussage des waldensischen Diakons Raimundus de Costa von 1320. (Reg. Pamiers ed. Duvernoy I, 60 f.) Vgl. u. S. 52.

g) Diakonie und Handarbeit

Ebenso wie die Katharer sind auch die Waldenser im Quercy als Ärzte aufgetreten, besonders Petrus de Vallibus in Gourdon und andere unbekannte Waldenser in Montauban[116]. Sie werden von den Leuten gerufen, besuchen die Kranken, geben ihnen ein Pflaster oder Heilkraut und legen ihnen die Hand auf[117]. Eine Waldenserin wäscht einer Frau in Montcuq den Kopf, wohl eine Maßnahme gegen das Ungeziefer[118]. Diese Tätigkeit war keineswegs unbedeutend, denn ein großer Teil der Bevölkerung dürfte gerade auf diese Weise mit den Waldensern in Berührung gekommen sein[119].

74 Personen aus Montauban geben zu, die ärztliche Hilfe der Waldenser in Anspruch genommen zu haben, darunter auch Anhänger der Katharer[120]. Diese Tätigkeit der Waldenser ist uns sonst nicht bekannt und es stellt sich die Frage, wie sie sich mit der ursprünglichen Intention dieser Predigergemeinschaft vereinbaren läßt. Eine biblische Begründung dafür war leicht zu finden; hat nicht Jesus selbst den Jüngern den Auftrag erteilt, Kranke zu heilen[121]? Schwieriger wird diese Begründung für andere Tätigkeiten, wie das Reparieren eines Fasses und das Anbinden von Reben[122]. Geld haben die Waldenser dafür nicht genommen. Es waren vielmehr Hilfsdienste und keine Arbeit um Lohn. Das erinnert an eine Stelle im Glaubensbekenntnis des Bernhard Prim, wo es heißt: «Obwohl es vor allem unsere Pflicht ist, daß alle lernen und alle, die dazu geeignet sind, predigen, dennoch wollen wir, sofern es die Zeit erlaubt, mit unseren eigenen Händen arbeiten, ohne allerdings einen Lohn dafür anzunehmen[123].»

[116] «Bertranda de Braulens (Gourdon) recepit P. de Vals Valdensem in domo sua ut haberet curam filii sui infirmi.» (Doat 21, 189r). «Domina Herica (Montauban) consultavit Valdenses de infirmitate sua quia patiebatur in oculo». Doat 21, 264v.

[117] Doat 21, 244r und 265v–266r. Auf Handauflegung wie bei biblischen Krankenheilungen weist folgende Aussage hin: «Raimunde . . . dixit, quando filius eius infirmabatur, quidam Valdensis venit ad domum suam et tetigit puerum . . .» Doat 21,264v. So Duvernoy, Albigeois, S. 120.

[118] So deutet Duvernoy (ebd.) wohl mit Recht die Aussage einer Frau aus Montcuq: «. . . quod quadam Valdensis lavit caput suum.» (Doat 21, 214v).

[119] Für Guiraud (II, 86–89) war die «Berufstätigkeit» der Häretiker ein Versuch, von Almosen unabhängig zu werden und unerkannt zu bleiben. Die Belege für diese Auffassung halten einer genaueren Nachprüfung nicht stand. Wenn die Waldenser z. B. ein Almosen des «Guillelmus de Catus» nicht annehmen wollen (Doat 21, 236v = Lea II,661), dann ist das noch kein Beweis für die Behauptung, sie hätten nur von ihrer Arbeit leben wollen (S. 87).

[120] «Laurencia uxor Guillelmi faiditi dixit, quod, cum vir suus reddidisset se haereticum secuta est eum apud Vilamur, et vidit illos haereticos, qui receperunt virum suum et consuluit Valdenses de infirmitate filii su.» Doat 21, 280v–281r.

[121] So in der Aussendungsrede Mt. 10, 8.

[122] Doat 21, 263r–v = Lea II,661. «Julianus . . . dixit, quod quidam Valdensis ligavit ei vineam suam ipso praesente.» Ebd. 269r.

Dahinter steht wohl die Erfahrung, daß eben nicht alle Brüder gleichermaßen zum Predigen geeignet waren. Dieselbe Erfahrung werden auch die Waldenser in Montauban gemacht haben; dieses Problem stellt sich gerade dort, wo nur noch ein Teil der Brüder ständig unterwegs ist. So werden sie wohl auch diese Arbeit als einen Teil ihres Auftrags verstanden haben, den sie jetzt natürlich sehr viel umfassender verstehen. Vermutlich werden die «Sandalenträger» sich weiterhin auf die Predigt und Seelsorge beschränkt haben. Was es mit jenem Waldenser Tolsanus de Lavaur auf sich hatte, der am Bau der Kirche von Saint-Nauphary mithalf, ist nicht klar. Vielleicht gehörte er zu den katholischen Armen, oder er war inzwischen zur Kirche zurückgekehrt und man hatte ihm diese Arbeit als Buße auferlegt[124]. Offenbar sind aber diese Phänomene eine Ausnahme gewesen; sie zeigen, in welche Richtung sich das Waldensertum hätte entwickeln können, wenn die Verhältnisse überall so günstig wie im Quercy gewesen wären und wenn nicht bald die Verfolgung alle diese Entwicklungen beendet und in eine ganz andere Richtung gelenkt hätte.

h) Der Friedenskuß

Bei Katharern wie Waldensern ist der Friedenskuß, «osculum pacis» oder auch nur «pax» genannt, gebräuchlich. Auch hier wird eine altchristliche Sitte aus ihrer liturgischen Isolierung befreit und in den Alltag hineingenommen[125]. In der Meßliturgie galt der Friedenskuß als Vorbereitung der Kommunion, als sichtbarer Ausdruck brüderlicher Gemeinschaft[126]. Bei Katharern wie Waldensern ist er zunächst innerhalb der Gemeinschaft der «perfecti» und «perfectae» üblich; in beiden Gemeinschaften ist der Friedenskuß infolgedessen auch Bestandteil des Aufnahmeritus[127]. Wenn dieser Kuß nun auch an die Anhänger weitergegeben wird,

---

[123] MPL 216,292 = Enchiridion, S.139. Vgl. Müller (S.19), der darauf hinweist, «wie die ersten Franziskusjünger ganz dieselbe Weise zu arbeiten mit ihrem apostolischen Beruf verbinden». Für eine Gemeinschaft wie die katholischen Armen des Durandus von Osca, die zum größten Teil aus Klerikern bestand, stellt sich dieses Problem nicht (Müller ebd.).

[124] Doat 23, 71v. (zitiert oben S.10). Nach Dossat, Les Vaudois (S.216f.) soll es sich um einen «pauper catholicus» handeln. Über die Beteiligung von Büßern bei der Renovierung oder dem Bau einer Kirche vgl. Delaruelle, La ville de Toulouse vers 1200, CF1, Toulouse 1966, S.118.

[125] «G. Ricart (Gourdon) . . . recepit osculum pacis ab eis», (d. h. von den Katharern) Doat 21, 208v = Lea II,660.» Parsen Esquinada (Montauban) . . . recepit pacem a mulieribus Valdensibus» (Doat 21, 273v).

[126] Jungmann, II, S.399.

[127] Zum Friedenskuß bei den Katharern vgl. Koch, S.127f. Als Teil des Aufnahmeritus unter die waldensischen «perfecti» erscheint er in «de vita et actibus» (ed. Preger, S.711, Nr.41, Döllinger II, S.95).

so ist das bei den Katharern schwer verständlich; denn ihrer Theorie nach sind «die credentes» ja noch Satanskinder und dürfen nicht einmal das Vaterunser beten[128]. Erklärlich wird das nur, wenn man berücksichtigt, welche Abstriche die Katharer von ihrer ursprünglichen Theorie machen mußten, um die große Masse ihrer Anhänger nicht abzustoßen[129]. Anders die Waldenser; sie haben ihre «perfectio» nie als exklusiven Heilsweg betrachtet, sondern als in Zusammenhang stehend mit ihrem Auftrag an allen Christen[130]. Natürlich wurden auch sie in die Rolle der «boni homines» gedrängt, die vom Volk ehrfürchtig verehrt wurden. Das drückt sich etwa in der Aussage einer Frau aus Gourdon aus, die den Waldenser Petrus de Vallibus «wie einen Engel Gottes liebte»[131]. Aber diese Verehrung ist grundsätzlich anderer Art als die Verehrung, die den «Vollkommenen» der Katharer in der sogenannten «adoratio» erwiesen wird. So ist der Friedenskuß, den die Waldensern ihren Freunden geben, ein Zeichen echter Brüderlichkeit bei aller Verschiedenheit des religiösen Weges[132].

i) Zusammenfassung

Jeder Versuch, einen umfassenden Überblick über die Geschichte der südfranzösischen Waldenser in den ersten drei Jahrzehnten des 13. Jahrhunderts zu bekommen, muß daran scheitern, daß die Verhältnisse in den einzelnen Gegenden und Städten ganz verschieden lagen. Das Ende der öffentlichen Wirksamkeit und der Beginn der Verfolgung lassen sich im einzelnen schwer datieren. Man muß davon ausgehen, daß besondere politische Bedingungen jene letzte Blütezeit der Waldenser im Quercy ermöglichten. Obwohl die Albigenserkriege schon begonnen hatten, waren die Waldenser hier noch ein Bestandteil des öffentlichen Lebens, innerhalb dessen sie ihren Verkündigungsauftrag erfüllten, ohne an die Bildung einer Sekte zu denken. Weder die Abspaltung des «rechten Flügels»[133] der Gemeinschaft und seine Rückkehr in die kirchliche Ordnung, noch die sich seit den Albigenserkriegen abzeichnende Verfolgung haben an der Stellung der französischen Waldenser zur Kirche

---

[128] Borst, S. 192 f.
[129] Ebd. S. 177; S. 205.
[130] Deswegen stellt Valdes in seinem Glaubensbekenntnis auch ausdrücklich fest: «Remanentes autem in seculo et sua possidentes, elemosinas ceteraque beneficia ex suis rebus agentes, precepta domini servantes, salvari eos omnino fatemur et credimus.» (Selge II, S. 5).
[131] Doat 21, 203v = Lea II,660.
[132] Zu diesem ganzen Fragenkreis vgl. Selge I, 123–127.
[133] Zu dieser Umschreibung für die Waldensergruppen um Durandus von Osca und Bernhard Prim vgl. Selge, L'aile droite du mouvement vaudois et des Pauvres Catholiques et des Pauvres Réconciliés, CF 2, Pamiers 1967, S. 227 ff.

etwas geändert. Ganz im Gegensatz zu den lombardischen Armen erkennen sie weiterhin die Sakramentsverwaltung der Priester an, wie sich auf der Konferenz von Bergamo zeigte[134].

Dennoch, auch in der Stammgenossenschaft haben sich spätestens seit dem Tode ihres Gründers Veränderungen vollzogen. Vor allem mußte man nun das Problem der Leitung der Genossenschaft lösen[135]. Auch in einer anderen Frage war man nun den lombardischen Armen gegenüber entgegenkommender. Die sogenannten Arbeitergenossenschaften, deren Bestehen mit zum Entstehen des Schismas von 1205 beigetragen hatte, sollten nun kein Trennungsgrund mehr sein[136]. Mir scheint, daß dieses Entgegenkommen darin begründet war, daß sich die französische Genossenschaft nun mit ähnlichen Problemen auseinanderzusetzen hatte. Auch sie stellte keine reine Predigergenossenschaft mehr dar. Ein großer Teil ihrer Mitglieder befand sich noch in der Ausbildung und Vorbereitung oder konnte aus anderen Gründen nicht predigen. Da für sie infolgedessen ein Wanderleben nicht möglich war, führten sie in Häusern ein gemeinsames Leben. Damit war auch eine «Sorglosigkeit» im Sinne des Gründers nicht mehr möglich; es mußten also auch Geldspenden angenommen werden[137].

Es entspricht aber der besonderen Situation im Quercy, wenn uns hier ein verändertes und erweitertes Verständnis vom Auftrag der Gemeinschaft begegnet. Hier passen sich die Waldenser den besonderen Bedingungen ihrer städtischen Umwelt an; die Formen der Verkündigung sind vielfältig, man wendet sich nicht nur an die Öffentlichkeit sondern auch an den Einzelnen und geht auf seine besondere Situation ein. Auch die Zuwendung zu den Kranken entspricht einem neuen und umfassenderen Verständnis von Auftrag und Dienst der Gemeinschaft. Sicher, diese Erscheinungen bilden eine Ausnahme und bleiben eine Episode, aber sie zeigen doch, welche Entwicklungsmöglichkeiten noch vorhanden waren. Die Geschichte nahm einen anderen Verlauf und zerstörte jene Ansätze zu einer neuen Gestalt des apostolischen Dienstes. Aber daß diese Ansätze selbst eine Zukunft hatten und den vorhandenen Bedürfnissen vor allem der städtischen Bevölkerung entsprachen, zeigt der Erfolg der Bettelorden[138]. Die Waldenser selbst wurden durch ihre Vertreibung aus dem öffentlichen Leben einen ganz anderen Weg geführt.

---

[134] Reskript (Quellen, S. 30) und dazu Selge I, S. 186.

[135] Reskript (Quellen, S. 22 f.) und dazu Selge I, S. 81 f., 184 f.

[136] Reskript (Quellen, S. 24) und Selge I, S. 176–184.

[137] Auch bei den Franziskanern beginnt seit etwa 1220 der Prozeß der «Seßhaftwerdung», weil man erkannte, daß nicht alle Brüder den Ansprüchen und Gefahren eines ständigen Wanderlebens gewachsen waren (Esser, S. 168.143–154).

[138] Manselli hat auf die große Bedeutung der Bettelorden für das religiöse Leben in den Städten Südfrankreichs hingewiesen und in diesem Zusammenhang besonders die seelsorgerliche Tätigkeit der Mönche erwähnt (Conclusions, CF 8, Toulouse 1973, S. 415 f.).

2. KAPITEL: VERFOLGUNG UND ENDE DER FRANZÖSISCHEN WALDENSER

a) Verbreitung nach 1230

Wann die Waldenser Montauban und die anderen Städte des Quercy verlassen haben, ist nicht bekannt. Auf jeden Fall fehlen nach 1229 sichere Nachrichten über ihr Auftreten in dieser Gegend. Nur der Name eines um 1240 in Carpentras verurteilten Waldensers erinnert noch daran, daß hier einmal ein bedeutendes Zentrum war[1]. An der Grenze des Quercy zum Rouergue haben sie sich vielleicht länger gehalten; aus Cajarc stammt der Prediger Bartholomäus, der uns zu Beginn des 14. Jahrhunderts oft begegnet; in Alzonne (comm. Verfeil), Cardonac (bei Cordes), Najac und Rodelle (nördlich von Rodez?) siedeln sich seit 1273 Familien burgundischer Waldenseranhänger an und treffen dort vielleicht noch einzelne einheimische Glaubensbrüder[2]. Zwischen 1230 und 1240 erscheinen Waldenser vor allem noch in Castres und Umgebung; zum Teil haben sie sich in den Wäldern versteckt und werden dort von ihren Anhängern besucht; zwei Waldenserinnen werden 1239 beim Verlassen von Castres gefangengenommen. Hier verstummen die Nachrichten nach 1240[3].

Zwischen 1240 und 1250 werden Waldenser in Narbonne, Durban und Carpentras entdeckt und verurteilt[4]. Alle späteren Nachrichten über Waldenser in Süd-

---

[1] Zur Verfolgung der französischen Waldenser insgesamt vgl. Lea II, S. 162–180 und die kurze Zusammenfassung bei Vidal, Bullaire S. LVII–LX. Die letzte datierbare Nachricht über Waldenser im Quercy ist die Aussage einer Frau namens Peregrina, die von Waldensern in Moissac 1228/1229 berichtet (Doat 22, 30r–31r; vgl. S. 9 f.). Das Urteil von Carpentras über Pontius Lombardi, Johannes von Marseille und «Guiraudus Caturcensis» (Cahors, Quercy) findet sich in der Formelsammlung eines französischen Inquisitorenhandbuchs, dessen jüngstes Dokument aus dem Jahre 1265 stammt (Dondaine, Le manuel S. 107). Abgedruckt in «Quellen» S. 65–67.

[2] Vgl. weiter hinten S. 37.

[3] Vgl. Dossat, Les Vaudois S. 223–225 und Thouzellier, Catharisme et Valdéisme S. 295. Bei Thouzellier finden sich in den Anmerkungen auch die betreffenden Belege aus dem MS 609 der Stadtbibliothek von Toulouse. Diese Handschrift enthält die Verhöre der Inquisitoren Bernhard von Caux und Johannes von Saint-Pierre aus den Jahren 1245/1246.

[4] 1251 werden in Narbonne 4 Frauen als Anhängerinnen der Waldenser verurteilt. (Original in der Nationalbibliothek Paris, Coll. Baluze, vol. 392, Nr. 580; Teilausgabe in «Histoire générale de Languedoc», VIII, col. 1272 f.) Die Urteile, die Durban und Carpentras betreffen, finden sich in dem o. g. Inquisitorenhandbuch (Quellen, S. 58.65–67).

frankreich betreffen mit wenigen Ausnahmen Familien und Einzelpersonen, die aus der Franche Comté und dem Viennois eingewandert sind. Wir müssen uns daher diesen Waldensergebieten zuwenden.

Aus dem «Liber Sententiarum Inquisitionis Tholosanae» und dem Register der Inquisition des Bischofs Jacobus Fornerius (Jaques Fournier) von Pamiers sind uns die Namen von ungefähr 50 Waldenserpredigern bekannt, die in der Zeit zwischen 1275 und 1320 aufgetreten sind. Von diesen sind 25 sicher burgundischer Abstammung und 10 stammen sicher aus anderen Gebieten: Bartholomäus von Cajarc (Rouergue), Bernardus de lingua albigesii (Albigeois), Gerardus provincialis (Provence), Raimunda de Castris (Castres), Hymbertus champanes (Champagne?), Christinus maynes (Maine in Nordwestfrankreich?), Johannes lotaringus (Lothringen), Raimundus de Costa (la cote Saint-André, Isére), Gerardus viennensis (Viennois) und Michael ytalicus (Italien)[5]. Auch wenn also Hinweise auf Südfrankreich nicht fehlen, so liegt der Schwerpunkt hiernach wohl schon seit der Mitte des 13. Jahrhunderts im Osten, in Lothringen, Burgund und dem Viennois.

Die Geschichte der Waldenser in Burgund, in Lothringen und im Viennois liegt weitgehend im Dunkeln. Sie begegnen uns erst dann, als sie ihre Heimat verlassen haben, um sich im Süden Frankreichs der Verfolgung zu entziehen. Für die Zeit davor gibt es nur wenige Hinweise, die ich im folgenden kurz zusammenstelle. Schon Ende des 12. Jahrhunderts sind waldensische Prediger in der Diözese Toul, in Metz und vielleicht sogar in Lüttich bezeugt[6]. Um das Jahr 1235 hat Stephan von Bourbon einen Waldenser verhört, der nach 18 Jahren Studium in der Ketzerhochburg Mailand in seine Heimat ganz im Norden der Grafschaft Burgund zurückgekehrt war[7]. Der in den vierziger Jahren in Südfrankreich verurteilte Johannes von Burgund soll dreißig Jahre lang «perfectus» gewesen sein. Das sind also sichere Hinweise dafür, daß schon in der ersten Hälfte des 13. Jahrhunderts die Mission der «Armen von Lyon» in Burgund erfolgreich war. Offenbar hat sich die 1232/1233 einsetzende Ketzerverfolgung durch die Dominikaner in Besançon zumindest auch gegen die Waldenser gerichtet. Dies kann man aus einem Brief Gregors IX an den Prior der Dominikaner schließen, wo von rückfälligen Anhängern der Ketzer die Rede ist, die

---

[5] Liber sentiarum, S. 352.201.230.231. und Register Pamiers, ed. Duvernoy I, 99 f.520.522.
[6] Vgl. dazu Selge I, S. 290–293 und die dort genannten Belege.
[7] Stephan von Bourbon, ed. Lecoy, S. 279 f. und Quellen, S. 47. Stephans Kenntnisse über die Waldenser stammen aus seiner Tätigkeit als Inquisitor nach 1235 (Lecoy, S. 293 f.), die sich leider nicht genau lokalisieren läßt. (Müller, S. 167, nennt als mögliche Gebiete die Champagne, Auvergne, die Grafschaft Forez, Burgund und Savoyen.) Zumindest scheint er den o. g. Waldenser selbst verhört zu haben; «ut ipse recognovit nobis, ...» «... et eas mihi nominavit ...» (eb.).

auch nach ihrem Abschwur die Ketzer weiter in Häusern und «Schulen» verbergen[8]. Ausdrücklich von Waldensern sprechen dann Briefe Innozenz' IV. aus den Jahren 1247 und 1248. Daraus geht hervor, daß Graf Johannes von Burgund den Papst davon unterrichtet hat, daß die waldensische Häresie in der Diözese Besançon und besonders in seinen Landen, also der Grafschaft Burgund, so überhandgenommen habe, daß der größte Teil des Volkes von ihr angesteckt sei[9]. So steht also fest, daß die Waldenser trotz der Verfolgung in der Grafschaft Burgund noch eine große Zahl von Anhängern haben. 1255 werden die Dominikaner von Besançon von der Aufgabe der Inquisition wegen Geldmangels befreit, aber bereits 1267 beginnt eine neue Welle von Verfolgungen[10]. Unter dem Eindruck dieser Verfolgungen sind dann offenbar einige Familien von Waldenseranhängern nach Südfrankreich ausgewandert. Auf jeden Fall stehen 1273 mehrere Burgunder, die sich gerade erst in einigen Orten in der Dözese Rodez niedergelassen hatten, vor dem Inquisitor von Toulouse. Man hatte sie wohl schon im Verdacht, aber da man ihnen nichts nachweisen konnte, blieben sie in der Rouergue unbehelligt bis zur Verhaftung des Huguetus Garrini nach 1315[11].

---

[8] Brief vom 17. Juni 1233, Potthast Nr. 9235 u. Auvray, Registres' Grégoire IX, t. I, Paris 1896, Nr. 1416. Die betr. Stelle lautet (Ripoll, I, S. 55): «... occultantes haereticos in domibus propriis et in scholis, ubi haereses addiscuntur, de suis facultatibus ministrant eisdem ...».

[9] Brief Innozenz IV vom 21. August 1248 an den Prior der Dominikaner zu Besançon. (Potthast Nr. 13000, abgedruckt bei Ripoll I, S. 183): «... quod heretica pravitas, que Waldensis vocatur, in Bisuntina diecesi et maxima in Terra sua (also in der Grafschaft Burgund) peccatis exigentibus, jam adeo pullulavit, quod maxima partem Populi, Terre ac Diecesis eorundem sue malitie veneno infecit.» Vgl. auch den Brief vom 16. November 1247 an die gleichen Adressaten (Potthast Nr. 12748, E. Berger, Reg. Innocent IV, t. 1. Paris 1884, Nr. 3420).

[10] Alexander IV am 21. August 1255 an die o. g. Adressaten. (Potthast Nr. 15995 und Ripoll I, S. 286) Aus dem Jahre 1267 ist eine Fülle von päpstlichen Briefen bekannt, die die Inquisition der Dominikaner von Besançon betreffen. Z. B. der Brief Clemens IV an die Inquisitoren der Städte und Diözesen Genf, Lausanne, Sedan, Toul, Metz und Verdun vom 6. Juli 1267 (Potthast 20064). Abgedruckt ist dieser Brief in dem wenig bekannten «Speculum inquisitionis Bisuntinae» des Johannes des Loix (Dolae 1628, S. 165–172). Dieser Johannes des Loix war einer der letzten Inquisitoren von Besançon und hat in diesem breit angelegten Werk eine große Zahl päpstlicher Briefe, die die Inquisition betreffen, abgedruckt. Bei ihm finden sich auch päpstliche Briefe, die sonst nicht bekannt sind; so z. B. ein Brief Clemens' IV vom 14. Juli 1267 an die o. g. Adressaten. (Quia dubitatur a multis ...) Darin wird auf Anfrage mitgeteilt, daß auch exkommunizierte weltliche Herren und ihre Beamten die Arbeit der Inquisition unterstützen müssen (S. 226 f.).

[11] Die Verhöre von 1273 bei Doat 25, 9v–10v. Der dort genannte «Aymes Burgundus de Alzona» ist wohl ein Verwandter des Petrus Aymonis, ebenfalls aus Alzonne, der 1323 verurteilt wurde (Lib. Sentent. S. 352). Zur Gefangennahme des Huguetus Garrini aus Alzonne vgl. ebd. 345. Er wurde zusammen mit Bartholomäus von Cajarc im Albigeois

Andere Anhänger der Waldenser zogen aus Burgund in die Gascogne. 1283 bekommt der Priester Johannes Philibert vom Inquisitor in Besançon den Auftrag, den in die Gascogne geflüchteten Waldenser Ruffus Jauberti zu suchen; und noch 1312 flieht Perrinus Fabri nach seinem Abschwur in Besançon in die Gascogne. Um diese Zeit aber war der Inquisitor von Toulouse Bernhard Guidonis auf die «burgundi» in der Gascogne schon aufmerksam geworden[12]. Die letzte Nachricht über Waldenseranhänger burgundischer Herkunft betrifft eine Frau, die 1328 in der Diözese Narbonne verurteilt wird[13].

Auch in der Grafschaft Forez wurden Waldenser verfolgt. In einer Urkunde aus Montbrison (Loire) aus dem Jahre 1251 wird beiläufig ein Platz an der Trève erwähnt, wo Waldenser verbrannt wurden[14].

Im Rhônetal hat es wohl immer Waldenser gegeben, man denke nur an die Zeugnisse für Arles und Avignon aus der ersten Hälfte des 13. Jahrhunderts. Aber von Waldensern im Viennois hören wir erst sehr spät. Das liegt wohl daran, daß hier die Inquisition erst Ende des 13. Jahrhunderts richtig begann. 1319 werden in Pamiers 4 Personen entdeckt, die, aus dem Viennois stammend, sich hier im Süden sicherer wähnten. Die vier Gefangenen waren dem Inquisitor, Bischof von Pamiers, wichtig genug, daß er sie an den päpstlichen Hof nach Avignon bringen ließ[15]. Trotz langwieriger Verhöre und des beharrlichen Versuchs des Inquisitors, die Angeklagten von ihrem Irrtum abzubringen, blieben alle standhaft und endeten daher auf dem Scheiterhaufen[15]. Ob hinter der Ermordung zweier Franziskaner 1321 in Montélier, Diözese Valence, Anhänger der Waldenser standen, ist nicht sicher; dennoch ist es wahrscheinlich, da in dieser Gegend wohl am ehesten Waldenser von der Verfolgung betroffen waren. Die Waldenser in der Dauphiné werden an anderer Stelle zur Sprache kommen, da sie in enger Verbindung zu ihren Glaubensbrüdern in Piemont

verhaftet, zuerst nach Carcassonne gebracht und schließlich in Avignon verurteilt und verbrannt. Er scheint aber doch einige Namen von Anhängern in Alzonne preisgegeben zu haben (ebd.).

[12] Das Urteil und die Degradierung des Johannes Philibert finden sich ebd. S. 252–255. Eine Zusammenfassung seiner bewegten Biographie bei Vidal, Bullaire. S. 56 f., Anm. 2. Zu Perrinus fabri vgl. Lib. Sent. S. 230 f.

[13] Es handelt sich um eine Frau namens «Perrota de flassacho prope cursuum diocesis Bisintcinae» (muß Bisuntinae heißen). Doat 27, 121v.132r.

[14] Thouzellier, S. 294 Anm. 103: «... ubi Valdenses conbusti ...». Vielleicht besteht hier ein Zusammenhang zu der von Stephan von Bourbon bezeugten Tätigkeit als Inquisitor in der Grafschaft Forez während der 1. Hälfte des 13. Jahrhunderts (ed. Lecoy, S. 366).

[15] Ihre Aussagen bei Duvernoy I, S. 40–127 und 508–532. Die Urteile von Johannes von Vienne und seiner Frau Hugueta stehen im Lib. Sententiarum, S. 289 f. Der Geleitbrief für den Rücktransport der Gefangenen von Avignon nach Pamiers ist bei Vidal, Bullaire Nr. 25 abgedruckt.

standen¹⁶. Noch 1335 und 1344 hören wir von Waldensern in Südfrankreich; auf der Flucht vor dem Inquisitor von Toulouse wenden sie sich nach Osten in die Dauphiné oder nach Südwesten, nach Béarn und Aragon¹⁷. Danach hören wir nichts mehr von jener französischen Stammgenossenschaft¹⁸, die über 150 Jahre im Süden Frankreichs gewirkt hat. Die im Jahre 1414 in Montpellier verurteilte Einsiedlerin Katharina Sauve ist eine schwer einzuordnende Einzelerscheinung¹⁹ und jene in der zweiten Hälfte des 15. Jahrhunderts in Südfrankreich bezeugten Waldensergruppen stehen kaum in direktem Zusammenhang zur Stammgenossenschaft, sondern sind das Ergebnis einer von den Alpen ausgehenden Mission²⁰.

b) Leben im Untergrund

Das Einsetzen systematischer Verfolgungen seit den dreißiger Jahren hatte einschneidende Folgen für die Lebensweise und das Auftreten der Waldenser.

Es gelang ihnen aber bald, sich der neuen Situation anzupassen und das Versteck in den Wäldern, das von einigen zwischen 1230 und 1240 aufgesucht wurde, konnte bald verlassen werden²¹. Die Prediger verkleideten sich als Friseure, Schuhmacher, Erntearbeiter, Kaufleute, Armbrustschützen, Kleriker und Pilger, kurz gesagt in Menschen, bei denen ein Wanderleben selbstverständlich war²². Wo das nicht

---

¹⁶ Die Hartnäckigkeit des Inquisitors, der z.B. den waldensischen Diakon Raimundus de Costa mehr als zwanzigmal verhörte, erklärt sich natürlich daraus, daß die «Bekehrung» eines Mitgliedes des inneren Kreises der Sekte der Inquisition weitere Erfolge ermöglicht hätte.

¹⁷ Zur Existenz von Waldenseranhängern im westlichen Teil der Dauphiné und zum «Massaker» von Montélier vgl. die Briefe Benedikts XII vom 16. Juni 1335 an den Dauphin Humbert und den Bischof von Valence und Die (Vidal, Bullaire Nr. 147 f., Daumet, Benoît XII, Lettres closes ... se rapport. à la France, Paris 1920, Nr. 68.69) und die Briefe Johannes XXII von 1321 (Vidal, S. 65 f. Mollat, Jean XXII, Lettr. communes t. 4, Paris 1910 Nr. 16122–16124).

¹⁸ Vgl. dazu den o. g. Brief Benedikts XII an den Dauphin und seinen Brief vom 29. März 1335 an den Grafen Gaston von Foix (Daumet, ebd. Nr. 33 und Vidal, Nr. 144). Außerdem die Briefe Clemens' VI vom 17. Juli 1344 an den Bischof von Pamplona (Déprez, Clement VI, lettres closes ... t. 1, fasc. 2, Paris 1925, Nr. 966, Nr. 195).

¹⁹ Lea II, S. 157 und Döllinger II, S. 362 f.

²⁰ Boehmer, S. 823, Z. 1–18.

²¹ Vgl. Ms Toulouse 609, 249r–v, bei Thouzellier, Catharisme et Valdéisme, S. 295 Anm. 104. 108.

²² Stephan, ed. Lecoy S. 293.279. Bernhard Guidonis, èd. Mollat, S. 50. Mir scheint, daß auch das Auftreten als Kleriker mit eine Schutzmaßnahme war. Man kann davon ausgehen, daß der waldensische Diakon Raimundus de Costa eine Tonsur und das Gewand eines Klerikers trug. Zu Beginn seines Verhörs versuchte er nämlich noch den Anschein zu erwecken, daß er von einem Bischof der römischen Kirche die Weihe eines Diakons erhalten habe. (Register Pamiers, ed. Duvernoy I, S. 48 f.)

möglich war, wurden sie im Schutze der Nacht von einem Anhänger geführt und gelangten auf diese Weise zu ihrem Quartier[23]. Nur an wenigen Orten war es wohl noch möglich, daß mehrere von ihnen in einem Hospiz zusammenleben konnten[24].

So gesehen hat also die Verfolgung auf die Dauer dazu geführt, daß nun das unstete Wanderleben wieder zur chakteristischen Lebensform der waldensischen Prediger wurde. Ist in dieser Frage eine Rückkehr zu den ursprünglichen Formen waldensicher Existenz erkennbar, so hat sich dennoch im Zuge der Verfolgung etwas anderes grundsätzlich und unwiderruflich geändert; ihre Verkündigung konnte nicht mehr in aller Öffentlichkeit geschehen, sondern mußte im Haus der Anhänger oder im Hospiz stattfinden[25]. Wider Willen also, wurden sie zu «Winkel- und Sektenpredigern», das heißt, sie waren nun ausgeschlossen von der öffentlichen Auseinandersetzung und mußten darauf verzichten, ihren Aufruf zur Buße mitten im Alltag der Städte lautwerden zu lassen. Notgedrungen sahen sie ihre Wirksamkeit beschränkt auf den kleinen Kreis der Anhänger, der sich nun enger an die «perfecti» anschloß[26].

Diese Anhänger hatten nun auch dafür zu sorgen, daß die Waldenser selbst nicht in Gefahr kamen; deshalb haben sie jetzt zum Teil die Almosen eingesammelt, Botendienste für sie übernommen und nicht zuletzt haben sie auch versucht, den Waldensern neue Anhänger zuzuführen[27]. Wie vorsichtig man dabei vorging, zeigt die Aussage einer Frau aus der Diözese Castres aus dem Jahre 1327. Als ihr Mann vor 25 Jahren starb, wurde sie von einer Frau mit folgenden Worten getröstet: «filia mea confortamini, et confidete in domino Deo meo, et manuteneas te in viduitate tua et vive sicut bona domina... Si tu velles credere uni bono homini, quem habeo in domo nostra et audire eum praedicantem et dicentem sua bona verba, non dubito, quin multum placeret tibi.» Die Frau zeigt nun gleich ein starkes Interesse, fragt, was das für ein Mensch sei und bekommt darauf die Antwort: «... unus homo valde bonus et probus... tamen ipse non audebat ire palam nec publice nec se ostendere, quia erat de illis, quos Ecclesia persequebatur...». Nun möchte die Frau diesen geheimnisvollen Mann natürlich gleich sehen, aber sie muß warten, bis es dunkel ist;

---

[23] «De vita et actibus», ed. Preger, S. 711, Nr. 43, Döllinger II, S. 97.

[24] Für Hospize, wie sie in dem o. g. Traktat beschrieben sind, gibt es sonst keine Hinweise. Kleinere Gruppen von Waldensern hielten sich wohl vor allem in größeren Städten auf, wo man im Hause von Anhängern oder in einem allgemeinen Hospiz (Herberge) eine Zeitlang unentdeckt leben konnte. So hat z. B. die Gruppe um Raimundus de Costa in Pamiers in einem «Hospiz» gewohnt. (Reg. Pamiers, ed. Duvernoy, I, S. 520.) Eine andere «societas» lebte in einem Haus in Montpellier (ebd. S. 513). In Toulouse wohnte der «maioralis» Johannes Lotoringus zusammen mit sechs anderen in einem Haus, in dem sich auch eine Werkstatt befand (ebd. S. 512).

[25] Bernhard Guidonis, ed. Mollat, S. 56.

[26] Vgl. dazu hinten S. 42 f.

[27] Garsendis, Frau des Wilhelm «de villa rubea» wurde 1251 in Narbonne als «questrix, nuncia, et servitrix» der Waldenser verurteilt (Hist. générale de Languedoc VIII, 1272).

im Haus jener Frau trifft sie nun zwei Männer, die sie nicht sehen, wohl aber berühren kann, und sie sagen ihr «multa bona verba ... sed non contra fidem.» Nach einiger Zeit hört sie, der eine dieser Männer habe Bartholomäus geheißen, und später erfährt sie auch von der Verhaftung der beiden[28]. Man spürt hier, daß jenes Geheimnis, das die Waldenser umgab, auch einen gewissen Reiz ausüben konnte.

Ständig der Gefahr ausgesetzt, entdeckt oder verraten zu werden, blieb den Waldensern keine andere Möglichkeit, als sich den Bedingungen einer Untergrundexistenz anzupassen. Dies gelang ihnen auch, aber damit bestätigten sie ungewollt das überlieferte Bild von der Hinterhältigkeit und Verstellung der Ketzer. Die Waldenser haben sich im Unterschied zu manchen Katharern nie zum Martyrium gedrängt und stets versucht einer Gefangennahme und Verurteilung zu entgehen. Nach Bernhard Guidonis beriefen sie sich dabei auf das Wort Jesu: «Wenn sie euch aber in einer Stadt verfolgen, so fliehet in eine andere» (Mt. 10,23)[29]. Auch haben sie ihre Feinde gemäß der Forderung Jesu in der Bergpredigt (Mt. 5,44) nicht gehaßt, sondern vielmehr für sie gebetet[30]. Ja, sie haben sogar jene Kirche, die sie unerbittlich verfolgte, nicht einmal rundweg abgelehnt wie ihre radikalen lombardischen Genossen, sondern nur betont, man würde sie zu Unrecht verfolgen[31]. Wenn sie ihre Anhänger dazu aufforderten, am katholischen Gottesdienst teilzunehmen, zu beichten und zu kommunizieren, dann war das kein Aufruf zur Heuchelei[32]. Hierin blieben die französischen Waldenser ihrem ursprünglichen Anliegen treu, auch wenn sich das kaum mit der Tatsache vereinbaren ließ, daß sie nun eben eine häretische Gemeinschaft bildeten unter Einbeziehung der «credentes» und mit einer eigenen Hierarchie[33].

c) Sozialer Kontext

Noch bis zur Mitte des 13. Jahrhunderts begegnen uns Waldenser vor allem in den Städten Südfrankreichs; in diesem Zusammenhang wären Arles, Carpentras und

---

[28] Aussage der «Guillelma Maza uxor quondam Ioannis Maza de Calvayrcho diocesis Castrensis». Doat 27, 82r–83r. Ihr Urteil ebd. 98v–99r. Die beiden Männer, von denen die Frau erst später erfuhr, daß sie Waldenser waren, waren vielleicht Bartholomäus von Cajarc und Huguetus Garrini. Beide wurden nach 1315 im selben Gebiet, der Herrschaft Montfort, festgenommen (Lib. Sent, S. 345).

[29] Ed. Mollat, S. 58.

[30] «De vita et actibus» ed. Preger, S. 709 und Döllinger II, S. 94.

[31] Reg. Pamiers, ed. Duvernoy, S. 62.

[32] Ebd. S. 62 f.

[33] Vgl. hinten S. 55.

[34] Eine Raimunda, Frau des Bartholomeus Barut aus der «bourg» von Narbonne; vgl. Emery, Heresy and inquisition in Narbonne, New York 1941, S. 95 (s. oben S. 30 Anm. 4).

Narbonne zu nennen. Eine der vier Frauen, die 1251 in Narbonne als Anhängerinnen der Waldenser verurteilt wurden, soll die Frau eines Ratsherrn gewesen sein[34]; in Arles wurden um 1235 Mitglieder einer Patrizierfamilie aus dem selben Grund zur Rechenschaft gezogen[35]. Es fehlt also auch nach 1230 nicht an Hinweisen dafür, daß die Waldenser wie in Montauban so auch in anderen Städten unter den führenden Schichten der Städte einzelne Personen oder auch ganze Familien für sich zu gewinnen vermochten.

Nach 1250 hat sich das Bild vollständig verändert; die große Masse der aus Burgund eingewanderten Familien stammt von vornherein nicht aus einem städtischen Milieu. Kleinere Orte bei Chalons-sur-Saône und südlich von Lons-le-Saunier sind ihre Heimat[36]. Es zieht sie auch nicht in die großen Städte, sondern in zunächst wenig besiedelte Gebiete in der Gascogne und Rouergue, wo um jene Zeit eine Vielzahl von Orten neu gegründet wurde. Von Castelnau-Barbarens, Mirande und Marciac in der Gascogne ist bekannt, daß sie erst in der 2. Hälfte des 13. Jahrhunderts gegründet wurden; möglich ist das auch bei kleineren Orten wie Mazères (bei Castelnau-Barbarens), Saint-Jean-le-Comtal (10 km südlich von Auch) und Bars (zwischen Mirande und Marciac). Alzonne schließlich ist ein abgelegener Weiler in Rouergue, der heute zur Gemeinde Verfeil gehört[37]. Im Bevölkerungsge-

[35] Aus einem Brief von Urban IV vom 25. November 1263 an die Inquisitoren in den Grafschaften der Provence und Forcalquier (Potthast Nr. 18723, Guiraud (Reg. d'Urbain IV, t. 3, Paris 1904, Nr. 1175) datiert den Brief auf den 26. Oktober 1263) geht hervor, daß ein gewisser «Guillelmus de Inqueriis Civis Arelatensis» sich in folgender Angelegenheit an den Papst gewandt hat: Auf Anregung seiner Mutter kam er schon als Fünfzehnjähriger mit Waldensern in Berührung; «. . . in domo paterna et alibi etiam pluries frequentavit (haereticos de secta Valdensium), ipsos salutans, et recipiens osculum ab eisdem, de pane benedicto ab ipsis comedens cum eisdem; audivit quoque frequenter monitiones eorum, non tamen reducit ad memoriam nectunc advertit, utrum aliquid dicerent contra catholicam fidem.» Guiraud, ebd. S. 135. Vater und Mutter waren verurteilt worden, das Vermögen zwischen der Stadt und dem Erzbischof aufgeteilt «tertia parte dumtaxat ejus filiis reservata». Er selbst hatte aus freien Stücken vor dem Erzbischof und dem Inquisitor 1237 ein Geständnis abgelegt, war aber bis jetzt noch nicht absolviert worden. Urban IV gibt nun den Befehl, dem o. g. Wilhelm de Inqueriis die Absolution zu erteilen und ihm eine Buße aufzuerlegen. Die «de Junqueriis» waren eine bekannte Patrizierfamilie in Arles. Vgl. Erika Engelmann, Zur städtischen Volksbewegung in Südfrankreich, Kommunefreiheit und Gesellschaft. Arles 1200–1250. Berlin, S. 74.136.141.198 f.

[36] Unter anderen wären Cernon (Jura, comm. Arinthod), Aluze (Saone et Loire, bei Chalonss.-S.), Cressia (Jura, 20 km südlich von Lons-le-Saunier) und Saint Laurent (Jura) zu nennen. Vgl. dazu auch Duvernoy (Reg. Pamiers) I, S. 100 f. Anm. 36 und Roschach, S. 106.

[37] Es ist das Verdienst von Roschach, den Zusammenhang zwischen dieser Welle von Neugründungen und der Einwanderung waldensischer Familien aus Burgund entdeckt zu haben. Er selbst hat auch die Orte identifiziert, vor allem Alzonne. Leider ist seine wichtige Studie unbeachtet geblieben. Vgl. besonders S. 102–104. 115.99. Zum ökonomischen Aufschwung nach dem Ende der Albigenserkriege und zur Gründung der «bastides» vor allem an den Grenzen des Languedoc und in der Gascogne vgl. Wolff, S. 212.

misch dieser neu gegründeten Orte und in abgelegenen ländlichen Siedlungen hofften sie unentdeckt zu bleiben[38]. Über Beruf und soziale Stellung der Kolonisten erfahren wir wenig; ein Weber und eine Weberin, zwei Schneider, ein Schmied, ein Zimmermann, ein Fuhrmann oder Wagenmacher und schließlich der Priester Johannes Philibert werden genannt[39]. Haupterwerb war wohl die Landwirtschaft, denn in einem Weiler wie Alzonne hätte es gar keine andere Möglichkeit gegeben[40].

Man kann sich über die wirtschaftliche Lage der burgundischen Familien kaum ein genaueres Bild machen; im allgemeinen wird man wohl dem Urteil Roschachs zustimmen können, daß sie in bescheidenen Verhältnissen gelebt hätten[41]. Hinweise auf Armut finden sich nicht; einige haben die Waldenser auch mit Geld unterstützt; von zwei Familien kann man auch sagen, daß sie über einen gewissen Besitz verfügten: Als Huguetus Garrini mit seinem Lehrer Bartholomäus von Cajarc von Alzonne aufbrach, um Waldenser zu werden, gaben ihm die Eltern 4 «libras turonenses» mit; bei dem 1319 verurteilten Vianetus von Saint Laurent hatte der Ritter Petrus aus Castelnau-Barbarens Schulden in Höhe von «7 l(ibrae) und 10 s(olidi) turonenses», wie aus einer Abrechnung über konfisziertes Vermögen hervorgeht[42].

Mehr erfahren wir über die Lebensumstände der in Pamiers verurteilten vier Waldenser. Johannes von Vienne wird zwar als «civis Viennensis» bezeichnet, hat aber seine Heimatstadt schon seit längerer Zeit verlassen. 1308 war er in Cabezac (comm. Bize, Aude) und Toulouse, 1316 in Montpellier und im Jahr darauf in Avignon[43]. Nach Angaben seiner Frau soll er lange auf See gewesen sein und deswegen auch den Namen Johannes Marinerii tragen. 1313 hat er seine Frau Hugueta in Arles geheiratet und dort war vielleicht auch sein Standquartier für die

---

[38] Roschach, S. 99.
[39] Lib. Sentent. S. 222, 376, 224, 226, 241.253.
[40] Roschach S. 107.
[41] Ebd.
[42] Lib. Sent. S. 231.233.365. Unter der Überschrift «De bonis quorundam condempnatorum in sermone generali celebrato Tholose die ultimo Septembris CCC XIX» findet sich auch der Vermerk «De bonis Vianeti de Sancto Laurencio et Petrona ejus uxoris . . .» (Comptes Royaux 1314–1328, Nr. 1328 in: Recueil d. Historiens de la France, Documents financiers, 4. Bd. Paris 1961, S. 82). Die Kosten für Verpflegung und Unterbringung der 66 Insassen des Inquisitionsgefängnisses von Toulouse betrugen 1321 16½ solidi pro Tag. (Ebd. Nr. 1340, S. 84.) Die beiden in Mazères lebenden Eheleute wurden als Anhänger der Waldenser verurteilt. (Lib. Sent. S. 235.247.) Das Urteil von Koch (S. 158): «Am Anfang des 14. Jahrhunderts waren es in Südfrankreich vor allem arme Handwerker, Weber und Weberinnen, die Zuflucht bei den Armen von Lyon suchten.» ist also zu pauschal. Es berücksichtigt nicht, daß der Haupterwerb wohl die Landwirtschaft war. Prüft man die bei ihm (ebd. Anm. 10) angegebenen Stellen nach, so stellt sich heraus, daß insgesamt nur 3 Weber und Weberinnen genannt werden. Dasselbe gilt für die Zahl der Kleriker, die sich auf vier oder 5 reduziert.
[43] Reg. Pamiers, ed. Duvernoy I, S. 508.312 f.514.

vielen Reisen, von denen er zumindest eine im Auftrag der Waldenser unternommen hat. Er bestreitet aber, jemals «nuncius» der Waldenser gewesen zu sein[44].

War sein Vater Schreiner gewesen, so übte er den Beruf eines Böttchers aus, und seine Frau behauptete, sie seien deswegen nach Pamiers gezogen, weil dort ein guter Markt für Lebensmittel (Wein!) sei und ihr Mann sich dort einen guten Verdienst erhoffe[45]. Das kann natürlich eine Schutzbehauptung sein, aber in diesem Falle steckt dahinter sicher ein Stück Wahrheit. Der häufige Ortswechsel bei Johannes und seiner Frau hat sicher auch den Grund, daß die beiden an keinem Ort richtig Fuß fassen konnten. Seine Frau Hugueta hat ein ähnlich bewegtes Leben hinter sich; von la Cote-Saint-André kam sie über Boucin (Isère) und Tarascon schließlich nach Arles, wo sie im Hause der Bertranda von Tarascon lebte. Wir erfahren nicht, wovon sie vor ihrer Heirat gelebt hat; auf jeden Fall war sie wirklich arm. Sie bekommt von den Waldensern öfters Geschenke (Geld, Tücher und einen Gürtel) und kann sich nur damit revanchieren, daß sie dem Gerardus Viennensis einmal zu essen und dem Johannes Lotoringus einmal ein halbes Pfund Datteln gibt[46].

Auch die Witwe Agnes Franco, ehemalige Amme Raimunds, behauptet, sie hätte wegen ihrer Armut eine Landsmännin in der «bastide» von Beaumont de Lomagne besucht[47]. Hat erst die Verfolgung diese Leute sozial entwurzelt, oder waren sie das schon, bevor sie den Waldensern begegnet sind? Das letztere scheint zumindest bei Johannes und Hugueta der Fall gewesen zu sein. Wie dem auch sei, Waldenser zu sein bedeutet eben jetzt ein Ausgestoßener, ein Heimatloser zu sein, auch wenn die ursprüngliche soziale Herkunft das nicht erwarten läßt.

Das gemeinsame Schicksal von Heimatlosigkeit und Verfolgung führt dazu, daß sich die Waldenser enger zusammenschließen. Die Waldenser und ihre Anhänger bilden nun eine Gemeinschaft, die man mit dem Begriff «Sekte» bezeichnen könnte. Dieser Gemeinschaft gehören weniger Einzelpersonen als vielmehr ganze Familien an, die noch dazu durch Heiraten miteinander verwandt sind. Gerade in einer ihnen fremden Umwelt bilden sie eine in sich geschlossene Gruppe. Selten, daß es ihnen gelang, einen Neuling der Sekte zuzuführen[48]. Am leichtesten war das wohl bei alleinstehenden Frauen möglich, wie bei jener Guillelma Maza in der Diözese Castres[49].

---

[44] Ebd. 520.512 f.
[45] Reg. Pamiers, ed. Duvernoy I, S. 520.
[46] Ebd. S. 520–524.
[47] Ebd. S. 124: «Interrogata quare ivit ad dictum locum de Bello Monte, dixit quod propter paupertatem suam, et querendo necessaria sua.» Agnes war auf direktem Wege aus dem Viennois gekommen und über Montpellier, Béziers und Toulouse zuerst nach Castelsarrasin gegangen (ebd.).
[48] Auch dazu vgl. Roschach, S. 107–109.
[49] Doat 27, 82r–83r (vgl. o. S. 35 f.).

Wo die Sekte sich aus Familien zusammensetzt und die Zugehörigkeit weiterver-
erbt wird, da werden sich auch patriarchalische Strukturen wieder durchsetzen, d. h.
die Frauen werden nicht mehr in den Kreis der «perfecti» aufgenommen[50]. In diesem
Zusammenhang mag auch eine Rolle gespielt haben, daß das Wanderleben bei einer
Frau noch eher Verdacht erweckt hätte[51]. Auf jeden Fall ist der Frauenanteil unter
der Anhängerschaft insgesamt jetzt bedeutend geringer als früher; von 97 Personen,
die zwischen 1319 und 1328 wegen ihrer Zugehörigkeit zu den Waldensern verurteilt
wurden, sind nur 35, also weniger als 40 % Frauen gewesen[52].

Die Waldenser selbst, genauer gesagt die «perfecti», rekrutieren sich in der Regel
aus den Familien der Anhänger. So kann man jedenfalls die Aussage des waldensischen Diakons Raimund deuten, daß alle, die in ihren Stand treten wollen, Kinder
von «guten und gläubigen Eltern» sein müssen[53].

Auffällig ist nun die Tatsache, daß außer Raimund noch vier andere Waldenser als
«clerici» bezeichnet werden. Offenbar war ihre Kenntnis des Latein und vielleicht
auch Tonsur und Klerikergewand der Grund dafür[54]. Von Raimund wissen wir, daß
er schon bevor er sich den Waldensern anschloß, auf einer Schule gewesen ist und
dann bei den Waldensern das übliche Bibelstudium absolvierte. Als «clericus»
konnte er aber erst auftreten, nachdem er in Orange und Montpellier Grammatik
studiert und einmal auch Schulen der Franziskaner besucht hatte[55]. Eine führende

---

[50] So Raimundus de Costa. (Reg. Pamiers, ed. Duvernoy I, S.74.) Was es mit jener Frau
Raimunda de Castris auf sich hat, die von Stephan Porcherius erwähnt wird, vermag ich
nicht zu sagen. Vielleicht hatte sie eine besondere Bedeutung innerhalb der Gemeinschaft
ohne eine «perfecta» zu sein. (Lib. Sent., S. 201.) Daß einzelne Frauen weiterhin eine
bedeutende Rolle gespielt haben, steht außer Zweifel. So verweist Johannes von Vienne auf
eine Wirtin namens Jacoba in Avignon. (Reg. Pamiers ed. Duvernoy, S. 514.) Er selbst
wurde durch seine Frau in die Sekte «eingeführt» (ebd. S. 527).

[51] So mit Recht Erbstößer (S. 136). Koch (S. 169) sieht den Grund für den Ausschluß der
Frauen aus dem Kreis der «Vollkommenen» etwas zu einseitig in der «Verkirchlichung» der
Sekte.

[52] Der Frauenanteil unter der Anhängerschaft der Katharer betrug um diese Zeit noch etwas
mehr als 40 % (Koch, S. 86).

[53] Reg. Pamiers, ebd. S. 59.

[54] Raimund galt als «clericus» (ebd. S. 519 f.), Arnaldus von Cernon, Hugoninus pifaudi,
Johannes de na contessa und Perrinus Wudri führten den Beinamen «clericus» (Lib. Sent,
S. 201.235.232). Raimund hat zu Beginn seines Verhörs den Anschein erweckt, als sei er ein
von einem katholischen Bischof geweihter Diakon (Reg. Pamiers, ed. Duvernoy, S. 48 f.).
Vermutlich trug er also Tonsur und Klerikergewand. Aber viele – besonders Schüler und
Studenten – hatten damals offenbar den Status eines Klerikers auch ohne eine der niederen
Weihen empfangen zu haben (Rashdall, Vol. III, S. 394 f.).

[55] «et ille socius (der Unbekannte, der ihn später bei den Waldensern einführte) frequenter
veniebat ad eum in scolis ubi addiscebat . . .» (ed. Duvernoy, S. 99)» . . . et ab eo (Johannes
Lotoringus) addiscit Scripturam divinam . . . (ebd.) «. . . in Aurisica per unum annum (sc.
contraxit moram), et ibi studuit in grammatica, postquam fuit dyaconus ordinatus; in

Rolle bei den Waldensern haben aber weder er noch die anderen «clerici» gespielt. Von Christianus, dem unlängst verstorbenen «maior» sagt Raimund, er sei «idiota et sine litteris» gewesen. Über Valdes urteilt Stephan von Bourbon, er sei nicht sehr gebildet («non... multum litteratus») gewesen und Johannes von Ronco, der Gründer der Lombardischen Armen, galt ebenfalls als «idiota absque litteris»[56]. Man wird also davon ausgehen müssen, daß Leute wie Raimund und andere «clerici» eher eine Stellung am Rande innehatten[57]. Von Anfang an war das Waldensertum eine Laienbewegung und seitdem die Waldenser nicht mehr in der Öffentlichkeit wirken konnten, dürfte der Anteil derjenigen, deren Bildung sich nicht auf die Kenntnis der Bibel in der Volkssprache beschränkte, eher noch geringer geworden sein[58]. Es fehlte ihnen an der Möglichkeit und Notwendigkeit, sich mit ihren Gegnern intellektuell auseinanderzusetzen und die Bedürfnisse und Erwartungen der Bauern und Handwerker, die jetzt den Kern der Anhängerschaft bildeten, waren sicher andere als die der bürgerlichen Familien z. B. in Montauban[59].

Der soziale Kontext des südfranzösischen Waldensertums in der 2. Hälfte des 13. und am Beginn des 14. Jahrhunderts läßt sich mit Begriffen wie «städtisch» oder «ländlich», «arm» oder «reich» nicht umschreiben. Vielmehr begegnen uns Bauern und Handwerker, die ihre alte Heimat in Burgund oder Viennois verlassen haben und in den großen Städten des Südens oder in den neugegründeten Orten im Südosten des Languedoc eine neue Heimat suchen[60]. Hauptgrund für ihre Ausanderung waren die schweren Verfolgungen, denen sie als Waldenseranhänger ausgesetzt waren. Möglich ist, daß auch Leute, die aus anderen Gründen – vor allem wohl wirtschaftlicher Art – ebenfalls unterwegs waren, sich ihnen anschlossen und im kleinen Kreis der Sekte mit ihrer ausgeprägten Solidarität Zuflucht und Hilfe fanden. Der Kreis der Anhänger war, nach allem, was wir wissen, klein; aber die

---

Montepessolano per unum annum vel circa, ubi addiscit grammaticam, et aliquando intrabat scolas Theologie Fratrum Minorum»; (ebd. S.). Zum Grammatik-Studium in Orange, das schon vor der Universitätsgründung 1365 möglich war, vgl. Rashdall (Vol. II, S. 184).

[56] Stephan, ed. Lecoy, S. 291 (Quellen, S. 16), Reg. Pamiers, ed. Duvernoy, S. 100, Salvus Burce, ed. Ilarino da Milano, S. 317.

[57] Koch hält sie dagegen für eine Führungsschicht (S. 158, Anm. 10).

[58] Vgl. dazu die Darstellung des waldensischen Lehrbetriebs bei Bernhard Guidonis (ed. Mollat, S. 62): «Habent autem evangelia et epistolas in vulgari communiter et etiam in latino, quia aliqui sciunt legere et interdum illa que dicunt aut predicant legunt in libro, aliquando autem sine libro, maxime illi qui nesciunt legere, set ea corde tenus didicerunt.»

[59] Vgl. oben S. 29.

[60] Das entspricht dem «Trend» der Bevölkerungsbewegung insgesamt. (Ch. Higounet, mouvements de population dans le Midi de la France du XIe au XVe siècle. Annal. Econ.-Societ.-Civilisat., 8 (1953), S. 24.) Daß unter jenen, die in den Süden und Südosten zogen auch Burgunder waren, wie in unserem Fall, scheint allerdings außergewöhnlich zu sein (ebd. S. 19).

Hartnäckigkeit, mit der diese Leute an ihren Überzeugungen festhielten, beweist, welche Bedeutung die Zugehörigkeit zu den Waldensern für sie hatte. Sicher trieb sie nicht einfach der Haß auf die Kirche oder religiöse Schwärmerei[61]. Es waren «einfache Leute», und ihre Grundsätze und ihr Lebensstil zeichneten sich durch eine besondere Strenge und Nüchternheit aus[62].

d) Die Entwicklung der Gemeinschaftsform

Die Inquisitionsakten aus dem Quercy haben zu unserer Kenntnis von der Struktur und vom Innenleben der Waldensergemeinschaft selbst wenig beigetragen. Hauptquelle dafür bleibt der Bericht von der Konferenz zu Bergamo 1218. Es wäre nun aber verkehrt, die Angaben dieser Quelle mit den Inquisitionsakten vom Beginn des 14. Jahrhunderts zu kombinieren und daraus dann ein Bild von der Verfassung der französischen Waldenser zu konstruieren[63]. Jener Stand der Entwicklung, den die Aussagen des Raimundus de Costa darstellen, muß vielmehr als das Ergebnis einer langen Entwicklung angesehen werden; einer Entwicklung, deren einzelne Etappen sich nur schwer rekonstruieren lassen, weil sicher datierbare Quellenstücke selten sind. So gehen z. B. die Ansichten über die Datierung der aufschlußreichsten Quelle, des Traktats «de vita et actibus . . .» weit auseinander. Meine Darstellung geht davon aus, daß sich dieser Traktat auf die französische Stammgenossenschaft und auf von ihr abhängige Waldensergruppen in Deutschland bezieht und um die Mitte des 13. Jahrhunderts anzusetzen ist[64].

Die Verfolgung traf nicht nur die Waldenser selbst, sondern auch alle jene, die Beziehungen irgendwelcher Art zu ihnen unterhalten hatten, und von den Inquisitoren als «credentes, fautores, receptatores» und «defensores» bezeichnet wurden[65]. Damit wird aus dem Kreis der Gönner und Sympathisanten eine fest umrissene Gruppe von Ketzeranhängern. Aber dieser zunächst rein rechtlichen Eingruppierung entsprach bald auch die Wirklichkeit. Das gemeinsame Verfolgungsschicksal verstärkte die Bindung und Gemeinschaft zwischen den Waldensern und ihren Anhängern.

---

[61] Das unterscheidet sie sowohl von der Bewegung der «Pastorellen», die Anfang des 14. Jahrhunderts besonders in den ländlichen Gebieten Südfrankreichs viele Anhänger fand, als auch von den häretischen Beginen und Spiritualen in den Städten. (Grundmann, Ketzergeschichte G 51 f. und A. Waas, Geschichte der Kreuzzüge, Bd. 1, Freiburg (1956) S. 310 f.)

[62] Vgl. dazu die auf S. 50 zitierten Mahnworte und die betreffende Charakteristik von Lea (II. S. 286).

[63] Das stellt Haupt (Neue Beiträge, S. 48) mit Recht gegen Müllers Darstellung (S. 85–90) fest.

[64] Vgl. hinten S. 141 f.

[65] Diese Begriffe finden sich in jenem Gutachten der Sachverständigen von Avignon für die Inquisitoren (Quellen, S. 54).

Wenn die Inquisitoren von «perfecti» und «credentes» als den «duo genera» der Sekte der Waldenser sprechen, so erhebt sich zunächst die Frage, inwiefern diese Einteilung dem Selbstverständnis und der konkreten Wirklichkeit der waldensischen Gemeinschaft entspricht[66]. Dasselbe Schema galt ja auch für die Katharer. Dennoch man hat dieses Schema nicht ohne Grund auch auf die Waldenser übertragen. Katharer wie Waldenser waren ja zunächst mit dem Anspruch aufgetreten, Nachfolger der Apostel zu sein und hatten diesen Anspruch mit ihrer besonderen «Vollkommenheit» begründet. Beide wurden vom Volk als «boni homines» bezeichnet. Der Unterschied bestand darin, daß die Gestalt des katharischen Apostolats vom Prinzip her rein weltverneinend und kirchenfeindlich war; die Waldenser dagegen hatten die Absicht, innerhalb der Kirche Buße zu predigen. Die «perfectio» der Waldenser hatte also keinen exklusiven Charakter, sondern war die konkrete Gestalt ihres apostolischen Auftrags. Die «secta Valdensium» ist daher eindeutig ein Ergebnis äußeren Zwangs und entsprach nicht der Absicht der Waldenser. Dennoch, sie war eine Tatsache, der die Waldenser Rechnung tragen mußten. Sie mußten also versuchen, die Schar ihrer Anhänger zu integrieren. Dies war allerdings nur in sehr beschränktem Umfang möglich, da die Anhänger dem Zwang ausgesetzt waren, am Leben der katholischen Kirche weiterhin teilzunehmen, und die eigenen Veranstaltungen nur selten stattfinden konnten[67].

Was die Gemeinschaft zusammenhielt, war weniger ein gemeinsames Bekenntnis oder bestimmte Riten, sondern vielmehr die persönliche Beziehung der einzelnen «credentes» zu den Waldensern, als ihren Lehrern und Seelsorgern. Das zeigt sich vor allem in der zentralen Bedeutung der Beichte[68]. Die Waldenser waren es auch, die die Verbindung zwischen den oft weit voneinander entfernten Gruppen und Familien ihrer Anhänger herstellten und aufrechterhielten; sie überbrachten z. B. Grüße und auch die Kollekte, die von ihnen eingesammelt wurde, war ein Zeichen der Gemeinschaft. Wie Paulus in Griechenland für die «pauperes sanctorum, qui sunt in Jerusalem» (Röm 15,26) Geld sammelte, so sammelten sie bei ihren Anhängern, besonders in Deutschland, für die Hospize der «pauperes»[69].

---

[66] Vgl. z. B. «de vita et actibus»: «Primo est sciendum, quod de secta praedictorum haereticorum alii dicuntur haeretici perfecti et consolati, alii amici eorundem.» (Preger, S. 708, Döllinger II, S. 92.) Oder David von Augsburg: «Duo sunt genera secte ipsorum. Quidam dicuntur perfecti eorum . . . hiis ministrant discipuli necessaria . . .» (Preger, David v. A., S. 209 f.) Selbstbezeichnung der französischen Waldenser war «Pauperes Christi». («de vita et actibus», Preger, S. 708, Döllinger II S. 92) und Reg. Pamiers, ed. Duvernoy I, S. 98). Die «credentes» wurden im waldensischen Sprachgebrauch «amici» genannt. («de vita et actibus», ebd.); die Waldenser untereinander bezeichneten sich als «fratres» und «sorores» (ebd.).

[67] Vgl. hinten S. 48.50.

[68] Vgl. hinten S. 52 ff.

[69] «De vita et actibus», ed. Preger, S. 710 f.; Döllinger II, S. 96. Daß der Brauch der

Den veränderten Beziehungen zwischen den Waldensern und ihren Anhängern entsprach nun aber auch eine Veränderung in der Struktur der Waldensergemeinschaft selbst. Schon ein oberflächlicher Vergleich jener «societas», die in dem anonymen Traktat, «de vita et actibus» geschildert wird, mit dem Bild der Waldensergemeinschaft, das wir aus den Aussagen des waldensischen Diakons Raimund kennen, zeigt, welch tiefgreifenden Wandel die Struktur der Gemeinschaft erfahren hat.

Um die Mitte des 13. Jahrhunderts war die Aufnahme in den Kreis der «perfecti» ein solenner Akt vergleichbar der Profeß in einem Orden und wurde daher «professio» oder wie bei den Katharern auch «consolatio» genannt. Das «Gelübde» wurde aber nicht gegenüber einem Abt oder sonstigen Ordensoberen abgelegt, sondern gegenüber der Gemeinschaft insgesamt. Außerdem traten neben die traditionellen Elemente des Mönchsgelübdes (Keuschheit, Armut und Gehorsam) zugleich das Versprechen weder zu lügen, zu schwören, zu töten noch sonst eine Todsünde zu begehen und lieber den Tod zu erleiden, als dieses Versprechen zu brechen. Nach diesem Versprechen wirft sich der Bewerber zu Boden, wird anschließend von den übrigen Mitgliedern der Genossenschaft aufgerichtet und mit dem Friedenskuß als «Bruder» oder «Schwester» aufgenommen[70]. Die Novizen – bei den Waldensern «novellani» genannt – leben dann in einem Hospiz unter der Leitung eines «Rektors» zusammen, der zum Kreis der «sandaliati» gehört[71]. Zu einem «sandaliatus», einem Sandalenträger, wird nur der ordiniert, der sich über längere Zeit innerhalb der Gemeinschaft durch einen vorbildlichen Wandel ausgezeichnet hat und die nötige Kenntnis der Bibel besitzt. Als «sandaliatus» ist er Inhaber des apostolischen Amtes, dessen verschiedene Funktionen mit den Begriffen «magister», «sacerdos» und «rector» umschrieben werden. Unterricht und Predigt, Beichte und Eucharistie, sowie die Leitung der einzelnen Hospize und der Genossenschaft insgesamt, liegen ausschließlich in ihrer Hand[72]. Um über wichtige

Kollektensammlung ein neutestamentliches Vorbild hat, stellte schon David von Augsburg fest (ed. Preger, der Traktat Davids v. A. S. 211).

[70] «De vita et actibus» ed. Preger, S. 710 f. Döllinger II, S. 96.

[71] Ebd. ed. Preger, S. 709; Döllinger, S. 93.95. Der Name «hospicium» soll wohl deutlich machen, daß es sich dabei um einen vorübergehenden Aufenthaltsort handelte. Auch die Franziskaner haben in ihrer Frühzeit die ihnen überlassenen Häuser oder Wohnungen teilweise «hospicia» genannt (Esser, S. 186).

[72] Ebd.: «Item si aliqui haeretici perfecti fuerunt inter eos, per longa tempora laudabiliter conversati juxta formam sectae suae, et fuerunt sapientes in scriptis, efficiuntur in eodem capitulo sandaliati, et ex tunc cum aliis sandaliatis magistri et rectores et sacerdotes dicuntur.» Einige Zeilen weiter heißt es: «Qualiter autem in sandaliatos ordinent, ignorat similiter. Sed audivit, quod discalciantur per alios sandaliatos, et ei traduntur (Preger hat «creduntur», aber ich verbessere nach Ms.Vat.lat. 2648 fol. 72vb) caligae et sotulares super pedes perforati, ut superius continetur.» Ebd. Preger, S. 710, Döllinger II, S. 95 f.

Probleme zu beraten und zu entscheiden, treffen sich die «sandaliati» einmal jährlich in der Fastenzeit zu einem Generalkapitel. Frauen werden offenbar nicht ordiniert und nehmen daher am Generalkapitel nicht teil[73]. In der klaren Unterscheidung zwischen der Aufnahme in die Genossenschaft und der Ordination zeigt sich deutlich das Bemühen, den Anspruch auf apostolische Vollmacht zu legitimieren. Die lange Zeit der Vorbereitung und der Ausschluß der Frauen sollen das Besondere des apostolischen Amtes hervorheben. Aber dieses Amt ist nicht hierarchisch gegliedert, denn alle Sandalenträger sind in gleicher Weise Apostelnachfolger[74].

Die Inquisitionsakten vom Beginn des 14. Jahrhunderts zeigen uns nun ein verändertes Bild von der Struktur der Gemeinschaft. Sie ist geprägt vom dreifachen «ordo», der schon bei den Katharern als der «ordo perfectus» galt, weil nur er seine Grundlage im Neuen Testament hatte[75]. Die früheren «nuper conversi» oder «novellani» gelten jetzt als Diakone, die Sandalenträger gliedern sich dagegen in «presbyteri» und in die «maiores», von denen einer als «maior minister» die Genossenschaft leitete[76]. Unzweifelhaft ist die Ausbildung eines hierarchischen Amtes ein weiterer Schritt auf dem Wege der Bildung einer selbständigen kirchenähnlichen Gemeinschaft. Aber auch dieser Schritt bedeutet keine radikale Lösung von der katholischen Kirche; ihre Sakramentsverwaltung wird weiterhin anerkannt, ja die Anhänger werden sogar dazu aufgefordert, die Sakramente weiterhin von den katholischen Priestern zu empfangen[77]. Grundlage bleibt weiterhin «der Stand der Vollkommenheit», nur daß jetzt die Ordination zum Diakon als die «erste Stufe der Vollkommenheit» angesehen wird[78]. Der Ordinationsritus orientiert sich an den neutestamentlichen Vorbildern der Wahl des Apostels Matthias (Apg. 1,15 ff.) und des Diakons Stephanus (Apg. 6,5 f.). Der Ordinand wird von der ganzen Bruder-

---

[73] Ebd. Auch Anselm v. Alessandria bestätigt für die «pauperes ultramontani», also für den italienischen Zweig der Stammgenossenschaft, daß Frauen keine Sandalen tragen (ed. Dondaine, S. 318); vgl. o. S. 72.

[74] Zuvor war dieses Problem bei den franz. Waldensern noch nicht klar geregelt, wie aus widersprüchlichen Stellungnahmen zur Abendmahlsverwaltung auf der Konferenz von Bergamo hervorgeht (Reskript, Quellen, S. 29 f. 36 f.). Vgl. oben S. 25.

[75] Schon Durandus von Osca sah im «dreifachen ordo» in Verwirklichung des neutestamentlichen Vorbildes. Aber im Unterschied zu den Katharern und zu den späteren Waldensern blieben die Amtsträger der römischen Kirche für ihn noch die Repräsentanten dieses Amtes. (LA, ed. Selge II S. 59 f.) Zur Anschauung der späteren französischen Waldenser vgl. man die Aussagen des Diakons Raimund (Reg. Pamiers, ed. Duvernoy, I, S. 47 f. 56 f.).

[76] Ebd. S. 75. 100.

[77] Ebd. S. 62 f.

[78] «Item dixit quod isto modo recipiuntur in statu suo illi qui debent esse perfecti: «Ebd. S. 59. Aber der Aufnahme in den Stand der «Pauperes Christi» geht nun die Weihe zum Diakon voraus. «. . . nullus est de statu Ecclesie eorum, nisi ordinatus fuerit in dyaconum.» (Ebd. S. 71) und (ebd.): «. . . cum dyaconus sit primus gradus perfectionis.»

schaft gewählt, man betet für ihn, er bekennt seine Sünden und wird dann vom «maior» unter Handauflegung und Vaterunserbeten geweiht[79].

Die wichtigste Veränderung aber betrifft die Leitung der Genossenschaft, die jetzt in den Händen eines «maior» oder auch «maior minister» liegt[80]. Welche Bedeutung noch dem Generalkapitel zukam und ob es überhaupt noch regelmäßig zusammentrat, geht aus den uns vorliegenden Quellen nicht eindeutig hervor. Nach einer Darstellung unbekannter Herkunft, die von Bernhard Guidonis in seinem Handbuch verarbeitet wurde, würde das Generalkapitel weiterhin regelmäßig, aber nun unter der Leitung eines «maior» zusammentreten[81]. Raimund dagegen sagt 1320 aus, der «maior minister» würde keine Kapitel mehr abhalten, sondern jeden einzelnen der «socii» persönlich oder durch einen Boten von seinen Entscheidungen in Kenntnis setzen[82]. Zumindest aber bei der Wahl des «maior» muß ein Kapitel stattgefunden haben, denn die Weihe erfolgt zwar durch einen anderen «maior», aber gewählt wird das neue Oberhaupt durch die Gesamtheit der Brüder, also durch den Kreis der ehemals «sandaliati» Genannten[83]. Daß die Leitung der Gemeinschaft nunmehr in erster Linie bei einer Einzelperson, dem «maior minister», und nicht mehr bei einem größeren Gremium lag, hatte verschiedene Gründe. Für die Leitung der Gemeinschaft in der Verfolgungszeit war ein Gremium in der Art des alten Generalkapitels auf Grund seiner Schwerfälligkeit kaum geeignet und außerdem waren größere Zusammenkünfte zu gefährlich. Dazu kam der Einfluß, den das Vorbild der katholischen Hierarchie ausübte, das von den Katharern ja schon früher übernommen wurde[84].

Die besondere Bedeutung dieses Amtes geht nun aber auch daraus hervor, daß allein der «maior» an Ostern in einem kleinen Kreis die Konsekration vollzieht[85]. Und dennoch soll er trotz aller Vollmacht und Gewalt seines Amtes ein «Diener» der Gemeinschaft sein und trägt also deshalb in Anlehnung an Mt. 20,16 den Titel «maior minister». Sichtbarer Ausdruck dieses Dienstes ist die Fußwaschung, die er am Gründonnerstag an seinen Genossen vornimmt[86].

---

[79] Ebd. S. 57 f.
[80] Seine Aufgabe ist nicht nur die Ordination der anderen Amtsträger (ebd. S. 62), sondern auch die Entscheidung über den zeitweiligen Ausschluß eines Bruders, der sein Gelübde gebrochen hat sowie die Absolution in besonderen Fällen (ebd. S. 59.60 f.).
[81] Ed. Mollat, S. 50–52.
[82] Reg. Pamiers, ed. Duvernoy, I, S. 100.
[83] Ebd. S. 56. Der erste uns bekannte «maior minister» war Johannes von Lothringen (ebd. S. 99). Schon zu seinen Lebzeiten wurde Christianus zum «maior» ordiniert und nach dem Tode des Johannes auch sein Nachfolger im Amt des «maior minister» (ebd. S. 100). Dessen Nachfolger wiederum war dann Johannes von Chalons (Lib. Sent. S. 201).
[84] Borst, S. 212 f.
[85] Reg. Pamiers, ed. Duvernoy I, S. 61. Vgl. u. S. 81.
[86] Ebd. S. 67. Vgl. S. 79 f.

Aufgabe der «Presbyter» ist es, Beichte zu hören und zu predigen. Das Abendmahl aber verwalten sie nicht[87]. Die Diakone schließlich befinden sich noch in der Ausbildung und haben als Begleiter des «maior» oder eines «Presbyters» sich um deren leibliches Wohl zu kümmern. Vermutlich sind sie es auch, die das Geld in Empfang nehmen, da die anderen kein Geld anrühren dürfen[88].

Geändert haben sich auch die Bedingungen für die Aufnahme in die «societas». Der Bewerber soll aus einem «guten und gläubigen Elternhaus» stammen, einen guten Ruf haben und lernbegierig sein. Sind diese Voraussetzungen erfüllt, dann verläßt er sein Elternhaus, um 5 bis 6 Jahre in der Gemeinschaft der Brüder zu leben. Hat er diese Probezeit gut überstanden, so kann er frühestens mit 20 Jahren zum Diakon geweiht und in die Bruderschaft aufgenommen werden[89]. Vor der Aufnahme in den Stand der «pauperes Christi» werden dem Bewerber noch einmal die ganze Strenge, die Armut und die Verfolgung vor Augen gestellt, die diesen Stand auszeichnen. Erst darauf erfolgt das «votum paupertatis, castitatis, et obedientie Deo, dicto maiori, et sociis» und der Bewerber verpflichtet sich, in diesem Stand bis zu seinem Tode zu bleiben[90]. Sollte er eines dieser Versprechen brechen, so wird er vom «maior» zeitweise aus der Gemeinschaft ausgeschlossen, um Buße zu tun und kann danach wieder aufgenommen werden. Die Ordination wird aber in diesem Falle nicht wiederholt[91]. Da Aufnahme in die Genossenschaft und Ordination untrennbar miteinander verknüpft sind, werden Frauen jetzt überhaupt nicht mehr aufgenommen. Nicht mehr aufgenommen werden auch Männer, die sich von ihrer Frau getrennt haben oder deren Frau gestorben ist[92].

Der Kreis derer, die der «societas» angehören, wird also immer exklusiver. Er beschränkt sich schließlich auf jene, die aus einer Waldenserfamilie stammend, schon als Jugendliche für diesen besonderen Stand ausgewählt und in diesem Sinne auch erzogen werden. So eng die Bindung der Waldenser an ihre Anhänger auch war, so bedingt doch gerade diese Bindung und die besondere Art des Verhältnisses

---

[87] Ebd. S. 66.

[88] Ebd. S. 66. Raimund war als Begleiter des Johannes von Lothringen in Italien (S. 100). Der «famulus» des o. g. «maiors» überbrachte der Waldenseranhängerin Hugueta Geld und sagte ihr: «. . . quod dominus eius predictus non tenebat nec portabat pecuniam» (ebd. S. 525). Dieser «famulus» war wohl ein Diakon.

[89] Ebd. S. 59.

[90] Ebd. S. 98.

[91] Ebd. S. 59.

[92] «Dixerit eciam, quod nullo modo reciperent virgines ad statum suum, quia mulieres non possunt predicare verbum Dei et quia non possunt recipere ordines . . .» (ebd. S. 74). Die Begründung für die Nichtzulassung von Männern, die einmal verheiratet waren, lautet: «. . . quia ipsi dicunt quod caro superaret eius racionem ex quo usus est opere carnali dum existebat in matrimonio» (ebd. S. 76 f.). Zu ähnlichen Aufnahmebedingungen bei deutschen Waldensern vgl. hinten S. 128.

zwischen Anhängern und Predigern diese verstärkte Exklusivität. Denn gerade die Sonderstellung der «perfecti» und ihre Distanz zu den einfachen Anhängern waren der Grund für die Verehrung und Autorität, die ihnen zukam. Von der inneren Struktur der «societas» von den einzelnen Ämtern und der Lebensform der Waldenser, haben die einzelnen Anhänger kaum etwas gewußt[93]. Ihr Vertrauen zu der Autorität und Vollmacht der «boni homines» hatte seinen Grund ja nicht in einer bestimmten Rechtsordnung, sondern im Geheimnis, das diese Männer umgab und in der überzeugenden Art ihrer Lehre und ihres Lebens.

Für die Waldenser selbst aber war die Legitimation ihres Amtes und seine Struktur offenbar ein Problem, das sie auf der Grundlage des Neuen Testamentes, aber nicht unbeeinflußt vom katholischen Vorbild zu lösen versuchten. Die Ausbildung einer Hierarchie ist als ein gewisser Abschluß des inneren Entwicklungsprozesses anzusehen. Aber sie war kein zwangsläufiges und endgültiges Ergebnis wie der Vergleich mit anderen Waldensergruppen zeigen wird[94]. Eine historische Begründung des waldensischen Anspruchs auf die apostolische Sendung und Vollmacht, ein Gegenstück zur Theorie von der apostolischen Sukzession, findet sich bei den französischen Waldensern nur in der Aussage einer Anhängerin angedeutet. Die Weberin Jaqueta behauptete, die Waldenser hätten dieselbe Binde- und Lösegewalt wie die Apostel, weil sie von den Jüngern und Aposteln Jesu abstammten[95]. Bei den italienischen und deutschen Waldensern haben solche Theorien und Legenden dann eine sehr viel größere Rolle gespielt[96].

e) Gottesdienstliches Leben und Frömmigkeit

Die Eigenart der waldensischen Gemeinschaft, die Unterscheidung von «perfecti» und «credentes», findet ihren Ausdruck auch auf dem Gebiet des Gottesdienstes und der Frömmigkeit. Nur selten war es wohl möglich, daß die Anhänger am Leben einer waldensischen «societas» teilnehmen konnten, denn das setzt eine Situation voraus, in der die Gemeinschaft relativ unbehelligt war[97]. Zu Beginn des

---

[93] Nur aus den Aussagen des waldensischen Diakons Raimund (Reg. Pamiers, ed. Duvernoy I, S. 40 ff.) und des waldensischen Priesters (?) Stefan Porcherius (Lib. Sent. S. 200 f.) erfahren wir daher Einzelheiten über die innere Struktur der Sekte.

[94] Vgl. u. S. 123. Auch bei den Katharern ist in der späteren Zeit an die Stelle eines Bischofs der «ancianus» getreten (Borst, S. 212).

[95] «item quod ipsi Valdenses erant de illis discipulis, qui descenderunt a discipulis et apostolis Christi, quibus dedit potestatem suam ligandi et solvendi et quod ipsi habebant illam potestatem, quam Christus dedit beato Petro et aliis post eum» (Lib. Sent. S. 376).

[96] Vgl. unten S. 88.

[97] Zum ganzen Abschnitt vgl. Müller, S. 75–77. Der Besuch von Anhängern in den Hospizen

14. Jahrhunderts lebte die Masse der Anhänger in ländlichen Gebieten, während ein zeitweiliges Zusammenleben der Waldenser selbst wohl eher in den größeren Städten möglich war; vor allem in Toulouse, Montpellier und Avignon haben sich z. B. Raimund und Johannes Lotoringus häufig aufgehalten[98]. Die erste genauere Beschreibung vom Tageslauf einer waldensischen «societas» findet sich in dem schon oft zitierten Traktat «de vita et actibus». Um Aufsehen zu vermeiden, handelt es sich dabei nur um eine kleine Gruppe von Männern und Frauen (4–6 Personen), die sich auch als «Familie» bezeichnen. Der Vormittag beginnt mit einem längeren Gebet, genauer gesagt mit einer Fürbitte, die insbesondere die weltliche Obrigkeit und ihre Verfolger einschließt. Diese Fürbitte wird mit 7 oder 10 Vaterunser abgeschlossen[99].

Daran schließt sich der Unterricht an, der in einer Lesung aus der Bibel besteht, die von allen Schülern mehrmals wiederholt wird. Danach ist bis zum Mittagessen, das von den Frauen vorbereitet wird, freie Zeit[100]. Vor dem Mittagessen wird aber auch noch Gelegenheit gegeben, etwaige offenkundige Verfehlungen eines Mitglieds der «Familie» gegen ein anderes vor der versammelten Gemeinschaft zu bekennen und um Verzeihung zu bitten. Der Schuldige wirft sich dabei auf den Boden, bis er von den Umstehenden aufgerichtet wird und man ihm eine Buße auferlegt. Ähnliches ist aus der monastischen Tradition bekannt und wird dort als «Schuldkapitel» bezeichnet[101].

Liturgisches Zentrum des Tageslaufs sind die Mahlzeiten am Mittag und am Abend. Nach einem Gebet spricht der Rektor den Tischsegen, der der ganzen Mahlzeit einen liturgischen Rahmen gibt. Grundstruktur und Einzelteile entstammen wiederum der monastischen Tradition. Das Benediktionsgebet enthält wie in den kirchlichen Parallelen den Hinweis auf die Segnung der fünf Gerstenbrote und zwei Fische[102]. Während des Essens hält der Rektor eine Predigt, und nach dem Essen

---

[97] wird in «de vita et actibus» zwar erwähnt, scheint aber nicht alltäglich gewesen zu sein, da man zu ihren Ehren ein Fest veranstaltete (ed Preger, S. 709, Döllinger II, S. 94 f.).

[98] Ein Hinweis auf eine solche «societas» in einem Haus in Toulouse findet sich in der Aussage des Johannes von Vienne, wenn er von Raimund aussagt: «habebat societatem» (Reg. Pamiers, ed. Duvernoy I, S. 513). Zu den Aufenthaltsorten des Johannes von Lothringen vgl. ebd. S. 512. 522 f.

[99] Bei Preger, S. 709 f. und bei Döllinger II, S. 94. Häufiges Vaterunserbeten ist auch bei den Katharern bezeugt (Borst, S. 190 f.).

[100] «Post hoc illi, tam homines quam mulieres, qui scripturam volunt addiscere, recipiunt a suis doctoribus lectionem, et lectionibus receptis et pluries repetitis faciunt postea id quod volunt, et mulieres cibaria preparant» (Preger, S. 709; Döllinger, S. 94). Das Zusammenleben von Männern und Frauen in einer «familia» hat also auch einen konkreten Hintergrund. Die Waldenser in Montauban dagegen hielten sich eine Magd (vgl. oben S. 20).

[101] Vgl. O. Schmucki im LThK, IX, 1954, S. 504 unter «Schuldkapitel».

[102] Vom waldensischen Tischsegen sind uns drei Fassungen bekannt: 1) «de vita et actibus» ed.

folgt der Schlußteil des Tischsegens. Vorbild für diesen Tagesablauf und seine liturgische Gestaltung war die monastische Tradition, wobei aber wie bei den Franziskanern und Dominikanern eine Vereinfachung und Kürzung festzustellen ist. Später wird dann die Übereinstimmung mit der franziskanischen Form des Stundengebets noch deutlicher. Nach den Angaben des waldensischen Diakons Raimund beten die Kleriker eine Art von Brevier, während «die Laienbrüder» das Vaterunser und Ave Maria beten. Nicht anders war die Regelung in der Anfangszeit bei den Franziskanern[103]. Bezeichnend für die ganze Atmosphäre ist auch die Freude der Gemeinschaft, wenn Gäste kommen, seien es nun Freunde oder Brüder. Zu Ehren der Freunde wird ein Fest gegeben, die Brüder und Schwestern werden mit dem Friedenskuß empfangen[104].

Tischsegen, häufiges Vaterunserbeten, Predigt und Beichte finden auch statt, wenn die Waldenser als Gäste im Haus eines Anhängers weilen. Hier verlagert sich der eigentliche Gottesdienst aber auf den Abend, wenn die Arbeit beendet ist und Freunde und Nachbarn ungesehen sich versammeln können[105]. Die Predigt besteht wohl zunächst in der Auslegung eines Evangelien- oder Episteltextes, der in der Volkssprache verlesen wird. Darauf folgen noch allgemeine Mahnworte, die dazu aufrufen, Böses weder zu tun noch zu sagen, nicht zu lügen und nicht zu schwören. Nicht zuletzt sollen diese Ermahnungen zur Buße und zur Beichte auffordern[106].

Neben die sittliche Ermahnung tritt die Katechese; in ihrem Zentrum standen die 7 Glaubensartikel, und eine Aufzählung der 7 Sakramente. Die Glaubensartikel sind nun allerdings kein Kompendium waldensischer Lehre, sondern sollen vielmehr beweisen, daß die Waldenser anders als die Katharer in der Lehrtradition der Kirche stehen[107]. Offenbar war die Kenntnis dieser Artikel zumindest unter den Anhängern

Preger, S. 709; Döllinger II, S. 94. 2). Bei Bernhard Guidonis, ed Mollat, S. 54–56.3) Reg. Pamiers, ed. Duvernoy I, S. 105. Auch hier erweist sich, daß «de vita et actibus» einer früheren Zeit angehört, denn die dort überlieferte Fassung ist die kürzeste. Gemeinsam ist allen Formen einschließlich der des römischen Breviers die Grundstruktur mit dem Segensgruß «Benedicite» am Anfang, und dem darauf folgenden Vaterunser und Benediktionsgebet.

[103] Reg. Pamiers, ed. Duvernoy I, S. 104. Dazu Esser, S. 130–134. Ich habe an anderer Stelle (S. 61) klargelegt, daß es sich bei den waldensischen Klerikern um eine Randgruppe handelt. Von einem Brevierbeten, noch dazu in Latein, ist sonst bei Waldensern nichts bekannt.

[104] «de vita et actibus», ed. Preger, S. 709 f. und Döllinger II, S. 94 f.

[105] Bernhard Guidonis, ed. Mollat, S. 52–56 und Lib. Sent. S. 345.

[106] Reg. Pamiers, ed. Duvernoy I, S. 512 und Lib. Sent S. 254. Beispiele für die Ermahnungen der Waldenser bei Bernhard, ed. Mollat, S. 60. Nach Mahnworten dieser Art fordert Perrinus Wudri den Geraldus Formondi aus Marciac in der Gascogne auf, ihm zu beichten: «. . . et dixit, quod diceret sibi peccata sua, quia nesciebat si cras esset vivus . . .». Lib. Sent. S. 377.

[107] Gonnet, Le confessioni S. 15. Gonnet kennt allerdings den vollständigen Text der Inquisi-

nicht weiter verbreitet, sie begegnen uns nur in der Aussage des Johannes von Vienne[108].

Bestand um die Mitte des 13. Jahrhunderts noch Unklarheit bezüglich Praxis und Bedeutung der waldensischen Mahlfeiern, so klärt sich nun das Problem. Außer dem Tischsegen innerhalb der Genossenschaft oder im Haus von Freunden, wird nun von einer Mahlfeier am Gründonnerstag berichtet, an der die Freunde im Gegensatz zu früher nicht mehr teilnehmen; ja sie sollen nicht einmal davon wissen[109]. Die Feier beginnt mit der Fußwaschung am Gründonnerstag abend vor dem Essen. Der «maior» wäscht, dem Beispiel und der Aufforderung Jesu folgend, seinen Brüdern die Füße[110]. Daran schließt sich die Segnung von Brot, Fisch und Wein an. Das Benediktionsgebet enthält neben dem traditionellen Hinweis auf die Segnung von fünf Broten und zwei Fischen durch Jesus die eindeutige Aussage, daß es sich dabei nicht um eine Darbringung des Leibes Christi oder um ein Opfer handelt, sondern um eine Segnung zum Gedächtnis an Jesu letztes Mahl mit seinen Jüngern[111]. Außerdem soll diese Feier eine Vorbereitung sein auf die Feier der Eucharistie am Ostertag[112]. Auf die Segnung folgt das gemeinsame Essen und Trinken, mit dem die Gemeinschaft der Apostelnachfolger das feierliche Gedächtnis des letzten Mahles Jesu mit seinen Jüngern begeht. Auch die Gestaltung dieser Feier ist nicht originell, sondern abhängig von kirchlichen Vorbildern. So erfahren wir z. B. aus einem Pontifikale des 12. Jahrhunderts, daß in Besançon der Bischof am Gründonnerstag

tionsakten von Pamiers nicht, wo die 7 Glaubensartikel und die 7 Sakramente in den Aussagen Raimunds und des Johannes von Vienne genannt und bei Raimund auch kommentiert werden (ed. Duvernoy I, S. 45 f. 514). Ein katechetisches Kompendium anderer Art wird von Bernhard Guidonis erwähnt. Hier ist von «articulos fidei septem de divinitate et septem de humanitate et decem precepta dechalogi et septem opera misericordie, sub quodam compendio et sub quodam modo ab eis ordinato et composito» die Rede (ed. Mollat, S. 54).

[108] Reg. Pamiers, ed. Duvernoy I, S. 514. Gegen Ende des 14. Jahrhunderts war es bei den deutschen Waldensern üblich, daß die Kandidaten vor der Aufnahme unter die Waldenser nach diesen Glaubensartikeln gefragt wurden. (Von den vielen Ausgaben dieses Quellen-stücks, nenne ich jene bei Döllinger II, S. 368. Vgl. Gonnet, Le confessioni, S. 9 ff.)

[109] Reg. Pamiers, ed. Duvernoy I, S. 67 und mit einigen Verbesserungen in «Quellen», S. 104–106.

[110] Vgl. Eisenhofer I, 522 f.

[111] Der Text des Benediktionsgebetes stammt aus einem der Bücher, die bei Raimund gefunden wurden (Reg. Pamiers, ed. Duvernoy I, S. 68.105). «... benedic ... panem istum, piscem et vinum, non in sacrificium nec in holocaustum, sed in simplicem commemorationem sacratissime cene Ihesu Christi Domini nostri et discipulorum eius ...» (Quellen, S. 104 f. und Duvernoy I, S. 67).

[112] So verstehe ich die Schlußbitte: «... et animam meam et corpus meum et omnes meos sensus ita dirige, et tua clemencia gestus meos ita dispone, ut illud sacratissimum corpus tibi sim dignus offerre quod veneratur ab angelis in celo» (Quellen, S. 105 und Duvernoy I, S. 67 f.).

seinen Kanonikern die Füße wäscht und anschließend das Brot segnet und verteilt mit der Aufforderung: «Accipite et sumite in commemorationem Dominicae Coenae[113].»

Über die Eucharistiefeier an Ostern erfahren wir leider nur wenig, da auch Raimund von ihr nur gehört haben will. Wir erfahren nur, daß der «maior» in der üblichen Weise, also mit dem Aussprechen der Einsetzungsworte über Brot und Wein, konsekriert[114]. – Warum halten die Waldenser aber diese Eucharistiefeier vor ihren Anhängern geheim? Waren sie sich nicht sicher, ob ihr «maior» wirklich das Recht und die Vollmacht zur Konsekration besaß? Ich vermute, daß die Geheimhaltung der Feier eher im Zusammenhang mit ihrer ganz besonderen Hochschätzung zu sehen ist und also ein Stück Arkandisziplin darstellt. Dafür spricht auch die von Raimund erwähnte lange Vorbereitung des «maior» auf die Konsekration[115].

Die liturgische Originalität der französischen Waldenser beschränkt sich im wesentlichen auf eine bestimmte Auswahl aus der reichen liturgischen Tradition der Kirche. Entscheidend für diese Auswahl war dabei aber die Nähe zum neutestamentlichen Vorbild, wie sie z. B in der Feier der Fußwaschung am Gründonnerstag mit anschließendem Gemeinschaftsmahl deutlich zum Ausdruck kommt[115].

f) Die Beichte

Schon früh haben die Waldenser unter Berufung auf Jak. 5,16 einander gebeichtet. Allerdings war damals die Notwendigkeit der Beichte vor dem Priester auch in der Kirche noch nicht allgemein anerkannt. Man ging vielfach von dem Grundsatz aus, daß die Absolution nur von wahrer Reue abhängig sei[116]. Gegenüber ihren Anhängern sind die Waldenser damals weniger als Beichtväter in einem sakramentalen Sinn aufgetreten. Wohl aber haben sie jenen, die von ihrer Bußpredigt aufgerüttelt die Frage nach dem Heilsweg stellten, einen Rat (consilium) gegeben[117].

---

[113] Das Pontifikale aus Besançon bei Martène, De antiquis ecclesiae ritibus (2. Aufl. Antwerpen 1737) t. 3, 309. Ein diesbezüglicher Hinweis und andere Parallelen bei Franz, I, S. 259.

[114] Reg. Pamiers, ed. Duvernoy I, S. 61.68.

[115] Ebd. S. 61.

[116] Dazu Selge I, S. 149, der auf des Durandus von Osca Definition der Buße im Liber Antiheresis verweist (LA, ed. Selge II, S. 58). Die Auffassung, daß die Vergebung der Sünden nur von wahrer Reue abhängig sei, wurde z. B. von Petrus Lombardus und Abaelard vertreten (Poschmann, S. 84 f.).

[117] Ein solcher Beichtrat wird im Reskript (Quellen, S. 24) angesprochen: «Si aliqua persona consilium pauperum petierit volens in terreno labore permanere, detur illi consilium secundum deum et eius legem, si sola manere voluerit vel iungere se cum pluribus.» Vgl. dazu Selge I, S. 147. In den Inquisitionsakten aus der ersten Hälfte des 13. Jahrhunderts ist von Beichte wenig die Rede (vgl. oben S. 23).

Als nun die Schar der «credentes» sich immer enger an die Waldenser anschlöß und eine öffentliche Predigt nicht mehr möglich war, rückte die Beichte ins Zentrum. Sie wurde zunächst von den Sandalenträgern ausgeübt. Die Waldenser und ihre Freunde beichteten bei den Rektoren der Hospize oder bei den Visitatoren[118]. Seit dem Beginn des 14. Jahrhunderts sind dann die «maiores» und «presbiteri» mit dieser Aufgabe betraut[119]. Als Nachfolger der Apostel – so verstanden sich ja die Waldenser seit ihren Anfängen – beanspruchten sie jetzt auch die Binde- und Lösegewalt, die Jesus Petrus und den anderen Jüngern zugesprochen hatte (Mt. 16,19; 18,18)[120].

Ihre besondere Bedeutung erhält die Beichte bei den Waldensern dadurch, daß der Ruf zur Buße in seiner ganzen Dringlichkeit und Strenge ausgesprochen wird; es gibt nur zwei Wege, einen in das Paradies und einen in die Hölle, und nach dem Tod kann keiner mehr Buße tun und kann keinem mehr durch Fürbitte oder gute Werke geholfen werden[121]. Letztlich ist nach Meinung der Waldenser die Absolution von Reue und tätiger Buße abhängig und kann deshalb auch nicht von einer sakramentalen Absolutionsformel erwartet werden. Während sich zur selben Zeit in der Kirche eine indikativische Absolutionsformel durchsetzt (ego te absolvo), halten sie an der alten deprekativen Formel (Deus … te absolvat) fest[122]. Die Waldenser bitten nur um eine Vergebung der Sünde, und sie legen eine Buße auf, die zumeist aus Fasten und Vaterunserbeten besteht. Für jene, die ihnen gebeichtet haben, hatte ihre Fürsprache mehr Bedeutung als die solenne Formel aus dem Munde eines Priesters. Das Amt konnte «die Fürsprache des Gerechten» nicht ersetzen; «multa enim valet

---

[118] «De vita et actibus», ed. Preger S. 709.711, Döllinger, S. 94 f.

[119] Reg. Pamiers, ed. Duvernoy I, S. 66.

[120] Lib. Sent. S. 376. Vgl. oben S. 48 Anm. 95.

[121] Lib. Sent. 201 f. 264. und Bernhard Guidonis, ed. Mollat, S. 62–64.

[122] Raimundus de Costa gibt folgende Definition des Bußsakraments: «... quod sacramentum dixit esse quando peccator contritus cordis de illo quod fecit contra preceptum Dei confitetur ore sacerdoti vel episcopo; qui peccator si compleat et faciat iuxta preceptum vel consilium dicti episcopi vel sacerdotis consequitur remissionem peccati sui» (Reg. Pamiers, ed. Duvernoy I, S. 46). Die ausführliche «Absolutionsformel» der Waldenser lautet: «Dominus Deus omnipotens qui potest dimittere omnia peccata et a quo omne bonum et datum optimum descendit, ipse per suam misericordiam te absolvat ab omnibus peccatis tuis, quecumque commisisti ab hora nativitatis tue usque ad hanc horam, et ego inungo tibi pro omnibus peccatis tuis talem penitenciam usque ad tale tempus, sic tamen quod dolorem cordis habeas usque ad mortem de peccatis tuis» (ebd. S. 69). Nach Eisenhofer wird die indikativische Absolutionsformel in der römischen Kirche seit dem 13. Jahrhundert alleinherrschend. Als Beispiel zitiert er eine Formel, die sich in den Bestimmungen der Synode von Nîmes 1284 findet: «Ego injungo tibi talem poenitentiam propter peccata quae confessus es. (Et ponens manus super caput ipsius, dicat:) Indulgentiam absolutionem et remissionem omnium peccatorum tuorum tribuat omnipotens Dominus. Et ego te absolvo auctoritate domini nostri Jesu Christi, et beatorum apostolorum Petri» (II, 337.341 f.).

deprecatio iusti assidua», heißt es in dem für die Beichtpraxis der Waldenser grundlegenden Text, Jak. 5,16[123].

Das Beichtgespräch war zugleich ein Stück Unterweisung, weil der Beichtende «mit Hilfe der Drohungen der Hl. Schrift» zur Reue geführt werden soll[124]. Unterweisung und Beichte sind bei den Waldensern untrennbar miteinander verbunden, da das Zentrum und die Besonderheit der waldensischen Lehre und Praxis auf dem ethischen Gebiet zu suchen sind. Es ging ihnen ja um nichts anderes als um ein radikales Ernstnehmen der Botschaft des Neuen Testaments, wobei der Akzenzt auf der Befolgung der Gebote und auf der Buße lag. Auch die Beichte hat den Ernst und die Radikalität der Buße nicht verringert, da die Vergebung von echter und lebenslanger Reue abhängig war, die sich in konkreten Handlungen manifestierte[125].

g) Eigenart und Bedeutung der französischen Waldenser

Über etwa 150 Jahre läßt sich die Geschichte der französischen Stammgenossenschaft verfolgen. Eine «Massenbewegung» oder eine mächtige Organisation vergleichbar dem Katharertum haben die französischen Waldenser nie dargestellt. Zu Beginn des 14. Jahrhunderts waren es schließlich noch einige Familien aus Burgund oder dem Viennois, die uns als Waldenseranhänger in Südfrankreich begegnen.

Mit dem unfreiwilligen Rückzug aus der Öffentlichkeit begann die letzte Etappe dieser Geschichte. Rückzug aus der Öffentlichkeit bedeutete vor allem Rückzug aus den Städten, wo ein interessiertes Bürgertum die Gemeinschaft gefördert hatte. Als

---

[123] Auch für Abaelard war es nach Jak. 5,16 Aufgabe des Priesters um die Absolution zu bitten und die Wirkung dieser Fürbitte sollte von der sittlichen Qualität des Priesters abhängig sein (Poschmann, S. 84f.). Die Aussagen der Waldenser in Pamiers bezüglich der Beichte sind zumindest an einem Punkte nicht eindeutig; einerseits beanspruchen die Waldenser als Apostelnachfolger die Binde- und Lösegewalt, andererseits behauptet die Hugueta: «... ipsa credit quod Deus solum absolvit de peccatis, sed homo cui homo confitetur sive sit sacerdos sive non, solum dat consilium quid facere homo debeat et penitenciam iniungit» (Reg. Pamiers, ed. Duvernoy I, S. 525). Es scheint unmöglich zu sein, die apostolische Binde- und Lösegewalt mit dem «consilium dare» zu identifizieren. Zur konkreten Gestalt der Buße vgl. Lib. Sent. S. 241: «... quod jejunaret XV diebus Veneris et quod diceret aliquibus vicibus paternoster.»

[124] Reg. Pamiers, ed. Duvernoy I, S. 68.

[125] Müllers Urteil «Die Auffassung der Buße ist nun aber ganz wesentlich die mittelalterliche katholische, die sakramentale . . .», muß daher korrigiert werden (S. 74); es berücksichtigt zu wenig die Entwicklung und Veränderung des Beichtverständnisses innerhalb der katholischen Kirche. Vgl. dazu Selges Urteil (I, S. 317): «Das Waldensertum ist ... radikaler pelagianisch ... als der mittelalterliche Katholizismus; es ist in seiner Frömmigkeit gegenüber der Tendenz des Hoch- und Spätmittelalters auf Vermehrung der Gnadenzugänge gewissermaßen reaktionär.»

die Waldenser in den Untergrund gedrängt wurden, zog sich dieses Bürgertum zurück und es blieben als treue Anhänger in der Hauptsache Bauern und Handwerker. Wer jetzt noch zu den Waldensern hielt, hatte im allgemeinen nicht viel zu verlieren, denn oft genug zwang ihn Verfolgung, seine Heimat zu verlassen.

Die völlig veränderten Lebensbedingungen konnten auch für die innere Struktur der Gemeinschaft nicht ohne Folgen bleiben. Eigenartigerweise kam es innerhalb der Gemeinschaft weder zu einer häretischen Radikalisierung noch zu einer radikalen Verwerfung jener Kirche, die die Waldenser verfolgte. Bis zuletzt blieben die französischen Waldenser hier dem Anliegen ihres Gründers treu, der keine antikirchliche oder gar häretische Bewegung beabsichtigt hatte.

Das änderte aber in Wirklichkeit nichts daran, daß die Waldenser nun eine religiöse Sondergemeinschaft darstellten. Sie stellte keine Alternative zur Großkirche dar, da sie sich von deren Einfluß nicht lösen konnte und auch nicht lösen wollte. Man kann sie mit Recht als «Sekte» bezeichnen, wenn man diesen Begriff rein soziologisch versteht. Ernst Troeltsch hat die Sekten als eine «radikale Komplementärerscheinung» zur Kirche bezeichnet, und das trifft auch auf die französischen Waldenser teilweise zu[126]. Ihre Existenz bewies, wie groß der Abstand war zwischen der Papstkirche und dem Bild der Kirche, das im Neuen Testament zu finden war. Diesen Abstand konnten auch die vielfältigen kirchlichen Reformanstrengungen nicht vollständig überbrücken. So blieb für die Papstkirche mit ihrem Anspruch, die alleinige Nachfolgerin und Repräsentantin der «apostolischen Kirche» zu sein, nur der Versuch, diese Sekte gewaltsam zu beseitigen. Man mag den raschen Niedergang der Stammgenossenschaft mit dem Fehlen einer klaren Abgrenzung zur Papstkirche begründen. Ein solcher Schluß wäre aber vorschnell, wie die Geschichte der radikaleren Lombardischen Armen zeigt[127]. Von Bedeutung war dagegen sicher, daß sich in Südfrankreich früher und konsequenter als anderswo eine massive kirchliche Gegenreaktion auswirkte.

---

[126] Vgl. S. 358.
[127] Vgl. hinten S. 72 f.

II. TEIL: DIE WALDENSER IN ITALIEN

VORBEMERKUNGEN

Eine eingehende Darstellung des italienischen Waldensertums ist am ehesten noch für die Zeit bis 1218 möglich und von verschiedenen Seiten auch schon unternommen worden; ich denke dabei vor allem an die Ausführungen von Müller, Selge und Molnár[1]. Dennoch fehlt uns auch für die Jahre vor der Konferenz in Bergamo ein anschauliches Bild von den waldensischen Gemeinschaften. Solange wir z. B. nicht wissen, wie die Arbeitergenossenschaften der lombardischen Armen konkret ausgesehen haben, werden wir über die Hintergründe des Schismas von 1205 nur Vermutungen anstellen können[2]. Noch schwieriger wird die Quellenlage für den weiteren Verlauf des 13. Jahrhunderts; einzige Quellen bilden polemische Werke und Inquisitionstraktate, die sich zumeist nur mit den «Irrlehren» der Waldenser befassen, wobei sie stets auf den Unterschied zwischen «pauperes ultramontani» und «pauperes lombardi» eingehen[3]. Konkrete Hinweise auf die soziale Herkunft der oberitalienischen Waldenser werden wir bei dem völligen Fehlen von Inquisitionsakten kaum erwarten können.

Im Rahmen des italienischen Waldensertums nehmen die Waldenser in den kottischen Alpen eine Sonderstellung ein. Ihre Geschichte während des 13. Jahrhunderts liegt zwar völlig im Dunkeln, aber aus dem 14. Jahrhundert sind Inquisitionsakten vorhanden. So zeigen uns die Inquisitionsakten von Giaveno 1335, wie die Waldenser unter einer ländlichen Bevölkerung missionieren und Fuß fassen, nachdem sie aus den Städten Oberitaliens fast völlig verschwunden sind.

[1] K. Müller, S. 21–65. Selge, I, S. 172–188.284–312. Molnàr, L'initiative de Valdes et des Pauvres Lombards, in: «Communio Viatorum» IX–XI, Prag, 1966–1968. Weniger für die Einzelheiten als vielmehr für den Gesamtzusammenhang ist noch immer wichtig das Buch von G. Volpe, «Movimenti religiosi e sette ereticali».

[2] Vgl. dazu weiter hinten S. 61.

[3] Nur der Traktat des Anselm von Alessandria enthält auch konkrete Angaben über die Lebensgewohnheiten der Waldenserprediger und die Struktur ihrer Gemeinschaften.

1. KAPITEL: «PAUPERES ULTRAMONTANI» UND «PAUPERES LOMBARDI»

a) Der Stand der Entwicklung 1218

Schon auf der Reise nach Rom (1179) waren Valdes und seine Begleiter durch Oberitalien gezogen und nach der Ausweisung aus Lyon (1182/83) waren waldensische Prediger verstärkt in diesem Gebiet tätig. Diese Mission war offenbar erfolgreich, denn schon in den neunziger Jahren besaßen die Waldenser in Mailand ein eigenes Zentrum, eine «schola». Die Ausweitung ihrer Tätigkeit bedeutete nun nicht nur Anpassung an eine andere Sprache und Kultur, sondern auch Berührung mit den verschiedensten religiösen Gruppen, die in den Städten Oberitaliens schon außerhalb oder am Rande der offiziellen Kirche lebten und wirkten. Das hatte nun zur Folge, daß ein Teil der italienischen Waldenser sich immer weiter von dem durch Valdes bestimmten Verständnis der Gemeinschaft entfernten. Aus dem Brief der lombardischen Armen an ihre Glaubensbrüder in Österreich, in dem sie vom Ausgang der Konferenz von Bergamo (1218) berichten, geht hervor, daß es vor allem drei Gründe waren, die Valdes bewogen im Jahre 1205 einen Teil der italienischen Waldenser aus der Gemeinschaft auszuschließen: Valdes war gegen die Ordination von «Dienern» (ministri) zur Verwaltung der Eucharistie und er lehnte leidenschaftlich die Verbindung zu den sogenannten Arbeitergenossenschaften ab. Daß jene ausgeschlossene Gruppe in der Person des Johannes von Ronco sich ein eigenes Oberhaupt wählte, hat dann endgültig zum Bruch geführt oder den schon vorhandenen Graben noch vertieft[1].

Nun waren Valdes und Johannes von Ronco verstorben, und angesichts der sich abzeichnenden Verfolgung wurde nun im Jahre 1218 auf einer Konferenz in Bergamo der Versuch unternommen, die Gemeinschaft wiederherzustellen. In der Frage der Leitung war die Einigung möglich, da nach dem Tod des Gründers die französische Stammgenossenschaft ebenfalls an einer Klärung dieser Frage interessiert war. Man einigte sich darauf, daß eine Versammlung aller Glieder der Gemeinschaft (commune) darüber beschließen sollte, ob in Zukunft nach dem Vorbild der französischen Stammgenossenschaft ein oder zwei Rektoren auf Zeit oder ob nach dem Vorbild der lombardischen Armen ein Propst (praepositus) auf Lebenszeit die Leitung der Gemeinschaft übernehmen soll[2].

---

[1] Vgl. Selge I, S. 284–286 und S. 295 f. [2] Reskript, Quellen S. 23.

Sogar in der Frage der Arbeitergenossenschaften konnte ein Kompromiß gefunden werden. Nach Abstellung einiger Mißstände waren die französischen Waldenser bereit, die Existenz solcher Genossenschaften als einer besonderen Lebensform anzuerkennen[3]. Valdes hatte die Arbeitergenossenschaften leidenschaftlich abgelehnt, weil er durch sie die ursprüngliche Konzeption apostolischen Lebens, die den Prediger von allen irdischen Bindungen befreien wollte, gefährdet sah[4]. Ob nun die lombardischen Armen, gemeint sind hier die Prediger, wirklich selbst Glieder solcher Arbeitergenossenschaften waren oder ob sie nur enge Verbindungen zu solchen Genossenschaften unterhielten, läßt sich meiner Meinung nach nicht endgültig klären[5]. Eines aber ist sicher: Jene Laiengemeinschaften, in denen die Waldenser offenbar schon früh Aufnahme gefunden hatten, stellten eine völlig andere Lebens- und Gemeinschaftsform dar, die sich nicht am Ideal des Jüngerkreises sondern an dem der Urkirche orientierte. Sie wollten ganz bewußt die Alternative zwischen monastischem und weltlichem Leben überwinden, indem sie Familie und Handarbeit als religiöse Lebensformen neu entdeckten[6]. Von dieser Konzeption her waren sie aber auch in der Lage, die Sonderstellung von Wanderpredigern anzuer-

---

[3] Ebd. S. 24: «Si aliqua persona consilium pauperum petierit volens in terreno labore permanere, detur illi consilium secundum deum et eius legem, si sola manere voluerit vel iungere se cum pluribus.»

[4] So heißt es im Glaubensbekenntnis des Valdes: «pauperibus erogavimus et pauperes esse decrevimus, ita ut de crastino solliciti esse non curamus nec aurum nec argentum vel aliud tale preter victum et vestitum cotidianum a quoquam accepturi sumus» (Selge II, S. 5). «Armut bedeutet für ihn, nicht um Besitz und Lebensunterhalt zu sorgen und vom Almosen zu leben» (Selge I, S. 33).

[5] Anders Selge, der davon ausgeht, «daß der Prediger in der Lombardei anfing, neben seiner Predigtaufgabe auch zu arbeiten» (ebd. S. 183). Einen Beleg für seine These hat er nur in der Aussage des Propositum von Bernhard Prim, wo Handarbeit unter bestimmten Bedingungen erlaubt wird (MPL, t. CCXVI, 291D–292B).

[6] Unter diesen Gemeinschaften wären besonders die Humiliaten zu nennen, zu denen die Waldenser offenbar in Beziehung standen; man denke nur an ihre «Symbiose» in Cerea bei Verona 1203 und die Arbeitergenossenschaften (vgl. Selge I, S. 176–183). Typisch für die Verhältnisse in den lombardischen Städten scheint überhaupt das gleichzeitige Auftreten und Nebeneinander verschiedener häretischer Gruppen gewesen zu sein, die vom Volk alle als Patariner bezeichnet wurden (ebd. S. 179 f.). Die spätere Entwicklung der lombardischen Armen erklärt sich mit daraus, daß die Waldenser in den Städten der Lombardei einen Bestandteil des häretischen Milieus bildeten. – Neutestamentliches Vorbild der Humiliaten ist die Urgemeinde, wie sie uns in der Apostelgeschichte des Lukas und den Paulusbriefen begegnet. Darauf weist Humbert von Romans hin, wenn er bezüglich der Handarbeit feststellt: «... isti ad formam primitivae Ecclesiae de proprio labore vivunt». Dasselbe gilt auch für das Zusammenleben von Männern und Frauen, wie derselbe Verfasser bemerkt: «hae autem (sorores de ordine Humiliatorum) sunt insimul viventes, et charitatem fraternam invicem, et in fratres exercentes, sicut patet Actuum sexto». Zitate nach «Maxima Bibliotheca Veterum Patrum», Lugduni 1677, t. 25, 474.481.

kennen; man kann sich vorstellen, daß diese Gemeinschaften Stützpunkte und Ausgangsbasis der waldensischen Wanderpredigt waren.

Für Valdes waren diese beiden Konzeptionen unvereinbar; er sah zwischen Wanderpredigt und Gemeinschaftsbildung im Sinne der Urkirche eine Alternative. Vielleicht sah er in solchen Gemeinschaften auch deshalb eine Gefahr, weil sie den Abstand zur katholischen Kirche vergrößern und sektiererische Tendenzen fördern konnten. In solchen Gemeinschaften hatte z. B. das Problem einer eigenen Sakramentsverwaltung einen ganz anderen Stellenwert als in der Predigergenossenschaft. Selbst wenn also die lombardischen Armen zur Zeit des Schismas noch keineswegs kirchenkritischer eingestellt waren als ihre französischen Genossen, – jedenfalls erfahren wir davon nichts – so lag doch wohl schon in der Verbindung mit solchen Laiengemeinschaften verschiedener Prägung der Keim für die spätere Entwicklung in Richtung auf eine radikal biblizistische und kirchenkritische Gemeinschaft[7]. Die Arbeitergenossenschaften selbst stellten 1218 kein Problem mehr dar, weil auch die französischen Waldenser die Notwendigkeit empfanden, stärker auf die Bedürfnisse ihrer Anhänger einzugehen und von bestimmten Stützpunkten aus zu missionieren. Der Lebensstil der Gemeinschaft mußte sich den veränderten inneren und äußeren Bedingungen anpassen[8]. Aber diese Annäherung betraf nur Einzelheiten des Lebensstils und Gemeinschaftslebens; der alte Gegensatz trat an einer anderen Stelle in neuer und verschärfter Form wieder auf. Entwickelte sich die Stammgenossenschaft in Richtung auf eine ordensähnliche Gemeinschaft, so die lombardischen Armen in Richtung auf eine kirchenähnliche Gemeinschaft[9]. Dies zeigt sich eindeutig bei der Frage einer eigenen Sakramentsverwaltung. Die Ablehnung der Konsekration von unwürdigen Priestern blieb keine bloß kirchenkritische oder antiklerikale Theorie, sondern schloß die grundsätzliche Ablehnung des römischen Priestertums ein und legitimierte zugleich die Einrichtung eines eigenen Priestertums. In dieser Neuerung drückt sich im Grunde genommen schon jene grundsätzliche Verwerfung der römischen Kirche aus, die ausdrücklich in Bergamo noch nicht zur Sprache kommt[10].

---

[7] Radikale Kirchenkritik auf biblizistischer Grundlage scheint auch das Programm der Arnoldisten gewesen zu sein, ohne daß dieses Programm jemals zur Entstehung einer Gemeinschaft geführt und damit positiv Gestalt gewonnen hätte. Für sie bleibt kennzeichnend die Verwerfung des römischen Priestertums, der «antisacerdotalismo», wie sich Ilarino da Milano in seinem Buch «L'eresia di Ugo Speroni» (Città del Vaticano, 1945, S. 451) ausdrückt.

[8] Vgl. o. S. 29.

[9] Diese Terminologie ist kaum in der Lage, den spezifischen Charakter dieser Gemeinschaften zu umschreiben; sie versucht nur in groben Zügen den Unterschied herauszustellen, auf den es meiner Meinung nach ankommt.

[10] Man muß, was die Bedeutung donatistischer Theorien angeht, besonders die praktischen Konsequenzen beachten, die aus ihnen gezogen werden. Die lombardischen Armen haben nicht Laien an die Stelle von Priestern gestellt und auch nicht einfach «gute Menschen», sondern sie haben einen eigenen «ordo» geschaffen. «...Ministrum dicimus in Christi

Ebensowenig kommt in Bergamo zum Ausdruck, daß sich die lombardischen Armen exklusiv als «die» Kirche Gottes verstehen würden. Vielmehr ist genau wie bei den Franzosen von einer «societas» die Rede, der Männer und Frauen angehören und die vom Kreis der «Freunde» unterschieden wird[11]. In der Terminologie bestehen hier also zwischen der Stammgenossenschaft und den lombardischen Armen keine Unterschiede, wohl aber in der Praxis. Man muß davon ausgehen, daß die Mitglieder der «societas» und der Kreis der Freunde eine Gemeinschaft bilden, sich in bestimmten lokalen Zentren versammeln und teilweise auch zusammenleben. Diese Gemeinschaft hat offenbar ihre eigenen Gottesdienste und läßt sich die Eucharistie von ihren eigenen Priestern spenden[12].

Aber noch kennen die Lombarden den dreifachen «ordo» nicht. Weder Johannes von Ronco noch Otto von Ramezello werden an irgendeiner Stelle als Bischöfe bezeichnet. Sie waren wohl eher auf Lebenszeit gewählte Vorsteher der Genossenschaft, wobei ihnen aber eine absolute Leitungsgewalt nicht zukam[13]. Die entscheidenden Fragen werden offenbar vom «commune», der Gesamtheit der Brüder, entschieden. Vielleicht standen dem Vorsteher noch 11 andere Brüder in der Leitung der Genossenschaft zur Seite, die zusammen dann ein Zwölferkollegium bildeten, wobei der Vorsteher nur «primus inter pares» war. Diesen Eindruck erweckt das Reskript, das von 12 Mitgliedern der lombardischen Genossenschaft und unter ihnen «Otto de Ramezello dei gracia confrater pauperum spiritu» abgesandt wurde[14]. Auf jeden Fall bleibt also die Genossenschaft eine «societas fratrum», und von einer hierarchischen Struktur ist noch nichts zu erkennen. Es konnte aber nur noch eine Frage der Zeit sein, bis neben die eigenen Priester auch Diakone und ein Bischof traten, um den dreifachen «ordo», notwendiges Kennzeichen der Kirche

---

sacerdocii ordine ordinatum-» (Reskript, Quellen S. 37). Sie haben sich auch ausdrücklich gegen eine Konsekration durch Laien oder sogar Frauen gewandt, die von manchen Mitgliedern der Stammgenossenschaft für möglich gehalten wurden (ebd. S. 30).

[11] So unterscheidet die Anrede des Reskripts zwischen «fratribus ac sororibus, amicis et amicabus» (Quellen, S. 21). «Pauperes Spiritu» sind die Mitglieder der societas «ytalicorum fratrum» (ebd. S. 20 f.).

[12] Über diese Gemeinschaften erfahren wir praktisch nichts. Zentrum für eine Gruppe von Waldenseranhängern und Stützpunkte für die Wanderprediger waren vermutlich Häuser, in denen eine Arbeitergenossenschaft lebte. Oder man besaß ein eigenes Versammlungslokal, eine «schola», wie jene Waldensergruppe in Mailand, die 1209 bereit war, sich der Kirche zu unterwerfen (Brief Innozenz III an den Erzbischof von Mailand vom 3. April 1209; PL 216, 29 f.).

[13] Johannes von Ronco wird bei Salvus Burce als «ancianus» der lombardischen Armen bezeichnet (Ilarino da Milano, S. 317). Man kann annehmen, daß er offiziell als «prepositus» galt, weil nur so das Verdikt des Valdes gegen die Wahl eines «prepositus» verständlich wird (Reskript, Quellen S. 22).

[14] Ebd. S. 20 f. und dazu Molnár, L'initiative Communio Viatorum XI 1968, S. 92.

Gottes, zu vervollständigen[15]. 1218 verstanden sich die lombardischen Armen noch nicht als Kirche Gottes, aber sie hatten mit der Einrichtung eines eigenen Priestertums den entscheidenden Schritt in diese Richtung schon vollzogen.

b) Die Feier des Abendmahls

Über Gemeinschaftsleben und Frömmigkeit italienischer Waldenser erfahren wir nur wenig, da die italienische Inquisition offenbar hauptsächlich an der Zusammenstellung waldensischer «Irrlehren» interessiert war. Nur ein Inquisitor (Petrus von Verona OP?) erwähnt eine Abendmahlsfeier, die wohl bald nach dem Schisma von 1205 auf einem «Konzil» der lombardischen Armen in der Nähe Mailands stattfand. Johannes von Ronco, der Vorsteher der Gemeinschaft, vollzog die Konsekration. Aber durch ein Mißgeschick wurde damals der Kelch umgeworfen, der Wein floß auf die Erde und wurde von den Füßen der Frauen zertreten. Das sei für einige der Anlaß gewesen, sich von den lombardischen Armen zu trennen und nur noch die von einem katholischen Priester vollzogene Konsekration anzuerkennen, berichtet der Inquisitor[16].

Über die Gestalt der Abendmahlsfeiern bei den lombardischen Armen in späterer Zeit sind wir leider nicht unterrichtet. Wir können allerdings mit großer Sicherheit annehmen, daß Abendmahlsfeiern im Gemeinschaftsleben der lombardischen Armen eine große Rolle spielten, da nur so der Konflikt auf der Konferenz von Bergamo verständlich wird. Schon damals hatten die lombardischen Armen ordinierte Priester, die sie «ministri» nannten. Als sie dann später die römische Kirche radikal verwarfen und selbst den Anspruch erhoben, die Kirche Gottes zu repräsentieren, dürfte die eigene Abendmahlsverwaltung ebenfalls eine große Rolle gespielt haben[17]. Wenn unsere Einordnung des anonymen Berichtes über die Abendmahlsfeier der «Armen von Lyon» am Gründonnerstag richtig ist, dann bezieht sich dieser Bericht auf italienische Waldenser, die sich zur Stammgenossenschaft rechnen[18].

Diese Abendmahlsfeier am Gründonnerstag abend findet innerhalb der «familia» statt; jener Gemeinschaft von Männern und Frauen, die nach dem Bericht des anonymen Traktats «de vita et actibus» in einem Hospiz unter der Leitung eines Rektors zusammenlebten. Hier wie dort ist der Vorsteher, sofern er ein «sandalia-

---

[15] Spätestens 1235 haben die lombardischen Waldenser den Anspruch erhoben, die «Ecclesia Dei» zu repräsentieren (Salvus Burce, ed. Ilarino da Milano, S. 329). Nach Moneta (Ricchini, S. 402) behaupten sie: Ohne dreifachen «ordo» gäbe es keine Kirche Gottes (. . . «sine quo triplici ordine Ecclesia Dei non potest esse»).

[16] «Summa contra haereticos», ed. T. Kaeppeli, AFP 17 (1947), S. 334. Dazu Selge I, S. 307 f.

[17] Reskript, Quellen, S. 37. Vgl. oben S. 63 und unten S. 72.

[18] Vgl. hinten S. 146.

tus» ist, zugleich Priester[19]. Da dabei nur von Brot und Wein die Rede ist und im Stehen kommuniziert wird, dürfte es sich wirklich um eine sakramentale Feier des Abendmahls und nicht nur um ein Gedächtnismahl mit einer Segnung von Brot, Fisch und Wein gehandelt haben[20]. Es entpricht der Gemeinschaftsstruktur der französischen Stammgenossenschaft, wenn die «Freunde» der Waldenser an dieser Feier nicht teilnehmen, wohl aber wie die Kranken von dem geweihten Brot erhalten[21]. Diese Abendmahlsfeier ist eben ganz bewußt etwas anderes als die Feier der Eucharistie innerhalb der Messe. Vielmehr wird hier im Kreis jener, die sich als Nachfolger der Apostel ansehen, das letzte Mahl Jesu mit seinen Jüngern nachvollzogen.

c) Zum politischen und sozialen Kontext des italienischen Waldensertums

Daß die Häresie und die religiöse Bewegung überhaupt von den gleichzeitigen politischen und sozialen Kämpfen und Entwicklungen nicht zu trennen sind, das ist im Italien des 13. Jahrhunderts stärker spürbar als zum Beispiel in Südfrankreich oder gar in Mitteleuropa[22]. Im Zentrum der politischen und sozialen Konflikte, in den Städten der Lombardei, befinden sich auch die Aktionszentren der Ketzer. Aber es stellt sich die Frage, welcher Art die Beziehungen zwischen diesen beiden Phänomenen sind. Zunächst muß man davon ausgehen, daß die religiöse Volksbewegung keinen positiven Beitrag zur Entstehung der «Kommune» geleistet hat, daß Katharer und Waldenser insbesondere dazu von ihrer Ausgangsposition her nicht in der Lage waren. Das Verbot der Eidesleistung und des Blutvergießens, radikale Armut und Weltentsagung, all dies war im Grunde nicht dazu geeignet, die Politik irgendeiner sozialen Gruppierung «religiös» zu legitimieren[23]. Tatsächlich vorhanden war dagegen eine partielle Interessengemeinschaft; der Antiklerikalismus, von der Predigt der Häretiker nicht hervorgerufen, wohl aber geschürt, konnte im Kampf gegen das feudale Stadtregiment eines Bischofs z. B. gleichwohl eine nützliche Waffe

---

[19] «Dicti pauperes de Lugduno solum semel consecrant in anno, scilicet in cena Domini. Et tunc quasi iuxta noctem, ille qui preest inter illos, si est sacerdos, convocat omnes de sua familia utriusque sexus...» (Anselm v. A., S. 320). Vgl. oben S. 44.

[20] Zur Feier des Gedächtnismahls bei den französischen Waldensern vgl. S. 32 ff. Zum Unterschied zwischen Gedächtnismahl und Eucharistiefeier vgl. Selge, Riflessioni, S. 34–37.

[21] «Si autem essent aliqui alii qui peterent, bene darent eis. Per aliud spacium anni non dant infirmis suis, nisi panem benedictum et vinum» (ebd.).

[22] So auch Lea II, S. 217.

[23] Daß die Häresie als solche keinerlei positiven Beitrag zur Entstehung der «Kommune» geleistet hat, darauf hat in jüngster Zeit vor allem Dupré Theseider hingewiesen (L'eresia a Bologna S. 400 f.). Was für die Katharer gilt, daß sie letzten Endes «weltfremd» waren, weil sie es sein wollten, das gilt in abgeschwächter und veränderter Form auch für die Waldenser.

sein. Der hinhaltende Widerstand gegen die Einfügung der kaiserlichen und päpstlichen Ketzergesetze in die Statuten der Städte und gegen ihre Anwendung, war zugleich Teil des Kampfes der Städte um ihre Unabhängigkeit gegenüber Kaiser und Papst[24]. So weit und so lange es also ihren eigenen politischen Interessen entgegenkam, haben die Städte die Häretiker gewähren lassen und zum Teil auch begünstigt. An einem konkreten Beispiel lassen sich diese Zusammenhänge verdeutlichen. Aus einem Brief von Papst Innozenz III vom Jahre 1209 geht hervor, daß die Mailänder «Kommune» einer Waldensergruppe ein Grundstück zum Bau einer «schola» zur Verfügung gestellt hatte. Der Mailänder Erzbischof Philipp ließ diese Schule der Waldenser zerstören. Zanoni hat nun den konkreten Zusammenhang klargemacht, in dem diese Ereignisse stehen. Die Gewährung eines Grundstücks an die Waldenser war zugleich ein Affront gegenüber dem Erzbischof, als dem Repräsentanten der adligen Oberschicht, deren Herrschaft nun beseitigt werden sollte. Und auch die Reaktion darauf, die Zerstörung der Schule, war alles andere als der Beginn einer planmäßigen Ketzerbekämpfung, vielmehr eine Machtdemonstration ohne Folgen; 1209 war die Schule schon wieder aufgebaut[25].

War die Häresie nicht dazu geeignet, die politischen Ambitionen des Bürgertums zu fördern, so verkörperte sie statt dessen jene neue Religiosität, der das Bürgertum von Anfang an zugetan war, eine Religiosität, die dem Hunger nach Bildung, der persönlichen Aneignung und Konkretisierung der biblischen Botschaft Rechnung trug[26]. Die alten monastischen Lebens- und Gemeinschaftsformen entsprechen den veränderten Erwartungen und der veränderten Gesellschaft nicht mehr. Einen markanten Ausdruck fand diese neue Religiosität z. B. in den Arbeitergenossenschaften der Humiliaten, oder in dem Lebensstil armer Wanderprediger, der, weil er jedes bürgerliche Streben nach Existenzsicherung ablehnte, eine Antwort war auf die veränderten ökonomischen Bedingungen[27].

Was nun speziell den sozialen Kontext des Waldensertums betrifft, so finden wir dasselbe während des ganzen 13. Jahrhunderts hindurch in den Städten besonders der Lombardei bezeugt[28]. Auch die Inquisition hat die Waldenser also nicht aus den

[24] Dupré Theseider spricht z. B. von einer Weggemeinschaft von Häretikern und Ghibellinen. («Gli eretici nel mondo comunale S. 9.)

[25] Brief von Papst Innozenz III vom 3. April 1209 an den Erzbischof von Mailand: MPL 216,29 f. (Potthast Nr. 3694). Dazu Zanoni, Valdesi a Milano, S. 12–15.

[26] Ein lebendiges Bild von dieser neuen Religiosität zeichnet Volpe in seinem Buch «Movimenti religiosi» (besonders in dem Kapitel «Valdesi, Umiliati, Francescani: Moti di Popolo; S. 51–61).

[27] «La nouvelle Chrétienté», so überschreibt Chenu jenes Kapitel seiner Studie «Moines, clercs, laics», in dem er beschreibt, wie groß die Veränderungen waren, die durch eine Laienbewegung jenseits der vorhandenen Institutionen ausgelöst wurden (S. 69–80).

[28] *Mailand* soll noch bis zur Mitte der dreißiger Jahre Ketzerhochburg und Zentrale des Waldensertums gewesen sein. (Stefan von Bourbon, ed. Lecoy S. 279 f. und Quellen,

Städten vertrieben, vielmehr sind sie bis zum Ende des 13. Jahrhunderts dort entdeckt worden. Aber es dürfte sich nur um Reste der einmal bedeutenden Gesellschaft gehandelt haben; schätzt Salvus Burce 1235 den Anhang der lombardischen Armen auf mehrere Tausend, so gibt der Lombarde Lugio um 1260 zu, der ganzen Sekte würden nicht mehr als 100 Männer und Frauen angehören[29]. Diese Aussage bestätigt, was wir auch sonst von der Bedeutung der Waldenser in der 2. Hälfte des 13. Jahrhunderts erfahren: Die franziskanische Inquisition in Mittelitalien stößt nur in Ausnahmefällen auf Waldenser, und auch in den umfangreichen Akten der Inquisition von Bologna (1291–1309) erscheinen nur Katharer und Anhänger von Fra Dolcino[30]. Ähnlich wie in den Städten Südfrankreichs, so halten

---

S. 47 f.; Marbacher Annalen MG SS 17, S. 176.) In *Genua* wurde um 1260 jener Lombarde Lugio verhaftet, auf dessen Aussagen sich Anselm von Alessandria stützt (AFP 20, S. 319). In *Piacenza* wird 1295 «Petrus de Albino» als «pauper de Lugduno» verhaftet (Biscaro, inquisitori S. 514) ebenso 1294 in *Pavia* eine «Malixia heretica pauperum de Lugduno» (ebd. S. 505). Ein schreckliches Schicksal erlitt der um dieselbe Zeit in Pavia gefangengenommene Waldenser Peter von Martinengo; von ihm berichtet der Inquisitior in seinem Rechnungsbuch: «... qui postea ductus ad ignem semi combustus fuit, de qua combustione postea mortuus est, licet ipse iuraverit tractus de igne.» Noch im Sterben hat er dem Inquisitior Hinweise auf Waldenserinnen in Mailand oder Piacenza und Glaubensgenossen in Forli gegeben (ebd. S. 513 f.). 1295/1296 kam die Inquisition in *Vercelli* dem «Thebaldus de Biserzio» und einigen Waldenseranhängern auf die Spur (ebd. S. 514 f.). In *Lomello* schließlich wurde zur selben Zeit ein Jakob von Lomello verhaftet; er wird einmal als «pauper lombardus» ein andermal als «pauper de Lugduno» bezeichnet, so daß auch in den anderen Fällen, in denen von «Armen von Lyon» die Rede ist, lombardische Arme gemeint sein können (ebd. S. 506.513). In *Padua* wurden um 1275 zwei Waldenserinnen verhaftet, konnten aber aus dem Gefängnis entkommen (Guiraud II, S. 579). Die Fülle der Zeugnisse für die neunziger Jahre ist rein zufällig; für diesen Zeitraum stehen die Abrechnungen der lombardischen Inquisitoren zur Verfügung, die Biscaro herausgegeben hat.

[29] Um den Anspruch der lombardischen Armen, sie hätten die Kirche Gottes wiederhergestellt, zu widerlegen, schreibt Salvus Burce 1235: «Petrus in duobus diebus fecit converti octo milia hominum; forte tot nun estis vos ...» (Ilarino da Milano S. 328). Der Lombarde Lugio sagt vor Anselm aus: «... quod Andreas de Gruara est episcopus lonbardorum, qui non sunt plus utriusque sexus numero centum» (AFP 20 (1950) S. 319). Auch wenn diese Zahl die «credentes» nicht mitumfassen sollte, so ist sie dennoch gering. Die Katharer hatten vor 1250 noch ca. 2000 «perfecti» und «perfectae» in Italien (Rainer Sacchoni, ed. Martène, Tes. V, c. 1767 f.; ed. Dondaine, S. 70).

[30] Ein Zeugnis von eminenter Bedeutung für die Verbreitung des Waldensertums in Italien vor ca. 1220 ist die folgende Aussage einer Frau in Florenz vor dem Inquisitior Ruggero Calcagni im Jahre 1245: «Domina Adalina uxor domini Albizi Tribaldi dicit iuramento suo interrogata quod tempore sue iuventutis, et cum erat in Capallo in domo patris, vidit Pauperes de Loduno et dixit quod audivit matrem suam dicentem quod querebat salvationem» (F. Tocco, Quel che non c'è nella divina commedia, Bologna 1899, S. 45 f.). Nach Davidsohn (Geschichte von Florenz, 2. Bd. 1. Teil, Berlin 1908, S. 301 f.) war Albizi Tribaldi ein reicher Florentiner Bürger, der zu den Katharern Beziehungen unterhielt; sicher stammte auch seine Frau aus einer angesehenen, vielleicht auch adligen Familie (Capalle ist eine Burg in der Nähe

sich auch in der Lombardei die Katharer sehr viel länger als die Waldenser. Es gibt dafür keine andere Erklärung, als daß die Masse der Anhänger unter dem Eindruck der kirchlichen Gegenreaktion in Gestalt der Bettelorden und der Inquisition zur Kirche zurückgekehrt ist; es gab ja nun viele Möglichkeiten für religiös interessierte Laien, sich innerhalb der Kirche zu Gemeinschaften und Bruderschaften zusammenzuschließen. Man muß hier vor allem an die Terziarier denken[31].

Aus welchen Schichten der städtischen Bevölkerung rekrutieren sich nun die italienischen Waldenser und ihre Anhänger? Man wird nicht fehlgehen, wenn man sie unter jenen aufstrebenden sozialen Schichten sucht, die auch die «Kommune» gebildet haben; aber damit ist noch wenig gesagt, zu wenig um dem besonderen Charakter des Waldensertums Ausdruck zu geben[32]. Man hat nun auch hier aus dem Namen «pauperes» und aus der Existenz von Arbeitergenossenschaften auf die soziale Herkunft schließen wollen; folgerichtig kam man zu der Annahme, die waldensische Predigt hätte vor allem die Armen oder die Handwerker oder ganz speziell die Textilarbeiter angesprochen. Für die Humiliaten hat Zanoni behauptet, sie hätten aus ihrer schicksalhaften Armut eine freiwillige gemacht[33].

von Florenz). Ebenfalls in die Toskana verweist ein anderes Zeugnis, eine Urkunde über den Verkauf der Güter eines gewissen Aliotti dell'Aconciato aus Fucecchio, der von dem Inquisitior Carus von Arezzo vor 1290 «occasione criminis hereseos pauperum de Lugduno» verurteilt worden war (Mariano da Alatri, Archivio Offici e Titolari dell' inquisizione Toscana, in: Collectanea Franciscana. 40, 1970 S. 187). Diese Urkunde wird auch bei Davidsohn a. a. O. 2. Bd. 2. Teil, S. 280 erwähnt). Zu den Inquisitionsakten von Bologna 1291–1309 vgl. Dupré Theseider, L'eresia a Bologna; Dupré Theseider kann sich das Nichterscheinen von Waldensern in diesen Akten nicht erklären (S. 442). Aber vieles spricht dafür, daß die Waldenser in den Städten Südfrankreichs wie der Lombardei nur noch vereinzelt auftraten (vgl. z. B. die in Anm. 28 erwähnten Waldenser).

[31] Zur «Gegenreformation» durch die Bettelorden und zur Bildung religiöser Laiengemeinschaften vgl. Volpe, Movimenti S. 165–174.

[32] Die partielle Interessengemeinschaft der lombardischen Armen mit der «Kommune» (s.o. S. 65) wird von folgendem Beispiel einer «politischen Predigt» veranschaulicht: «O populi, notate bene quod audistis et audietis et dividemini a meretrice; modo videbitis qualiter bene tenet magisterium Christi. Prelati huius Ecclesie dant vim et laborant in quantum possunt. ut ponatur in scriptis civitatum quod variis tormentis cru.cientur hii quos ipsi hereticos appellant; et si Commune non vult hoc facere, pugnant eos dicentes: Excommunicabimus vos» (Salvus Burce, ed. Ilarino da Milano S. 326). Aber dieser verzweifelte Appell an den Stolz und die Freiheitsliebe der «Kommune» war vergeblich.

[33] Für Molnárs These, die lombardischen Armen hätten im Gegensatz zur politischen «Kommune», die vor allem von reichen Kaufleuten getragen wurde, die «Kommune» der Armen dargestellt, fehlen Beweise (Les Vaudois au Moyen Age S. 137). Zanoni schloß aus der Feststellung Humberts von Romans über die Humiliaten: «. . . humilem vitam laborantium ducunt» (Bibliotheca Maxima Vet. Patrum t. 25 S. 474) und aus der Tätigkeit der Humiliaten in der Textilproduktion, dieselben wären Textilarbeiter gewesen (Gli Umiliati S. 158). Grundmann hat dagegen mit Recht darauf hingewiesen, daß sich aus religiösen Lebensformen (Handarbeit, Armut) keine Schlüsse auf die soziale Herkunft ziehen lassen (Religiöse

Es ist nun aber grundsätzlich falsch, von einer religiösen Lebensform, wie z. B. der Handarbeit der Katharer und Humiliaten oder der Ablehnung der Handarbeit bei den französischen Waldensern direkte Rückschlüsse auf die soziale Herkunft zu ziehen, wie sich am konkreten Beispiel auch nachweisen läßt[34]! Wollte man aus der religiösen Lebensform solche Rückschlüsse ziehen, so müßte man aus der Tatsache, daß das Armutsverständnis bei den lombardischen Armen weniger radikal war (die Gemeinschaft besaß Häuser und Äcker), auf eine gehobenere soziale Stellung schließen. Aber diese andere Stellung zum Armutsproblem hängt damit zusammen, daß Lombarden wie Humiliaten eine andere Konzeption von ihrem Auftrag hatten und im Unterschied von Waldensern und frühen Franziskanern, von ortsgebundenen Gemeinschaften ausgingen[35].

Dennoch, religiöse Lebens- und Gemeinschaftsformen stehen in einem Zusammenhang mit den konkreten zeitgenössischen Lebensbedingungen. Sie stellten den Versuch dar, zu diesen Lebensbedingungen vom Kern der neutestamentlichen Botschaft her Stellung zu beziehen. Aber diese Stellungnahme ist ebenso vielgestaltig wie das neutestamentliche Vorbild. Valdes sah seine Berufung darin, frei von allen Bindungen an Familie, Geld oder an die bergende Gemeinschaft eines Klosters, den apostolischen Bußruf laut werden zu lassen; dem Dienst am Mammon den apostolischen Dienst entgegenzustellen. Die Radikalität, mit der er den Reichtum, das Geld und alles «weltliche Tun» verwarf, entsprach, wenn auch unter anderem Vorzeichen, dem Streben nach Reichtum und der irdischen Betriebsamkeit seiner eigenen Vergangenheit. Anders die Stellungnahme der lombardischen Armen: Mit ihren lokalen Gemeinschaften, mit ihrer Stellung zu Handarbeit und Ehe, versuchten sie in den veränderten sozialen und ökonomischen Bedingungen ein Stück Urgemeinde zu verwirklichen. Sie waren somit ihrer Umwelt sehr viel stärker verbunden als die asketischen Wanderprediger von der Art eines Valdes. Apostolischer Dienst und urchristliche Gemeinschaft waren für sie keine Alternative, sondern zusammengehörig[36].

Bewegungen S. 157–169). Auch Volpe hat für seine Behauptung «nella storia valdese appaiono specialmente contadini ed artigiani» (Movimenti S. 53) nur aus dem 14. Jahrhundert sichere Belege.

[34] Vgl. S. 17.

[35] «. . . vos habetis domos et agros» wirft Salvus Burce den lombardischen Armen vor (Ilarino da Milano S. 328).

[36] Es entsprach dem Gemeinschaftsmodell der lombardischen Armen, wenn sie die Auflösung einer Ehe (wenn ein Partner das asketische Leben eines Wanderpredigers führen wollte) nicht so bedingungslos für richtig hielten, wie Valdes und die französische Stammgenossenschaft, sondern vom Einverständnis des Ehepartners abhängig machten (Reskript, Quellen S. 26). Zur Neubewertung von «Ehestand» und Beruf im Zuge der religiösen Bewegung vgl. Chenu, Moines S. 70 ff. Über die urchristliche Aufwertung der Gemeinschaft von Männern und Frauen sowie der Familie bei den Humiliaten s. Zanoni, Umiliati S. 55 ff.

d) Die weitere Entwicklung der lombardischen Armen nach 1218

Hatte sich die Tendenz in Richtung auf eine vollständige Loslösung von der römischen Kirche bei den lombardischen Armen schon 1218 eindeutig manifestiert, so führte dieser Prozeß schon vor der Mitte des 13. Jahrhunderts zu seinem Ziel. Die römische Kirche wird nun grundsätzlich verworfen und zugleich erheben die Lombarden den Anspruch, die «Ecclesia Dei» zu repräsentieren[37]. Konsequenterweise wird nun auch der dreifache «ordo» eingeführt, den man als den vollkommenen «ordo» verstand, weil er dem Neuen Testament – wir würden sagen dem Amtsverständnis der Pastoralbriefe – entsprach[38]. Die Auseinandersetzung mit den Verteidigern der römischen Kirche, wie Salvus Burce und Moneta von Cremona, spitzt sich nun auf die Frage zu, wer die Kirche Gottes repräsentiere. Und im Zuge dieser Auseinandersetzung müssen sich die lombardischen Armen darüber klarwerden, welche Grundlage ihr Amt, ihr «ordo» hatte[39]. Noch sind die historischen Anfänge des Waldensertums bekannt, noch kann keine Legende den Anspruch der Waldenser, die wahren Nachfolger der Apostel zu sein, legitimieren. Konnte der apostolische Auftrag mit dem Hinweis auf die apostolische Berufung des Valdes legitimiert werden, so ist das bei der Legitimierung eines eigenen waldensischen «ordo» nicht mehr möglich[40]. Daß Valdes selbst ein von einem Kardinal der römischen Kirche geweihter Priester gewesen sei, das konnte und wollte damals niemand behaupten[41].

---

[37] In seiner Auseinandersetzunt dem Anspruch der lombardischen Armen schreibt Salvus Burce (1235): «. . . quod Ecclesia Dei stetit amissa multis annis usque ad vos et vos restituistis.» Die römische Kirche ist für sie die Hure aus der Apokalypse, deren Hände voll ist vom Blut der Märtyrer (Apk. 17,6); «O populi, notate bene quod audistis et audietis et dividemini a meretrice; . . . O ecclesia Romana, omnes habes plenas manus de sanguine martyrum» (ed. Ilarino da Milano, S. 326–328 – Döllinger, S. 72.74). Diese leidenschaftliche Anklage spiegelt schon die veränderte Situation am Ende der zwanziger und zu Beginn der dreißiger Jahre wider, als der Widerstand der Städte gegen die Einführung der Inquisition erlahmte, und 1233 in Mailand z. B. die ersten Ketzer (wohl Katharer) verbrannt wurden (G. Giulini, Memorie spettanti alla storia . . . die Milano, nueva ed. vol. 4, Milano 1855, S. 347 f.).

[38] Moneta spricht davon, daß die «Armen von Lyon» von einem dreifachen «ordo» ausgehen: «. . . quem ipsi ad minus triplicem confitentur, scilicet Episcopatum, Presbyteratum, et Diaconatum, sine quo triplici ordine Ecclesia Dei non potest esse, nec debet, ut ipsi testantur (ed. Ricchini, S. 402). Vgl. oben S. 45.

[39] Vgl. Moneta, ed. Ricchini, S. 402 f.

[40] So polemisiert Moneta gegen die waldensische These, daß Valdes seinen «ordo» unmittelbar von Gott empfangen hae, mit folgenden Worten: «Sie dicant, quoniam a Deo ordinem habuit immediate, illud nullo testimonio Scripturae ostendere possunt; eadem enim ratione quilibet alius bonam vitam simulans posset idem dicere, et sic sectam perditionis inducere» (ebd. S. 403).

[41] In ihrem Schreiben von 1368 weisen die «italienischen Brüder» jeden Zweifel am Priester-

Valdes, so behauptet Thomas, offenbar ein Theologe der lombardischen Armen, habe sein Amt von der Gesamtheit der Brüder übertragen bekommen; jeder Einzelne habe ihm sein Recht «sich zu regieren» übertragen. Das Amt bedarf also nach Ansicht der lombardischen Armen ebenso wie auch später der französischen Waldenser keiner historischen Ableitung von den ersten Aposteln, sondern beruht auf der Entscheidung der Brüder[42]. Gewählt wird der Bischof aber nicht von einer Gemeinde, die auch die Freunde mitumfassen würde, sondern von den «Brüdern», also den Mitgliedern der Genossenschaft; vielleicht sogar nur von den Sandalenträgern, die nach Anselm von Alessandria nun zugleich Priester sind[43]. Damit ist aber auch klargestellt, daß der von der Gemeinschaft gewählte Bischof nicht als Stellvertreter Christi absolute Vollmachten besitzt. Der ganze dreifache «ordo» ist weniger hierarchischer Natur und Imitation der römischen Hierarchie, als vielmehr eine Neubelebung des neutestamentlichen Amtes auf der Grundlage der «societas fratrum»[44].

Auch die Priester lassen sich nicht mit den Priestern der römischen Kirche vergleichen, denn sie sind «Sandalenträger», und ziehen in Begleitung eines «socius» umher. Ebenso wie die Sandalenträger der französischen Waldenser nehmen sie kein Geld an und arbeiten auch nicht[45]. Nur da, wo es möglich ist, wohnen sie in kleineren Gruppen zusammen. Ob es um die Mitte des 13. Jahrhunderts noch Arbeitergenossenschaften gab, ist nicht sicher. Aber die beginnende Verfolgung hat solche Gemeinschaften auf die Dauer unmöglich gemacht. Man wird annehmen müssen, daß sich eine unauffälligere Form der Gemeinschaft durchgesetzt hat, wie sie bei allen häretischen Gruppen, die im Untergrund lebten, üblich war; die «perfecti» führten ein Wanderleben und wurden von ihren Anhängern beherbergt.

tum des Valdes weit von sich: «…fatemur enim eum fuisse presbyterum sacris ordinibus sacratum… (Döllinger, S.349). Vgl. unten S.128f.

[42] «Sciendum autem, quod quidam dixerunt, quod Valdesius ordinem habuit ab universitate fratrum suorum. Eorum autem, qui hoc dixerunt principalis auctor fuit quidam haeresiarcha pauperum Lombardorum Doctor perversus Thomas nomine; hoc autem probare taliter nisus est: Quilibet de illa congregatione potuit dare Valdesio jus suum, scilicet regere seipsum, et sic tota congregatio illa potuit conferre, et contulit Valdesio regimen omnium, et sic creaverunt illum omnium Pontificem, et Praelatum» (Moneta ebd. S.403).

[43] Anselm v. A. (AFP 20 (1950) S.319): «Item imponunt manus sacerdotes eorum et episcopus. Item de ordinibus ecclesie nil credunt, sed ipsi faciunt ordines inter se. Item sandaliati inter istos, quos vocant sacerdotes …»

[44] Die Eigenart des waldensischen Verständnisses des bischöflichen Amtes hat besonders Gonnet in seinem Aufsatz «Nature et limites de l'episcopat vaudois au Moyen Age» betont (Communio Viatorum 2 (1959) S.311–323; besonders S.321).

[45] Anselm v. A. AFP 20 (1950) S.319: «Item sandaliati inter istos, quos vocant sacerdotes, portant tantum unam tunicam et vadunt vel discalciati vel portant soleas vel calceos apertos desuper. Hii non possident pecuniam nec tangunt, sed alius pro eis . . . Et nota quod in magna parte habitant simul duo vel tres seu plures, sed in necessitate habitat unus solus.»

Was die Lebensweise und Gemeinschaftsform angeht, so haben sich die lombardi-schen Armen und die französischen Waldenser unzweifelhaft einander genähert[46]. Frauen gehören noch zum inneren Kreis der Sekte und dürfen auch predigen; ordiniert werden sie allerdings nicht. Die lombardischen Armen hatten ja schon in Bergamo 1218 deutlich erklärt, daß sie eine Konsekration durch Frauen ablehnen. Einzelne umherziehende Waldenserinnen entdeckt die Inquisition in Norditalien noch am Ende des 13. Jahrhunderts[47].

In einem Punkt bleibt der alte Gegensatz zu der französischen Stammgenossen-schaft aber weiter bestehen; es bleibt bei der grundsätzlichen Verwerfung der katholischen Kirche. Offenbar haben sich aber die «pauperes ultramontani», der italienische Zweig der französischen Stammgenossenschaft, hier dem Standpunkt der lombardischen Armen genähert, denn auch sie behaupten jetzt: «die römische Kirche ist nicht die Kirche Gottes sondern die Hure» (Apk. 17,1)[48]. Daß sich angesichts andauernder Verfolgung durch die katholische Kirche diese radikale Haltung zumindest in Italien durchsetzen konnte, ist nicht schwer zu verstehen.

Aber die Kehrseite dieser Haltung, der Anspruch selbst die «Kirche Gottes» zu repräsentieren, ließ sich unter den Bedingungen der Verfolgungszeit nur schwer realisieren. Weder eine Gemeindebildung noch eine eigene Sakramentsverwaltung waren möglich und die Anhänger waren somit gezwungen, die Sakramente auch bei «unwürdigen Priestern» zu empfangen[49].

Es war ein Kompromiß, wenn in der 2. Hälfte des 13. Jahrhunderts die lombardi-schen Armen Taufe und Beichte der katholischen Priester anerkannten und nur in der Frage der Eucharistie daran festhielten, daß nur ein von ihnen ordinierter Priester konsekrieren könne[50]. Aber nun ist offenbar später auch die Feier des Abendmahls bei den lombardischen Armen immer seltener geworden. In ihrem Brief an die österreichischen Waldenser (ca. 1368) müssen die Führer der lombardi-schen Armen sich gegen den Vorwurf wehren, viele von ihnen würden ohne Kommunion sterben. In ihrer Entgegnung weisen sie unter Hinweis auf Augustins

---

[46] So auch Thouzellier, S. 180.
[47] Reskript (Quellen, S. 30) Anselm v. A., a. a. O., S. 319: «Nec mulieres ordinantur, sed predicant; penitentiam tamen non dant.» 1294 wurde in Pavia eine «Malixia heretica pauperum de Lugduno» verhaftet (Biscaro, S. 505). Vor 1275 wurden in Padua zwei Waldenserinnen verhaftet (Guiraud II, S. 579).
[48] Anselm v. A. a. a. O., S. 318.
[49] Müller (S. 134) stellt im Blick auf die Frage einer eigenen Sakramentsverwaltung mit Recht fest: «Die französische Stammgenossenschaft hat hier die Grenzen des Möglichen viel richtiger erkannt.»
[50] Anselm v. A. a. a. O., S. 319: «Isti, ut dicebat (sc. der Lombarde Lugio), credunt quod nullus malus sacerdos possit sacrificare, tamen bene credunt quod possit baptizare et bonum consilium dare.» «Isti credunt quod nullus possit consecrare nisi sit sacerdos ab eis ordinatum . . .» (ebd.).

Auslegung von Joh. 6,57 f. darauf hin, daß wahre «Kommunion» in der inneren Übereinstimmung mit Christus und der Zugehörigkeit zur Kirche besteht und nur unter dieser Bedingung das Sakrament würdig empfangen wird[51]. Man spürt hinter dieser Argumentation, daß nun das ungelöste Problem der Sakramentsverwaltung umgangen werden soll.

Auch bei den lombardischen Armen dürfte nun die Beichte zum wichtigsten Verbindungselement zwischen den umherziehenden Sandalenträgern und ihren Freunden geworden sein. Obwohl sie nur als «bonum consilium dare» verstanden wird, also wohl keinen Zuspruch der Absolution beinhaltet, bleibt sie den ordinierten Priestern vorbehalten[52]. Radikaler als die französischen Waldenser sind die Lombarden auch in der Ablehnung kirchlichen Brauchtums; sie bekreuzigen sich nicht, und an Stelle des Kreuzeszeichens über den Speisen machen sie eine Handbewegung, deren Bedeutung uns nicht bekannt ist[53].

In Lebensweise und Gemeinschaftsform dürfte es seit der 2. Hälfte des 13. Jahrhunderts zwischen den Erben der französischen Stammgenossenschaft und den lombardischen Armen keine großen Unterschiede mehr gegeben haben. Die gleichen äußeren Bedingungen haben hier zu einer weitgehenden Vereinheitlichung geführt. Unter diesen Bedingungen war auch der Versuch der Lombarden «Kirche» zu sein zum Scheitern verurteilt. So wurde also der alte Gegensatz der beiden Gruppen von der geschichtlichen Entwicklung selbst überholt, wie sich vor allem bei den Waldensern in den kottischen Alpen und in Mitteleuropa zeigen wird. Die Namen «ultramontani» und «lombardi» erscheinen im 14. Jahrhundert nicht mehr; aber es scheint noch Nachkommen der lombardischen Armen gegeben zu haben, die in Beziehung standen zu Waldensern in Österreich, die einstmals von der Lombardei aus missioniert worden waren.

Wie der Briefwechsel von 1368 beweist, stellten diese italienischen Waldenser für ihre Brüder in Niederösterreich eine Autorität dar, die man in schwierigen Situatio-

---

[51] «Spiritualiter enim manducat, qui in unitate Christi et ecclesiae manet, quam unitatem sacramentum significat. Nam qui discordat a Christo, carnem Christi non manducat nec sanguinem bibit, quamvis tantae rei sacramentum ad judicium suum quotidie accipiat» (Döllinger II, S. 361) = z. T. wörtliches Zitat aus Augustins Traktaten zum Johannesevangelium (MPL 35, 1614). Zu diesem Brief und seinen Hintergründen vgl. S. 198.203.

[52] Anselm v. A. a. a. O., S. 319: «Item credunt quod nullus possit parcere nisi Deus, et dicunt quod homo sive sacerdos dat tantum consilium.»

[53] Anselm v. A. a. a. O. S. 318: «Isti (die «Ultramontani») bene signant se et omnia que commedunt, sed lonbardus non, sed tantum trahit manum desuper. «Auch der Passauer Anonymus berichtet: «... Item non muniunt se signum crucis.« Als Begründung dafür wird angegeben: «propter supplicium, quod Christus passus est in ea» (Quellen, S. 100). Dieselbe Begründung geben auch die Katharer für ihre Ablehnung des Kreuzessymbols: «si pater vel filius tuus esset suspensus, videresne libenter eum vel poneres ante te . . .» (Salvus Burce, ed. Ilarino da Milano, S. 327; Döllinger II, S. 73).

nen zu Rate zog[54]. Aber ob diese Nachkommen der lombardischen Armen überhaupt noch in der Lombardei zu suchen sind, ist sehr fraglich. Im 14. Jahrhundert befanden sich nämlich die Zentren des italienischen Waldensertums in Piemont und Apulien[55]. Auf jeden Fall verdeutlicht dieser Briefwechsel noch einmal die entscheidende Rolle der lombardischen Armen nicht nur für die Entstehung sondern auch für die weitere Entwicklung der Waldensergemeinschaften in Mitteleuropa.

[54] Zur Krise in der deutschen Waldensergemeinschaft, die der Anlaß war für diesen Briefwechsel, vgl. unten S. 128 f.

[55] Die Angaben des Flacius (S. 430) über Beziehungen böhmischer Waldenser zu Waldensern in der Lombardei noch in der ersten Hälfte des 14. Jahrhunderts haben sich zumindest teilweise als falsch erwiesen. Quelle für seine Angaben über Kollektensammlungen für die lombardischen Waldenser waren nämlich nicht Akten einer Inquisition in Böhmen und Polen um 1330, sondern ein Prager Inquisitorenhandbuch aus der ersten Hälfte des 14. Jahrhunderts. In dieses Handbuch war aus dem Sammelwerk des Passauer Anonymus ein Frageschema übernommen worden, das jene Kollektensammlung erwähnte (Patschovsky, Anfänge, S. 1–4).

2. KAPITEL: DIE WALDENSER IN DEN KOTTISCHEN ALPEN

a) Das Problem des Ursprungs

Nur in den Tälern der kottischen Alpen hat das Waldensertum bis in die Neuzeit überlebt. Aber wie und wann es sich dort ausgebreitet hat, das bleibt ein weitgehend ungelöstes Problem. Einer reichhaltigen legendarischen Überlieferung, die z. B. von einem «Exodus» der Waldenser unter der Führung des Valdes aus Frankreich in die Täler der Alpen zu berichten weiß, stehen nur wenige gesicherte historische Daten gegenüber[1].

Zu den wenigen sicheren Hinweisen auf die Präsenz von Waldensern in diesem Gebiet gehört ihre Erwähnung in dem bekannten Mandat von Kaiser Otto IV. vom Jahre 1210. Darin befiehlt der Kaiser dem Bischof von Turin, alle Waldenser und sonstigen Häretiker aus seiner Diözese zu vertreiben[2].

Ein weiterer Hinweis findet sich in den Statuten der Stadt Pinerolo; hier wird verfügt, daß jeder, der einen Waldenser oder eine Waldenserin beherbergt, eine Strafe von 10 solidi zu zahlen habe. Leider läßt sich nicht genauer sagen, wann zwischen 1220 und 1280 diese Bestimmung in die Statuten aufgenommen wurde. Immerhin, eines macht dieser kurze Hinweis deutlich: Umherziehende Waldenser und Waldenserinnen haben während des 13. Jahrhunderts in Pinerolo Aufnahme gefunden[3]. Daß ganze Familien von Waldenseranhängern nach dem Beginn der

---

[1] Comba, S. 296 f. Zu diesem Kapitel insgesamt vgl. man ebenfalls Comba (S. 296 ff.) und dazu die knappen Ausführungen von Boehmer (S. 821 f.). Einen kurzen Überblick über den neueren Forschungsstand bietet Molnár (Les Vaudois au Moyen Âge, S. 138–142).

[2] In diesem Mandat vom 25. März 1210 befiehlt der Kaiser dem Turiner Bischof: «. . . quatinus hereticos Valdelses (sic) et omnes, qui in Taurinensi diocesi zizaniam seminant falsitatis et fidem catholicam alicuius erroris seu pravitatis doctrina impugnant, a toto Taurinensi episcopatu imperiali auctoritate expellas» (MG Constitutiones t. 2, Hannover 1896, Nr. 36; S. 44 und Enchiridion, S. 142).

[3] Liber statutorum . . . civitatis Pinerolii, cap. 83: «De eo qui hospitaretur valdensem. Item statutum est quod si quis vel si qua hospitaretur aliquem vel aliquam valdensem vel valdensam se sciente in posse Pinerolii dabit bannum solidorum decem quotiescunque hospitaretur.» (Neue Ausgabe von Dina Segato in: Historiae Patriae Monumenta, t. 20, Leges municipiales t. 4; Augustae Taurinorum 1955, c. 50.) Nach Angabe der Herausgeberin ist es kaum möglich festzustellen, welche Bestimmungen der vorliegenden Fassung der Statuten von 1280 der Urfassung von 1220 zuzurechnen sind und welche erst nach 1220 eingefügt wurden (ebd. c. 14).

Albigenserkriege aus Südfrankreich in die Alpen geflohen seien, dafür gibt es keine Belege. Auch die Namen jener, die von der Inquisition seit dem Ende des 13. Jahrhunderts verurteilt wurden, deuten nicht auf eine französische oder lombardische Herkunft. Vielmehr muß man aus den wenigen sicheren Hinweisen den Schluß ziehen, daß sich das Waldensertum durch die Mission unter der schon lange hier ansässigen Bevölkerung ausgebreitet hat[4]. Wahrscheinlich ist, daß diese Missionstätigkeit zu Beginn des 13. Jahrhunderts einsetzte und bis zum Ende dieses Jahrhunderts im wesentlichen unbehindert andauerte. Erst spät, im letzten Jahrzehnt des 13. Jahrhunderts, beginnt hier die Inquisition zu wirken, ohne daß sie eine weitere Ausbreitung der Sekte verhindern konnte. So treten um 1330 neben die schon bekannten Waldenserorte im Val Perosa, Pragelato, Val Angrona, im Briançonnais und Val Luserna auch Orte am Rande des Gebirges wie Giaveno, Coazze und Valgioie im Tal des Sangone[5].

b) Die äußeren Bedingungen für den Erfolg der waldensischen Mission

Schon vor dem Beginn der Verfolgungen haben waldensische Missionare auch in ländlichen Gebieten gewirkt. Gerade die lombardischen Armen, die sehr viel stärker in das politische und wirtschaftliche Gefüge der Städte integriert waren als die französische Stammgenossenschaft, haben die waldensische Mission in den ländlichen Gebieten Niederösterreichs angeregt, gefördert und damit auch entscheidend geprägt[6]. Auch die französischen Waldenser haben wohl schon zu Beginn des 13. Jahrhunderts in der Franche-Comté Fuß gefaßt. Man darf sich also von dem Bild, das die Quellen zeichnen, nicht täuschen lassen. Natürlich erregt das Auftreten

---

[4] So mit Recht Haupt (Neue Beiträge, S. 57–61) gegen Comba (S. 305 ff.). Als Beleg für seine These, daß die waldensischen Missionare aus der Lombardei gekommen seien und zu den lombardischen Armen gehört hätten, kann Haupt aber nur die Inquisitionsakten von 1387 anführen (ebd.). Aus den Akten der Inquisition von Giaveno 1335 geht nicht hervor, daß die piemontesischen Waldenser von den lombardischen Armen abhängig gewesen wären, oder Beziehungen zu Waldensern in der Lombardei unterhalten hätten (s. u. S. 90).

[5] Zu den Anfängen der Inquisition vgl. Comba (s. 321 f., 326 ff., 353 ff.) und Jean Marx, L'inquisition en Dauphiné (Paris 1914, S. 1–26). Weitere Quellenstücke, die bei Comba noch nicht berücksichtigt wurden, finden sich bei F. Gabotto, Valdesi, Catari e Streghe, in Piemonte (Bulletin de la société d'histoire Vaudoise, 18, Torre Pellice 1900, S. 3–20) bei Biscaro, a. a. O. S. 545–548, und vor allem in den von Kaeppeli angezeigten Inquisitionsakten von Giaveno 1335 (Un processo contro i valdesi di Piemonte, Riv. d. Storia della chiesa in Italia, Bd. 1 (1947), S. 285), auf die ich später noch ausführlich eingehen werde (s. unten S. 125 ff.).

[6] Vgl. u. 95, 120, 126.

von Wanderpredigern auf dem Marktplatz einer Stadt mehr Aufsehen als auf dem Dorfplatz und wird deshalb auch eher von den Chronisten festgehalten[7].

Schon bevor also in den dreißiger Jahren überall die Verfolgung begann und die Waldenser endgültig von den Straßen und Plätzen der großen Städte verschwanden, dürften viele Bewohner von Dörfern und Kleinstädten die Predigt der Waldenser gehört, sie beherbergt und auch sonst untersützt haben. Auch in den Tälern der kottischen Alpen waren waldensische Wanderprediger wohl schon vor dem Beginn der großen Verfolgung tätig, denn diese Täler sind keineswegs abgelegen. Die Verbindungswege zwischen Südfrankreich und der Lombardei führen durch das Tal der Durance über den Mont Genèvre in das Tal der Dora Riparia oder des Chisone und berühren also die Waldensergebiete. Kaufleute und Pilger, nicht zuletzt aber auch Katharer und Waldenser haben diese Wege benutzt und dabei wohl schon früh die dort ansässige Bevölkerung in Berührung gebracht mit jenen religiösen Ideen, die damals in den Städten der Provence und der Lombardei die Gemüter bewegten[8]. Dazu kam noch, daß ein Teil der Bevölkerung von der Viehzucht lebte und daher ein halbnomadisches Leben führte; den Sommer über lebte man auf den Hochweiden, im Winter dagegen hielt man sich in den tiefer gelegenen Tälern auf, manche verbrachten ihn sogar in der Lombardei oder Provence. Gerade die Viehzucht stellte nun auch wirtschaftliche Beziehungen zu den städtischen Zentren in der Lombardei und Provence her; ganze Viehherden wurden auf die fetten Hochweiden getrieben, um mit dem Ende des Sommers wohlgemästet in die Ebene zurückzukehren[9]. Man muß sich also von dem Gedanken trennen, als seien jene Bauern und Hirten «Hinterwäldler» ohne Verbindung zu den städtischen Zentren gewesen. Die wirtschaftliche Lage der Bevölkerung kann nicht schlecht gewesen sein, da bis ins 14. Jahrhundert eine Zunahme der Bevölkerung und eine Ausweitung des kultivierten Landes festzustellen ist[10]. Mit günstigen Angeboten versuchten Feudalherren auf der piemontesischen Seite Siedler anzuwerben. Wir wissen nicht, woher diese Siedler

---

[7] Vgl. o. S. 30 ff.

[8] Zu den Verbindungswegen zwischen Südfrankreich und der Lombardei vgl. Sclafert, S. 109. Seit dem Beginn der Verfolgung in Südfrankreich und bis zum Beginn des 14. Jahrhunderts sind südfranzösische Katharer in die Lombardei geflohen; piemontesische Städte wie Chieri u. Cuneo bildeten dabei eine Zwischenstation auf dem Wege nach Pavia, Genua und Piacenza (Biscaro a. a. O. S. 458). Von der Flucht südfranzösischer Waldenser in die Lombardei ist nichts bekannt, wohl aber muß es vielerlei Kontakte zwischen Waldensern in Südfrankreich und der Lombardei gegeben haben. Das ist schon deshalb wahrscheinlich, weil es in Norditalien Waldensergruppen gab (die «Ultramontani»), die sich weiterhin zur französischen Stammgenossenschaft gehörig fühlten. Ein Beispiel für Kontakte dieser Art ist die Italienreise des Raimundus de Costa mit dem «maior» Johannes von Lothringen zu Beginn des 14. Jahrhunderts (Reg. Pamiers, ed. Duvernoy I, S. 100).

[9] Sclafert, S. 92. 95.

[10] Comba, S. 279.

kamen, aber es waren offenbar Leute aus den hochgelegenen und unwirtlichen Gebieten des Queyras mit dabei[11]. Jene Gemeinden, die dem «Bund von Briançon» angehörten, der mit einer gewaltigen Geldsumme an den Dauphin sich von allen feudalen Abgaben und Pflichten befreite, scheinen ausgesprochen wohlhabend gewesen zu sein[12].

Aber dieser wirtschaftliche Aufschwung war und blieb mit der Landwirtschaft verknüpft und führte daher nicht zur Gründung städtischer «Kommunen». Auch Pinerolo konnte sich nur mit Hilfe der Grafen von Savoyen von der Herrschaft der Abtei Santa Maria befreien und erlangte somit nicht die Unabhängigkeit[13]. Gerade die großen Abteien wie Santa Maria in Pinerolo, San Michele di Chiusa, die Propstei von Oulx und die Zisterzienserklöster von Staffarda und Casanova hatten bislang in der politischen und ökonomischen Geschichte des Piemont eine bedeutende Rolle gespielt. Im 13. Jahrhundert begann aber schon der Niedergang der Benediktinerabteien und bald danach folgten ihnen die Zisterzienser. Der Mangel an Geld und Arbeitskräften zwang die Mönche dazu, immer mehr Land gegen geringe Abgaben zu verpachten[14].

Dennoch gehörte auch in dieser Zeit des Niedergangs noch fast das ganze Val Perosa der Abtei von S. Maria in Pinerolo[15], und auch den Einwohnern von Giaveno gelang es nicht, die Herrschaft des Abtes von San Michele di Chiusa abzuschütteln[16]. Aber auch die Bevölkerung der tiefer gelegenen Orte, der es nicht gelang, das Joch

[11] Sclafert, S. 602.

[12] Ebd. S. 127 f. Zu diesem Bund von ländlichen «Kommunen» gehörten auch «Waldenserorte» wie Usseaux, Fenestrelle, Pragelato und Mentoulles, die sich 1345 von der Inquisition loskauften. Das Geld wurde an den Dauphin gezahlt, der auf diese Art seine prekäre finanzielle Lage aufzubessern gedachte (Comba a. a. O. S. 330 f.). So heißt es in der Abrechnung des Kastellans: «Item recepit ab universitate sive parochia Mentollanum, pro composicione facta cum ipsis per manus fratris Ruffini pro ratione inquisitionis haereticae pravitatis, duecentos florenos Florentiae, valent decem libras grossorum» (F. Gabotto, Roghi e Vendette, Pinerolo 1898 S. 54). Nach Cibrario (Della economia politica . . ., Bd. 3, Torino 1841, S. 354) kostete 1352 eine Kuh 3 «floreni».

[13] 1220 erklärten sich die Bürger von Pinerolo zu Untertanen des Grafen Thomas I. von Savoyen und versuchten auf diese Weise sich der Herrschaft des Abtes zu entziehen. Ein 1224 unternommener Versuch, auch die Herrschaft der Grafen von Savoyen abzuschütteln, scheitert 1245 endgültig. Seit 1295 ist die Stadt dann Residenz der Fürsten von Acaia, einer Nebenlinie des Hauses Savoyen (D. Carutti, Ricordi di casa savoia in Pinerolo, S. 195–204. In: Studi Pinerolesi, ed. B. Vesme, F. Gabotto u. a., Pinerolo 1899).

[14] F. Gosso, Vita economica delle abbazie piemontesi (sec. X–IV), Rom 1940 (= Analecta Gregoriana vol. 22) S. 116., 155 f., 124.

[15] Comba, S. 310, Anm. 1.

[16] Zur Geschichte der Abtei S. Michele vgl. Ph. Schmitz in DHGE, t. 13, Paris 1956, S. 176–178 und zu Giaveno vgl. man G. Claretta, Il comune di Giaveno nel medio evo, in: Atti della Reale Accademia delle scienze di Torino, vol. XXI 1885–1886, S. 507–530.

der Feudalherrschaft loszuwerden, hat ihre Rechte zu verteidigen gewußt. Die Lebensbedingungen und die gemeinsamen Kämpfe gegen Feudalherren und Klöster schufen wie bei anderen Bergvölkern ein starkes Solidaritätsbewußtsein[17]. Die Inquisition hat den hartnäckigen Widerstand der Bevölkerung zu spüren bekommen, obwohl vermutlich nur eine Minderheit direkt von der Ketzerverfolgung betroffen war[18]. So wurde um 1332 der Inquisitor Albert von Castellario mit Waffengewalt an der Ausübung seines Amtes gehindert. Der Pfarrer von Angrogna, den man verdächtigte, mit dem Inquisitor zusammenzuarbeiten, wurde nach dem Gottesdienst auf offener Straße ermordet[19]. Bei der Unterstützung der Inquisition hielten sich die weltlichen Herren auffallend zurück. Vielleicht wagten sie es nicht, sich mit der Bevölkerung zu verfeinden, vielleicht lag es aber auch daran, daß für sie aus dem Vermögen der verurteilten Ketzer wenig zu gewinnen war; die Mehrzahl der Verurteilten verfügte wohl nur über einen bescheidenen Besitz. So zog es der Dauphin Humbert vor, von einigen «Waldenserorten» eine Geldsumme zu fordern, mit deren Hilfe er den Inquisitor abfinden und seine eigenen Finanzen aufbessern konnte[20]. Daß die Inquisition ohne die tatkräftige Unterstützung weltlicher Herren in diesem unwegsamen Gebiet und gegen den hartnäckigen Widerstand der Bevölkerung nur wenig ausrichten konnte, leuchtet ein. Der Mißerfolg der Ketzerbekämpfung in diesem Gebiet war aber auch darin begründet, daß die Kirche hier ausschließlich mit Gewalt und nicht auf dem Wege über eine innere Erneuerung die Ketzer bekämpfte. Erst spät, zu Beginn des 15. Jahrhunderts, hat der Dominikaner Vinzenz Ferrier versucht, als Wanderprediger die Ketzeranhänger zur Kirche zurückzuführen[21].

c) Die Inquisition in Giaveno 1335

Schon 1947 hat T. Kaeppeli auf die Handschrift cod. II 64 des Generalarchivs der Dominikaner in Rom aufmerksam gemacht. Sie enthält die gesamten Akten einer Inquisition, die der Dominikaner Albertus de Castellario de Cuneo in Giaveno 1335

---

[17] Sclafert, S. 112 f., 161.
[18] Auf diesen «Solidarisierungseffekt» hat Marx, a. a. O. S. 9 hingewiesen.
[19] Davon berichtet Papst Johannes XXII. an den Inquisitor Johannes de Badis in einem Brief vom 8. Juli 1332 (Mollat/Lesquen, Jean XXII., Lettres communes, t. 11, Paris, 1930 Nr. 57719 und Raynaldi Annales zum Jahre 1332, Nr. 31).
[20] Vgl. o. Anm. 12.
[21] Nur in Pinerolo gab es im 13. Jahrhundert einen Franziskanerkonvent und ein Humiliatenhaus (F. Gabotto, Cartario di Pinerolo, Pinerolo 1899, S. 223.242.269). Das Bild der Kirche in der Öffentlichkeit war also noch bestimmt von den großen Abteien. Zu Vinzenz Ferrier vgl. Comba, S. 345 ff.

durchgeführt hat[22]. Es handelt sich also um denselben Inquisitor, der 1332 oder früher dem vereinten Widerstand der Bevölkerung des Val Luserna oder Val Angrogna weichen mußte. 1335 ist er nun in einem Gebiet außerhalb der eigentlichen Waldensertäler tätig; Giaveno liegt 20 km westlich von Turin am Fuß der kottischen Alpen und ist offenbar erst seit wenigen Jahren Missionsgebiet der Waldenser. Residenz des Inquisitors ist das Kastell von Giaveno, und hier findet auch der Prozeß statt. Hierher müssen die Zeugen und Angeklagten aus den umliegenden Ortschaften wie Coazze, Valgioie, Villanova, Sala, Buffa und Folatono kommen[23]. Am Prozeß nehmen außerdem noch teil Johannes de Revello OP als Gehilfe des Inquisitors, als Zeuge und Foltermeister der Kastellan von Giaveno Perroneto Capponi und als weitere Zeugen der Abt von S. Michele della Chiusa Rudolph de Mombello und weitere Mönche derselben Abtei[24].

Der Prozeß beginnt am 20. Januar 1335 mit der Einvernahme von Zeugen, darunter den Pfarrern von Giaveno, Coazze und Valgioie und des Johannes de Briqueyrasio, Priesters und Kanonikers vom Mont Cenis[25]. Die feierliche Eröffnung des Verfahrens findet aber erst am 29. Januar während der Messe in der Kirche von S. Lorenzo zu Giaveno statt. Dabei fordert der Inquisitor dazu auf, alle verdächtigen Personen anzuzeigen; allen Waldenseranhängern, die innerhalb von 3 Tagen (tempus gracie) ein volles Geständnis ablegen, wird Straffreiheit zugesichert. Aber diese Aufforderung hat nur wenig Erfolg; es melden sich nur zwei Zeugen[26]. Dessen ungeachtet läßt der Inquisitor am 3. Februar die erste Gruppe von Verdächtigen vorladen und verhören. Da diese aber jede Verbindung mit den Waldensern ableugnen, läßt er den Johannes Gauterii, der am stärksten verdächtigt war, sowie

---

[22] T. Kaeppeli, un processo contro i valdesi di piemonte (Giaveno, Coazze, Valgioie) nel 1335; in: Rivista di storia della chiesa in Italia I (1947) S. 285–291. Durch die Güte von P. Vladimir Koudelka OP war es mir während eines Studienaufenthalts in Rom möglich, diese Handschrift einzusehen. Dies schien mir um so wichtiger zu sein, als die Waldenserforschung von dieser Handschrift bislang nur über den Aufsatz von T. Kaeppeli Notiz genommen hat. Der Beschreibung bei Kaeppeli (ebd. S. 286) wäre noch hinzuzufügen, daß es sich um eine Kopie der Originalakten handelt, die dem Inquisitor selbst oder seinem Gehilfen als Handexemplar diente, wie die Randbemerkungen zeigen. In der Zwischenzeit hat Grado G. Merlo im Anhang seines Buches «Eretici e Inquisitori nelle Società Piemontese del Trecento» (Turin, 1977) die Inquisitionsakten von 1335 zusammen mit den ebenfalls bislang unveröffentlichten Akten einer Inquisition von 1373 herausgegeben. An den Stellen, wo ich seiner Lesart folge, weise ich darauf hin.

[23] Vgl. o. S. 79 und Kaeppeli, ebd. S. 286.

[24] Cod II 64, fol. 1v. 11v. 30v; dazu Kaeppeli, S. 286 f. Wie schon erwähnt (s. o. S. 78), gehörte Giaveno der Abtei S. Michele.

[25] Ebd. fol. 1r–8v. Unter den Belastungszeugen befindet sich auch die Waldenseranhängerin Ermenjona aus Pinnasca im Val Perosa, die vom Inquisitor auf dem Kastell von Giaveno gefangengehalten wird; ebd. fol. 6r–6v.

[26] Ebd. fol. 9r–10v.

vier andere foltern. Auf diese Weise kommt das Verfahren in Gang und ca. 48 Personen, darunter 18 Frauen, legen ein Geständnis ab, leisten den Abschwur und bekommen eine Buße auferlegt[27]. Am schwersten ist die Buße für den schon erwähnten Johannes Gauterii. Er muß ein Jahr lang auf seiner Kleidung die Kreuze tragen, an allen Sonn- und Festtagen die Messe besuchen und anschließend auf dem Kastell erscheinen, jedes Jahr dreimal barfuß zur Abtei von S. Michele wallfahren (3 Jahre lang), ebenfalls 3 Jahre lang jeden Freitag bei Wasser und Brot fasten und außerdem die bedeutende Summe von 15 viennesischen Pfunden zugunsten der Kirche und der Inquisition bezahlen. Das Urteil stellt außerdem fest, daß in der Verschonung von lebenslanger Kerkerhaft eine besondere Gnade zu sehen sei[28]. Härter als er wird keiner bestraft, was damit zusammenhängen mag, daß hier nur bußfertige Anhänger vor Gericht stehen und die am stärksten Belasteten vor Gericht gar nicht erschienen sind[29]. Die Verhörpraxis entspricht dem üblichen Schema bei Massenprozessen gegen Ketzeranhänger. Der Inquisitor sammelt Beweismaterial gegen die Waldenser und ihre Anhänger, ist aber an einer genaueren Kenntnis waldensischer Lehre und waldensischen Lebens nicht interessiert. So werden den Verdächtigen schon fertig formulierte Listen von Irrtümern vorgelegt und diese müssen nur noch sagen, ob sie diese Lehren gehört und geglaubt hätten oder nicht[30].

d) Antiklerikalismus und häretische Radikalisierung
bei den piemontesischen Waldensern

Die Argumente der waldensischen Missionare fanden überall da geneigte Hörer, wo die religiöse Haltung und die Stellung zur Kirche nicht mehr überlieferter Gewohnheit entsprachen, sondern problematisch geworden waren. Die Veränderung der Lebensverhältnisse betraf auch die ländliche Bevölkerung. So war an die Stelle der alten patriarchalischen Bindung an den Grundherrn ein Verhältnis auf der

---

[27] Zur Anwendung der Folter wird in den Akten ausdrücklich festgehalten (Fol. 15v): «Et quia dictus Johannes famam Publicam habebat de Valdesia et testatam. Ideo supradictus inquisitor de consilio domini abbatis precepit castellano Javenni ut ab ipso Johanne extorqueret veritatem, servando in omnibus constitutionem domini Clementis pape quarti.» Es müssen wohl die Bestimmungen von Papst Clemens IV. gemeint sein, die dieser auf dem Konzil von Vienne 1301 erlassen hatte, und die eine mißbräuchliche Anwendung der Folter verhindern sollten (vgl. Lea I, S. 474).
[28] Cod II 64, fol. 105v–106r.
[29] So sind z. B. Marguerita Borsetta, Marguerita de prato Jalato (Pragelato) und Villemus de Oddo, die der Sekte viele Anhänger zuführten, geflohen (vgl. unten S. 85).
[30] Sehr viel interessanter als die Verhöre der Waldenseranhänger sind die Aussagen der Zeugen. Sie können zwar selten genaue Angaben machen, aber ihre Aussagen geben immerhin wieder, was man im Volk den Waldensern zuschrieb (vgl. unten S. 82 ff.).

Grundlage eines Vertrages getreten. Es war nun möglich, oft sogar notwendig, die Heimat auf der Suche nach besseren Lebensbedingungen zu verlassen. Der vergrößerten Mobilität entsprach nun eine Erweiterung des geistigen Horizonts. Auch Bauern und Hirten kamen somit in Berührung mit jenen kirchenkritischen Ideen, die unter der Stadtbevölkerung schon lange verbreitet waren[31].

Auch einfache Leute sehen nun in der Verquickung von politischer und wirtschaftlicher Macht mit dem geistlichen Anspruch, wie er sich in der Machtstellung der großen Abteien ganz konkret ausdrückte, einen Widerspruch. In diesen Zusammenhang gehören jene antiklerikalen Aussagen, die in unserem Prozeß den Waldensern zugeschrieben werden. So soll ein gewisser Andreas Saccherii gegenüber dem Priester und Kanoniker Johannes von Briqeyras ganz offen erklärt haben: «Ihr Priester habt die Bilder (der Heiligen) deswegen gemacht, um unseren Besitz an euch zu bringen.» Andere drücken sich nicht weniger deutlich aus; auf die Frage, warum sie die Heiligenbilder nicht verehren wollen, antworten sie: «Weil die Priester diese Bilder mehr des zeitlichen Nutzens als der Frömmigkeit wegen machen und gemacht haben[32].»

Die Ablehnung der Bilder- und Heiligenverehrung konnte also nicht nur biblisch begründet werden, wie das bei den Waldensern selbst üblich war[33]. Im Hintergrund dieser Argumentation steht vielmehr das Mißtrauen und der Haß gegenüber dem Klerus, den die Waldenser mit ihrer Predigt wohl verstärkt haben, der aber auch unabhängig von ihrem Wirken in weiten Kreisen der Bevölkerung vorhanden war[34]. Der Antiklerikalismus ist eine der Voraussetzungen für den Erfolg der waldensischen Mission, muß aber nicht notwendig die Konsequenz nach sich ziehen, daß jemand sich mit den religiösen Zielen der Sekte identifiziert. Zuweilen steht dieser Antiklerikalismus sogar in offenem Widerspruch zu den erklärten Grundsätzen der Waldenser; das gilt z.B. für jene Aussagen, in denen von einer gewaltsamen Vertreibung des Klerus die Rede ist. Ein Zeuge will gehört haben: «Jene vom neuen

---

[31] Vgl. dazu oben S. 77 ff.

[32] «Dominus Johannes de briqueyrasio sacerdos et canonicus montiscenisii... dixit se audivisse ab andreas saccherii de javeno... Et deridebat (Andreas) ymagines sanctorum, dicendo, ipsi qui loquitur, vos sacerdotes fecistis ymagines ad extorquendum a nobis bona nostra» (Cod. II 64 fol. 2v). «Hugonetus de molario... dixit se audivisse a Johanne filio hendrieti dudrucis cuiusdam et filio michaelis... nos noluimus adorare picturas, que sunt in parietibus, quia sacerdotes fecerunt et faciunt picturas magis propter utilitatem temporalem quam propter devocionem» (ebd. fol. 5r–v Merlo, S. 166 f.).

[33] Vgl. z.B. den Waldensertraktat des Passauer Anonymus: «Ymagines et picturas dicunt ydolatrias; Exo. (20,4): Non facies tibi sculptile nec ymagines» (Quellen S. 96).

[34] Dupré Theseider hat in seiner Studie «L'eresia a Bologna» an praktischen Beispielen aus Inquisitionsaussagen gezeigt, wie verbreitet antiklerikale Anschauungen unter allen Schichten der städtischen Bevölkerung zu Beginn des 14. Jahrhunderts waren und nicht nur unter denen, die einer bestimmten Sekte zuzurechnen sind (S. 442–444).

Glauben» – so nennen die Waldenseranhänger unter anderem ihre Sekte – «hätten sich so vermehrt und würden sich weiter so vermehren, daß sie Priester und Kleriker aus ihrer Heimat vertreiben würden[35].» Ähnliche radikale Thesen werden ja auch aus dem Umkreis des österreichischen Waldensertums im 13. und 14. Jahrhundert berichtet[36]. Hier wie dort befindet sich das Waldensertum in einer Position der Stärke und die gewaltige Ausbreitung der Sekte mag unter Anhängern und Sympathisanten diese Hoffnungen geweckt haben. Aber ob dieser gewaltsame Antiklerikalismus bei dem Kern der Sekte vorhanden war und welche Rolle er im Gesamtzusammenhang des waldensischen Selbstverständnisses spielte, läßt sich wohl kaum mit Sicherheit beurteilen. In den Aussagen der Waldenseranhänger selbst begegnen uns solche Anschauungen auf jeden Fall nicht. Vielleicht spielt dabei eine Rolle, daß die Angeklagten ihre Position nicht noch verschlechtern wollten. Aber im Kern dürfte doch entscheidend sein, daß ein radikaler, ja revolutionärer Antiklerikalismus mit dem Selbstverständnis der Waldenser nicht vereinbar war; die Rolle der verfolgten Minderheit war für sie mehr als nur schicksalhaft gegeben, sie entsprach vielmehr dem Anspruch, die reine, ursprüngliche Jüngergemeinde und Kirche zu repräsentieren, zu deren Wesen es gehörte Verfolgung zu erleiden[37].

Ein anderes Problem der Inquisitionsakten von Giaveno stellen jene Zeugenaussagen dar, die den Waldensern Zweifel an der Realpräsenz Christi im Abendmahl und an der Inkarnation vorwerfen. Die Zweifel an der Wirksamkeit des Altarsakraments sind also nicht wie bei den lombardischen Armen donatistisch begründet, wie man zunächst vermuten könnte. Ein Zeuge will von Martinus Ysabellanus gehört haben: «quod deus non descendit in hostia illa, quam sacerdos elevat». Und ein anderer soll den Gedanken abgelehnt haben, daß Gott sich so erniedrigt habe, Mensch zu werden[38]. Auch diese Aussagen werden durch die Verhöre der Waldenseranhänger selbst nicht bestätigt. Aber es spricht doch einiges dafür, daß sie in der Sekte verbreitet waren. Schon 1332 hatte Papst Johannes XXII. in seinem schon zitierten Brief an den Inquisitor von Marseille, Johannes de Badis, dem Waldenser

---

[35] «. . . quod illi de fide nova sunt ita multiplicati et ita multiplicabuntur, quod expellent sacerdotes et clericos de patria» (Cod II 64, fol. 5v).

[36] Vgl. unten S. 99.

[37] Vgl. dazu die Legende unten S. 87 f. Daß auch unter den piemontesischen Waldensern die Anwendung von Gewalt grundsätzlich abgelehnt wurde, beweist folgende Aussage eines Zeugen, der mit einem Anhänger der Sekte unterwegs war (ebd. fol. 10v Merlo, S. 171): «Et cum sic irent per viam invente sunt quoddam ferrum lancee in pulvere. et ipse qui loquitur ferrum illud elevavit et accepit. Et tunc dictus Johannes de Castaygno dixit sibi: si tu esses de secta nostra tu nullo modo accepisses ferrum istud.»

[38] Cod. II 64, fol. 4v (Kaeppelli, Un processo S. 291 Anm. 20) und ebd. fol. 5r (Kaeppelli ebd. Anm. 19): «Creditis vos, quod magnus pater de celo descendisset recipere carnem humanam, quia magnus pater non tantum humiliaret se» (Merlo, S. 166).

Martinus Pastre vorgeworfen, er würde «contra incarnationem Filii Dei et essentiam corporis Christi in sacramento altaris» predigen[39]. Eben dieser Martinus Pastre hat aber noch 1334 in Giaveno Anhänger der Waldenser besucht[40]. Hier sind also katharische Lehren in das Waldensertum eingedrungen, ein Phänomen, das uns im weiteren Verlauf des 14. Jahrhunderts unter den piemontesischen Waldensern verstärkt begegnet[41].

Der eigentliche Grund für dieses Eindringen katharischer Lehren liegt nun aber vor allem darin, daß die waldensische Haltung gegenüber der Eucharistie immer unklar gewesen ist. Eigene Eucharistiefeiern waren in der Verfolgungssituation kaum möglich, und da man der kirchlichen Sakramentsverwaltung kritischer gegenüber stand als z. B. die französischen Waldenser, lag es nahe, jenes Sakrament überhaupt abzuwerten, das in der kirchlichen Frömmigkeit eine so zentrale Rolle spielte[42].

e) Die Mission der Waldenser in Giaveno und Umgebung

Allem Anschein nach werden Giaveno und die anderen Orte in seiner Nachbarschaft erst seit ungefähr 1330 von den Waldenserpredigern regelmäßig besucht[43]. Es handelt sich hier also um ein Missionsgebiet der Sekte und das gibt uns die Möglichkeit, etwas über die Missionspraxis der Waldenser zu erfahren. Außerhalb ihres eigentlichen Zentrums in den Tälern der kottischen Alpen können sich die Wanderprediger hier nicht sicher fühlen; als Fremde können sie es nicht wagen, sich tagsüber auf den Straßen zu zeigen. Bei Nacht werden sie von ortskundigen Anhängern zu jenem Haus oder jener Scheune gebracht, in denen die Versammlungen

---

[39] Vgl. unten S. 90.

[40] Cod. II 64, fol. 64v (Merlo, S. 218).

[41] Ganz deutlich wird das in den piemontesischen Inquisitionsakten aus den Jahren 1373 und 1387–1389, die in der Handschrift 3217 (früher D III 18) der casanatensischen Bibliothek in Rom enthalten sind. Auszüge aus diesen Akten finden sich bei Döllinger (Beiträge II, S. 251–273) und eine leider unvollständige Ausgabe wurde von Amati besorgt (Archivio storico italiano, serie terza, tom. I parte II (1865) S. 16–52 und tom. II parte I (1865) S. 2–45). Eine vollständige und zuverlässige Ausgabe dieser für die mittelalterliche Sektengeschichte höchst bedeutsamen Quelle, fehlt also noch. Zum Phänomen des Synkretismus vgl. Gonnet, Casi di sincretismo ereticale BSSV Nr. 108 (1960) S. 3–36, und Molnár, Les Vaudois au Moyen Âge, S. 141 f. Die Akten von 1373 hat Merlo nun ebenfalls herausgegeben (S. 259–283).

[42] In anderer Weise haben die lombardischen Armen in ihrem Brief an die österreichischen Waldenser dieses Problem zu lösen versucht (vgl. o. S. 72 f.).

[43] Mit Ausnahme des Johannes Gauterii hatte keiner der fast 50 verurteilten Anhänger länger als 5 Jahre Verbindung zu den Waldernsern.

stattfinden[44]. Die Prediger wagen es auch nicht selbst, jemanden anzusprechen und für die Sekte zu gewinnen; das ist vielmehr Aufgabe einzelner Anhänger. Sie sind es, die im Kreis ihrer Verwandten und Bekannten dazu einladen, zu einer Versammlung zu kommen und jene geheimnisumwitterten «guten Menschen» kennenzulernen. Unter diesen missionarisch tätigen Anhängern ist an erster Stelle jener Johannes Gauterii zu nennen; aus Villereot im Val Perosa stammend, hatte er schon seit 1327 Kontakt zu den Waldensern und ist vermutlich deswegen nach Giaveno gekommen, um hier für die Sekte zu werben. Seine soziale Herkunft ist uns bekannt: er ist Knecht des Villelmus Dominici[45]. Der Anteil der Frauen unter den verurteilten Personen ist gering. Er beträgt nur ein Drittel, und da sich unter den Wanderpredigern keine Frauen befinden, könnte man auf eine geringe Bedeutung der Frauen innerhalb der Sekte schließen. Aber dieses Bild täuscht, denn es sind nicht zuletzt auch Frauen, die für die Sekte missionarisch tätig sind[46]. Eine wichtige Aufgabe kam schließlich auch Palmerius Goytrat zu. Er führte den Waldenser Franciscus und seinen Begleiter (socius) Peyretus von Coazze zu einigen verstreut lebenden Anhängern, die aus bekannten Waldenserorten stammend nun in einigen piemontesischen Städten wie Avigliana (nordwestl. Turin) und Cumiana (nordöstl. Giaveno) lebten. Der Aktionsradius der piemontesischen Waldenser war also weiter gesteckt, als man zunächst annehmen könnte[47]. Und auch hier wird wieder deutlich, daß die Ausbreitung des Waldensertums auf «natürlichem Wege» geschieht; sie folgt der Richtung der Bevölkerungsbewegungen insgesamt[48].

Wie geschieht nun konkret die «Einführung» von Neulingen in die Sekte und auf welche Weise wird für sie geworben? «Ego hostendam tibi aliquos bonos homines» und «Ego hostendam tibi qui melius absolvit te quam sacerdos»; mit solchen Worten wird das Interesse geweckt, jene geheimnisvgllen Leute, von denen man

---

[44] So wird Martinus Pastre von Johannes Gauterii und Stephanus Bet in der Nacht von Valgioie nach Selvagio geführt (Cod. II 64, fol. 16r). An den Versammlungen nehmen offenbar immer nur wenige Personen teil; so versammeln sich bei Amedeus in Valgioie noch dessen Bruder, 2 Frauen und die o. g. Johannes Gauterii und Stephanus Bet (ebd.). Eine größere Zahl hätte sicher Aufsehen erregt. Auch in einer Scheune (grangia) des Anselmus de Primo sollen Waldenser gepredigt haben (ebd. fol. 4v). Natürlich gab diese Heimlichkeit Anlaß zu Gerüchten; so behauptet der Zeuge Hugonetus de Molario, in Villanova würde die Versammlung in einem unterirdischen Haus stattfinden («... tenetur sinagoga in quadam domo sub terra.» Ebd. fol. 6r). Die Neulinge bei der Versammlung werden gebeten, die Waldenser nicht zu verraten (Johannes de bonaudo ... dicti valdenses rogabant eum ut non accusaret eos.» Ebd. fol. 45r).

[45] Vgl. ebd. fol. 15v–19r. Als Buße wird ihm erstaunlicherweise auch die Bezahlung einer größeren Geldsumme auferlegt (fol. 105v–106r). Vgl. o. S. 81.

[46] Marguerita Borsetta führte z. B. den Johannes de Bonaudo (fol. 44r), Petrus de Oddo (fol. 51v), Johannes Martini (fol. 83r) und Johannes de Castaygno (fol. 85r) in die Sekte ein.

[47] Ebd. fol. 88r.

[48] Vgl. dazu oben S. 37 f.

schon gerüchtweise gehört hat, persönlich kennenzulernen[49]. Im Zentrum steht also die Begegnung mit den Waldensern, die ehrfürchtig als «seygnores» bezeichnet werden. Ihnen traut man zu, daß sie besser absolvieren können als die Priester; durch ihre Predigt glaubt man eher selig zu werden. Man vertraut ihnen mehr als den Priestern, weil ihr Anspruch, Nachfolger der Apostel zu sein, gedeckt ist durch ihre apostolische Lebensweise und Lehre[50]. Die Zugehörigkeit zur Sekte wird nicht durch einen besonderen Aufnahmeritus vermittelt, sondern findet ihren Ausdruck in der Beziehung zu den Waldensern selbst; man hört ihre Predigt, beichtet bei ihnen und betet auch miteinander; von einem Tischsegen wie bei den französischen Waldensern hören wir allerdings nichts[51].

Da kein einziger Waldenserprediger vor dem Inquisitor aussagt, erfahren wir über die innere Struktur der Predigergemeinschaft nur sehr wenig. Wir wissen nicht, ob sie auch einen dreifachen «ordo» wie ihre französischen Genossen hatten; die Anhänger unterscheiden nur die «seygnores» von den «socii»[52]. Auffällig ist die Selbstbezeichnung der Waldenser als «gentes de recognoscentia», die den alten Titel «pauperes Christi» fast völlig verdrängt hat. Die Bedeutung dieser eigentümlichen Selbstbezeichnung läßt sich nicht genau erkennen. Man kann aber vermuten, daß mit dem Anspruch der Waldenser «gentes de recognoscentia» zu sein, ausgedrückt werden soll, daß sie «Gott in besonderer Weise nahestehen, daß Gott sie kennt»[53].

---

[49] Ebd. vol. 48v.45v.

[50] Zum apostolischen Anspruch der Waldenser vgl. weiter hinten die Legende (S. 87 f.). Daß man ihnen mehr zutraute als den Priestern, belegen folgende Aussagen: Petrus Rupphini . . . «credebat salvari per legem et predicationem dictorum valdensium melius quam per aliam» (fol. 36r). Johannes Gauterii . . . «quod fides eorum est melior quam fides aliorum (ebd. fol. 18v). Auch hier berichten Zeugen von radikaleren Aussagen der Waldenser. Ein Waldenser soll gepredigt haben: «quod illi erunt salvi, qui sunt de secta valdensium.» Ein anderer: . . . «quod nisi esset fides eorum, iam diu est, mondus perisset» (fol. 11v).

[51] Über den Ablauf der nächtlichen Versammlungen erfahren wir leider sehr wenig. Ein Zeuge will gehört haben: «quod ipsi habent sacerdotes, qui docent eos, quod in una parte nocti debent stare cum familia ad instruendum eos. Et in alia parte orare magnum patrem de celo . . .» (fol. 5v Merlo, S. 166). Aus diesem etwas verdorbenen Text scheint hervorzugehen, daß bei den Versammlungen Lehre oder Predigt und Gebet im Mittelpunkt standen. Daran anschließend war dann Gelegenheit zur Beichte. Auch über die Beichtpraxis erfahren wir nur so viel, daß die Buße wie auch sonst bei den Waldensern üblich in Fasten bestand. Villelmus burgi . . . «et confessus est cum eo (dem «seygnor franciscus») peccata sua, qui dedit ei penitenciam ut ieiunaret una die in ebdomada» (fol. 42v).

[52] So z. B. in der Aussage des Petrus Rupphini: «. . . recepit in domo sua seygnor poncetum valdensem et guigonem constancium eius socium» (ebd. fol. 35r Merlo, S. 193). Nur in Zeugenaussagen ist von «sacerdotes» die Rede. Ein Waldenseranhänger soll von «. . . quidam sacerdos noster, qui venit de Vapingo (Gap)» gesprochen haben (ebd. fol. 5v).

[53] Petrus Rupphini sagt von den Waldensern: «Et quod vocant se pauperes Christi et tenentes viam veritatis, et ipse qui loquitur, credebat salvari per legem et predicationem dictorum valdensium melius quam per aliam» (ebd. fol. 35v–36r). Sehr viel häufiger ist die Selbstbe-

f) Die Legende vom apostolischen Ursprung

Je weiter sich das Waldensertum von seinen Anfängen entfernt, desto mehr wuchern die Legenden über seinen Ursprung. Das Milieu, in dem sich die Waldenser bewegten, unter einer zum großen Teil ländlichen und wenig gebildeten Bevölkerung, förderte die Legendenbildung ebenso wie das Geheimnis, das jene «gentes quae vadunt occulte» umgab[54]. Eine bislang unbekannte Legende begegnet uns in der Aussage einer Waldenseranhängerin namens Perroneta; diese Frau scheint auch sonst gut über die Lehren der Waldenser unterrichtet zu sein, denn sie weiß zwei abgelegene Bibelstellen zu nennen, mit denen die Waldenser ihre Ablehnung des Schwörens bekräftigen[55].

«Interrogata, quid dicebant et predicabant dicti valdenses, respondit, quod omne iuramentum est peccatum mortale. hoc probantes per duas auctoritates salomonis, quarum una dicit sic: «os tuum non assuescas iurationi» (Jesus Sirach 23,9); alia dicit sic: «vir multum iurans replebitur iniquitate» (Jesus Sirach 23,12). et quod in alia vita non sunt nisi due vie scilicet via paradisi et via inferni, quia purgatorium non est nisi in hoc mundo.

dicebant etiam, quod quando christus ascendit in celum relinquit XII apostolos in mundo, qui eius fidem predicarent, quorum quatuor retinuerunt eius libros. alii vero octo iverunt ad faciendum ortos. Et cum aliis libris cantabant et nullus eos

zeichnung als «gentes de recognoscentia» «. . . vocabantur se gentes de recognoscencia tenentes viam apostolorum et sunt boni homines» erklärt Palmerius Goytrat (ebd. fol. 31r). Man muß davon ausgehen, daß «recognocentia» die lateinische Übersetzung des altprovençalischen «reconoissensa» ist, das in vielerlei Bedeutungen begegnet (W. v. Wartburg, Französisches Etymologisches Wörterbuch, 10. Bd. Basel 1962 S. 157 f.). Ich vermute hier einen Zusammenhang mit den aus den deutschen Waldenserkreisen bekannten Selbstbezeichnungen der Waldenser als «amici dei», «Kunden» oder «noti» (vgl. David Augsburg, ed. Preger S. 211, Heiligenkreuzer Fragmente III, ed. Patschovsky, Anfänge S. 73, Anm. 275, und die Stücke bei Döllinger II, S. 701 und 363). Alle diese Begriffe wollen andeuten, daß die Waldenser den Anspruch erheben, Gott in besonderer Weise nahezustehen. So wird in einem Bericht über die Augsburger Waldenser von 1393 erklärt: «Item dixerunt se notos, et nos esse ignotos et alienos, et quod ipsi magis noti forent Deo in sua fide seu secta quam nos, et consequenter ipsos esse salvandos et nos non» (Döllinger II S. 373): Neutestamentlicher Hintergrund für diese Begriffe sind vielleicht Stellen wie Joh. 10,14 f., Mt. 25,12, Mt. 7,23.

[54] In der Aussage des Johannes Torenchi wird von einigen Waldensern gesagt: «. . . quod dicti homines erant de gentibus que vadunt occulte propter dominum abbatem et sanctam ecclesiam . . .» (ebd. fol. 59r).

[55] Im folgenden gebe ich den Schluß des Verhörs der Perroneta wieder; sie ist die Frau des Johannes Boverius – der Name deutet auf einen Rinderhirten – der offenbar nicht zur Sekte gehörte, da er beim Abschwur seiner Frau als Bürge auftritt. Die unregelmäßige Groß- und Kleinschreibung der Vorlage (fol. 67v–68r) wird beibehalten, die Zeichensetzung aber korrigiert.

intelligebat. Alii autem IIII°ʳ cantabant in libris christi et omnes ipsos intelligebant, quod audientes illi VIII°ᵗᵒ fuerunt forciores et expulerunt illos IIII de ecclesia. et cum ipsi IIII ivissent ad plateas et ibi cantarent, alii VIII°ᵗᵒ fuerunt forciores et eiecerunt eos de platea. Et tunc illi IIII°ʳ ceperunt ire occulte et de nocte. et addebant supradicti valdenses: Nos tenemus viam illorum IIII°ʳ quibus remanserunt libri christi; Sacerdotes vero et clerici secuntur viam aliorum VIII°ᵗᵒ qui volebant tenere viam grossam[56]. Testes qui supra.»

Es ist nicht möglich, auf alle Fragen einzugehen, die von dieser eigenartigen Legende aufgeworfen werden. So muß z. B. die Frage nach Herkunft und möglichen Parallelen dieser Apostellegende unbeantwortet bleiben. Für uns ist sie nur insofern Gegenstand der Untersuchung, als sich in ihr Selbstverständnis und Anspruch der Waldenser aussprechen. Im Zentrum des waldensischen Selbstverständnisses stand ja von Anfang an der Anspruch, in der Nachfolge der Apostel zu stehen. Damit gerieten sie aber in Konflikt, zu den Amtsträgern der Kirche, die denselben Anspruch erhoben. In einer Zeit, in der die «Tradition» einer der Grundwerte überhaupt war, genügte es aber offenbar nicht, die apostolische Vollmacht der Waldenser allein in der inneren Berufung zu einer «vita apostolica» begründet zu sehen; es fehlte die «historische» Verbindung zur apostolischen Zeit, wie sie in der Sukzession der Amtsträger bei der römischen Kirche gegeben schien. Auf diesem Hintergrund ist die Entstehung der waldensischen Ursprungslegenden zu verstehen, wie sie uns seit der ersten Hälfte des 13. Jahrhunderts begegnen[57].

Die Besonderheit dieser piemontesischen Ursprungslegende besteht nun aber darin, daß sie den Gegensatz zwischen der verweltlichten Großkirche und der kleinen verfolgten Minderheit der wahren Apostelnachfolger in die apostolische Zeit selbst zurückverlegt. Nicht erst mit Papst Silvester und der konstantinischen Schenkung hat die Verweltlichung begonnen, sondern schon die Mehrzahl der Apostel selbst hat die eigentliche Aufgabe der Kirche, nämlich die Weitervermittlung der Lehre Christi zugunsten weltlicher Aufgaben vernachlässigt. – So die Legende – Was die Legende dabei von jenen acht Aposteln berichtet – daß sie nämlich «hingingen, um Gärten anzulegen», – entsprach dem Bild von der Kirche, wie es durch die große ökonomische Bedeutung der Abteien in Piemont geprägt war. Reichtum und Macht dieser Abteien mußten um so mehr Anstoß erregen, als ihr aktiver Anteil an Bebauung und Kultivierung des Bodens in dieser Zeit zurück-

---

[56] Es könnte auch «grassam» heißen. Vermutlich muß diese Stelle auf dem Hintergrund von Mt. 7,13 verstanden werden.

[57] Zu den waldensischen Ursprungslegenden vgl. Comba, Histoire des Vaudois, Introduction, Paris/Florenz 1898, S. 75 ff. Diese Ursprungslegenden sprachen aber zunächst nur vom Fall der römischen Kirche unter dem Papst Silvester und ihrer Wiederaufrichtung durch Valdes und die Waldenser. Vgl. z. B. Moneta (ed. Ricchini, S. 412) und Rainer Sacchoni (ed. Dondaine S. 78). Zum weiteren Ausbau dieser Legende vgl. Comba a. a. O. S. 91 ff.

ging[58]. In dieser Ausprägung entsprach die Legende also jener Situation, wie sie für die ländliche Bevölkerung dieses Gebietes gegeben war.

Sie entsprach dieser Situation aber auch insofern, als sie in dieser Form wohl nur dort geglaubt und weitererzählt wurde, wo der geschriebene Text der Bibel weitgehend unbekannt war. Das gilt zunächst einmal für die Anhänger der Waldenser, die ja in der Mehrzahl wohl Bauern, Hirten und kleine Handwerker waren und deshalb kaum lesen oder gar schreiben konnten[59]. Unter den Anhängern der Sekte wird auch die Legende in der uns vorliegenden Form entstanden sein. Da die Darstellung der Legende von Beauftragung und Schicksal der Apostel keinerlei Anhaltspunkte im Neuen Testament hat, dürfte sie von den Waldensern wohl kaum vertreten worden sein. Auch wenn ein Teil der Prediger ebenfalls weder lesen noch schreiben konnte, so wird man doch bei ihnen eine Kenntnis gerade des Neuen Testaments voraussetzen können[60].

g) Eigenart und Beziehungen zu anderen Waldensergruppen

Die Einordnung der Waldenser der kottischen Alpen in den Gesamtzusammenhang des zeitgenössischen Waldensertums fällt schwer, da wir aus den Inquisitionsakten von Giaveno über die innere Struktur der Predigergemeinschaft nichts erfahren.

Von einem Teil der Prediger wissen wir allerdings, daß sie aus dem Piemont stammen, und andere scheinen von der anderen Seite des Alpenkammes gekommen zu sein, da einige Male von «homines ultramontani» die Rede ist[61]. Sehr wahrscheinlich stammten also die Waldenser aus den Gebieten diesseits und jenseits des

---

[58] Vgl. unten S. 78.

[59] In den Akten wird selten der Beruf genannt. Da es sich aber um Bewohner kleiner Orte am Rande des Gebirges handelt, wird man davon ausgehen müssen, daß die Mehrzahl in der Landwirtschaft tätig war (so auch Merlo, S. 108). An einer Stelle wird als eifrige Waldenseranhängerin eine Frau namens Mursa «uxor condam Humberti Baroni de Covaciis» (fol. 33r; Merlo, S. 191) genannt. Es handelt sich hier aber wohl nicht um die Witwe eines Barons (so Kaeppeli, Un processo, S. 290), sondern «Baroni» ist hier ein gewöhnlicher Familienname (Merlo, S. 103, Anm. 27).

[60] Von dem schon häufig genannten Martinus Pastre, der unter den Waldensern doch immerhin eine führende Rolle spielte, erfahren wir in mehreren Aussagen, daß er sich von einem Notar einen Brief vorlesen ließ und also vermutlich nicht lesen konnte.

[61] Als Waldenser werden genannt: Seygnor martinus pastre de valle lucerne (Val Luserna), johannes valentonus (valentinus?) de uxellis (Usseaux, Val Perosa), michael de prato jaletto (Pragelato), peyrotus de covaciis (Coazze bei Giaveno)» (fol. 15v, 16r, 44r). Palmerius Goytrat wird vom Inquisitor gefragt: «si in grangia sua vel matris sue fuit umquam aliquis homo ultramontanus, qui predicaret ibi de nocte . . .?» (fol. 12v).

Alpenkammes, in denen auch ihre Anhänger verbreitet waren. Von Beziehungen in die Lombardei hören wir nichts, wohl aber besucht ein Waldenser auch Anhänger der Sekte in einigen piemontesischen Städten nahe Turin[62]. Beziehungen bestanden aber offenbar nach Südfrankreich, denn 1332 befand sich jener schon erwähnte Martinus Pastre im Inquisitionsgefängnis von Marseille[63]. Auch die Italienreise des Oberhauptes der französischen Waldenser, Johannes von Lothringen, muß in diesem Zusammenhang erwähnt werden[64]. Eine organisatorische Zusammengehörigkeit bestand wohl nicht, da die großen Entfernungen gerade in einer Zeit der Verfolgung eine zentrale Leitung der Sekte unmöglich machten. Ihren Ausdruck fand diese relative Selbständigkeit der Waldenser in den kottischen Alpen auch in der Abhaltung eigener Kapitel, die ebenfalls in jenem Brief von Papst Johannes XXII. erwähnt werden[65].

Was wir über die Lehre der Waldenser erfahren, unterscheidet sich kaum von der Lehre der französischen Waldenser am Beginn des 14. Jahrhunderts. Im Mittelpunkt steht neben der traditionellen Ablehnung des Schwörens die Lehre von den «zwei Wegen» (Mt. 7,13 f.), die Ablehnung des Fegefeuers und die Leugnung des Nutzens guter Werke für die Verstorbenen. Wie auch bei den französischen Waldensern steht der Inhalt der waldensischen Predigt in einem direkten Zusammenhang mit der Praxis der Beichte[66]. Durch diese Lehre und durch die Absolution der Waldenser glauben die Anhänger eher selig zu werden als durch Lehre und Absolution der Priester[67]. Eine radikale Kirchenkritik oder eine Ablehnung der Konsekration durch unwürdige Priester, wie sie von den lombardischen Armen bekannt ist, begegnet uns in den Aussagen der Waldenseranhänger nicht[68]. Eine innere Beziehung zu den

---

[62] Vgl. oben S. 85.

[63] Das geht aus dem Brief von Papst Johannes XXII. vom 8. Juli 1332 hervor (vgl. oben S. 84), der die Auslieferung des genannten Waldenserpredigers an den Inquisitor Albertus de Castellario verlangt.

[64] Vgl. S. 77 Anm. 8.

[65] «...quod frequenter congregationes per modum capituli facere inibi praesumpserunt, in quibus aliquando quingenti Waldenses fuerunt insimul congregati» (vgl. o. S. 79 Anm. 19).

[66] Vgl. die Aussage der Perroneta (s. oben S. 87). Michael Plancha gibt als Lehre der Waldenser an: «... quod omne juramentm est peccatum mortale et quod in alia vita non sunt nisi due vie, scilicet paradisi et inferni juxta duas tabulas moysi. quod purgatorium non est nisi in isto mondo et quod bona que fiunt in vita valent facientibus, illa autem que fiunt pro mortuis nichil prosunt eis. Dicebant etiam ipsi tenent rectam fidem et quod illi qui sunt de eorum secta melius salvantur quam alii» (fol. 48r).

[67] Der Waldenseranhänger Petrus Rupphini sagt aus: «... credebat salvari per legem et predicationem dictorum valdensium melius quam per aliam...» (fol. 36r). – «... ego hostendam tibi qui melius absolvet te quam sacerdos... fol. (45v); mit diesen Worten warb ein Waldenseranhänger für die Sekte.

[68] Vgl. oben S. 70.

lombardischen Armen, sofern sie überhaupt je vorhanden war, ist also nicht mehr erkennbar. Auch hier zeigt sich, daß der alte grundsätzliche Gegensatz zwischen der französischen Stammgenossenschaft und den lombardischen Armen von der Entwicklung in der Verfolgungszeit überholt wurde[69]. Dagegen zeichnet sich schon in dieser Zeit ein Einfluß des Katharertums ab, das hier zum letzten Mal in enge Berührung zu den Waldensern kommt[70].

[69] Vgl. oben S. 73.
[70] Vgl. S. 83 f. und Molnár, Les Vaudois au Moyen Âge, S. 141 f.

III. TEIL: DIE DEUTSCHEN WALDENSER

1. KAPITEL: AUSBREITUNG UND VERFOLGUNG

a) Von den Anfängen bis 1233

Um die Wende vom 12. zum 13. Jahrhundert hat die Mission der Waldenser von Burgund und Lothringen aus vordringend die deutsche Sprachgrenze erreicht und mit dem Auftauchen deutscher Bibelübersetzungen in Lüttich wohl schon überschritten[1]. Dennoch vergehen 30 Jahre, bis in einem Schreiben Erzbischof Siegfrieds von Mainz an Papst Gregor IX. die Existenz der «Armen von Lyon» in Deutschland ausdrücklich bezeugt wird[2]. Daß es aber schon früher in Deutschland Waldenser gab, beweist das Schreiben der lombardischen Armen an ihre «Brüder und Schwestern, Freunde und Freundinnen jenseits der Alpen», in dem diese wohl bald nach dem Abschluß der Verhandlungen in Bergamo 1218 vom Ausgang dieses Einigungsversuchs zwischen der französischen Stammgenossenschaft und den lombardischen Armen berichten. Dieser Brief macht zugleich deutlich, daß die waldensische Mission nicht nur von Frankreich aus, sondern auch von Oberitalien her vordrang, wo sich um diese Zeit vermutlich das Zentrum der Waldenserbewegung überhaupt befand[3].

Man kam den Waldensern deshalb erst so spät auf die Spur, weil sie anders als in Südfrankreich oder Oberitalien nie in der Öffentlichkeit wirken konnten. Die Entdeckung häretischer Kreise geschah offenbar überraschend und stellte die Kirche vor bisher kaum gekannte Probleme[4]. Nur so erklärt sich auch der Charakter der

---

[1] Selge I, S. 288–293. Das Quellenmaterial zur Ausbreitung der deutschen Waldenser ist in Haupts grundlegendem Werk «Waldensertum und Inquisition im südöstlichen Deutschland» fast vollständig gesammelt und teilweise auch ausgewertet worden. Die kurzen Zusammenfassungen bei Boehmer (S. 810.823 f.), Hauck (4. T., S. 901 f.; 5. T. 1. H., S. 397–404) und Molnár (Les Vaudois au Moyen Age, S. 144–158) sind insofern unzuverlässig, als sie oft genug vorschnell alle Nachrichten über Ketzer und Ketzerverfolgungen während des 13. Jahrhunderts auf Waldenser beziehen (vgl. unten Anm. 11.14).

[2] Chronik Alberichs von Trois-Fontaines, ed. P. Scheffer-Boichorst in MG SS 23 (1874), S. 931 f. (vgl. unten Anm. 5).

[3] Ed. Patschovsky in Quellen S. 21. Zu Oberitalien als Waldenserzentrum vgl. S. 66 Anm. 28. Nach dem Bericht der Marbacher Annalen hätten die 1231 in Deutschland verfolgten Ketzer jedes Jahr Geld nach Mailand geschickt «ubi diversarum heresum et errorum primatus agebatur» (ed. R. Wilmans in MG SS 17, 1861, S. 176; vgl. unten S. 103 Anm. 2).

[4] «In Alemannia perfida heresis, que ibidem diu occulte pullulaverat, est manifestata» (Cronica S. Petri Erphordensis moderna, ed. O. Holder – Egger in MG SS 30, 1 (1896), S. 391).

1231 beginnenden Verfolgung. Nicht nur die willkürliche Art des von Konrad von Marburg geübten Verfahrens gegen Ketzer, sondern auch das Bild, das man sich von ihnen machte, beweist, daß man in Deutschland offenbar nicht gewohnt war, sich mit dem Phänomen der Häresie auseinanderzusetzen. Hätten wir z. B. jenen schon erwähnten Brief des Mainzer Erzbischofs nicht, so müßten wir annehmen, die von Konrad von Marburg verfolgten Ketzer seien sogenannte «Luziferianer» gewesen[5]. Auch der Bericht über die 1231 in Trier entdeckten Ketzer gibt kein klares Bild. Dennoch gibt es Indizien dafür, daß unter den Ketzern, die sich dort in drei verschiedenen «Schulen» versammelten, auch Waldenser waren. Eines dieser Indizien ist der Gebrauch von deutschen Bibelübersetzungen[6].

Die Verfolgung von 1231–1233 hatte ihren Schwerpunkt am Rhein und in der Diözese Trier, und somit wird man auch dort die ersten deutschen Waldenseranhänger zu suchen haben. Am Rande sei erwähnt, daß im Mai 1232 im Beisein Konrads auch in Erfurt vier Ketzer verbrannt wurden[7]. Auch die Dominikaner wurden mit der Inquisition beauftragt, aber wir hören nichts Näheres über ihre Tätigkeit und können daher auch nicht sagen, ob sie von Friesach, Regensburg oder Würzburg aus in Bayern und Österreich schon um diese Zeit die Waldenser verfolgt haben[8].

Daß die Auseinandersetzung mit der Häresie und speziell mit dem Waldensertum erst spät begann, beweist auch die späte Abfassung von antihäretischen Werken oder Inquisitorenhandbüchern. Das Sammelwerk des Passauer Anonymus und der Traktat Davids von Augusburg entstanden beide erst in der zweiten Hälfte des Jahrhunderts; das Werk des Passauer Anonymus zwischen 1260 und 1266 (Patschovsky, Der Passauer Anonymus, S. 146) – und der Traktat Davids zwischen 1256 und 1272 (Preger, David, S. 193; vgl. hinten S. 144).

[5] Der Brief des Mainzer Erzbischofs enthält eher beiläufig den Hinweis: «Quod magister Conradus, contra pauperum Lugdunensium astutias zelo fidei armatus . . .» (Alberich von Trois Fontaines, vgl. oben Anm. 2). Nach der Darstellung Gregors IX. dagegen (Brief vom 13. Juni 1233 in: MG Epp, t. 1 (1883), Nr. 537 I, S. 433) wären die gefährlichsten und am weitesten verbreiteten Ketzer «Luziferianer» gewesen. Er nennt zwar diesen Begriff nicht, aber seine Darstellung der Lehren und Gebräuche dieser Ketzer (Anbetung Luzifers, Abhaltung nächtlicher Versammlungen mit sexuellen Ausschweifungen) entspricht ganz dem üblichen Bild von der luziferianischen Sekte (dazu vgl. u. S. 108 f.).

[6] Gesta Treverorum Contin. IV, ed. G. Waitz in MG SS 24 (1879), S. 400 f. – «Nec Treverica diocesis ab hac infectione exsors fuit. Nam in ipsa civitate Treveri tres fuisse scolas hereticorum publicatum est . . . Et plures erant secte, et multi eorum instructi erant scripturis sanctis, quas habebant in Theutonicum translatas» (s. u. S. 108 ff.)

[7] So fährt die o.g. (Anm. 4) Erfurter Chronik fort: «Quapropter circa Renum nec non et alibi innumerabiles heretici per magistrum Cuonradum de Marburc auctoritate apostolica examinati ac per sentenciam secularem dampnati igne combusti sunt. Fuerunt autem presente eodem Cuonrado Erphordie IIII. Nonas Maii IIII or conbusti.»

[8] L. Förg, Die Ketzerverfolgung in Deutschland unter Gregor IX., Berlin 1932, S. 53 f. 58–61.

b) Die Verfolgung in Bayern und Österreich

Nach der Ermordung Konrads von Marburg und unter dem Eindruck, den seine
Art von Ketzerverfolgung hinterlassen hatte, war die Stimmung für eine nachhaltige
Bekämpfung der Häresie nicht günstig. Dazu kam, daß der sich verschärfende
Kampf zwischen Kaiser und Papst alle Kräfte band und darüber hinaus zu einer
weiteren Verbreitung antiklerikaler Anschauungen beitrug. Damit war auch die
Grundlage für eine weitere Ausbreitung häretischer Bewegungen geschaffen[9]. Den-
noch haben die häretischen Bewegungen in dieser gewaltigen Auseinandersetzung
kaum eine Rolle gespielt. Daß sie als Bundesgenossen des Kaisers und seiner
Anhänger im Kampf mit dem Papsttum nicht in Frage kamen, beweist schon die
Ketzergesetzgebung Friedrichs II.[10]. Von den Ketzern selbst hat sich nur jene Randgruppe in Schwäbisch Hall 1248 mit der Partei des Kaisers identifiziert[11]. Die
Waldenser dagegen haben wohl kaum das Bündnis mit jenen gesucht, die mit ihrer
Kriegführung und mit ihren Todesurteilen so offenkundig gegen die Gebote der
Heiligen Schrift verstießen[12]. Es muß daher bezweifelt werden, daß die Waldenser
wirklich nahe daran waren, einen deutschen Fürsten und Parteigänger Friedrichs II.
für sich zu gewinnen, wie David von Augsburg das berichtet[13].

Dennoch ruhte der Kampf gegen die Häresie nicht völlig. Dafür sorgte der immer
größer werdende Einfluß der Bettelorden, die auf lokaler Ebene gegen Ketzer
vorgegangen sind und nicht zuletzt durch Volksprediger wie Berthold von Regens-

---

[9] Haupt, Waldensertum, S. 8–11. Zu den Auswirkungen kirchlicher Kampfmaßnahmen wie
des Interdikts bemerkt der Passauer Anonymus: «Item tempore interdicti exultant heretici,
quia tunc possunt corrumpere Christianos et faciunt eis vilescere cultum dei» (ed. Patschovsky in Quellen, S. 91). Auch David von Augsburg geht auf dieses Problem in einem
Abschnitt seines Traktats ein («Quomodo gaudent detractione clericorum», ed. Preger,
S. 279).

[10] Selge, Die Ketzerpolitik Friedrichs II., in: Probleme um Friedrich II., Vorträge und
Forschungen, Bd. 16 (1974), S. 310 f. 342.

[11] Albert von Stade berichtet von folgendem Aufruf der Ketzer von Schwäbisch Hall (Annalen,
ed. J. J. Lappenberg, MG SS 16 (1859), S. 371 f.: «Orate ... pro domino Friderico
imperatore et Conrado filio eius, qui perfecti et iusti sunt.» Wie Boehmer (S. 823) und
Hauck (4. Teil, S. 902) diese Ketzer zu den Waldensern rechnen können, ist schwer zu
verstehen.

[12] «Iudices et principes dampnant et dicunt maleficos non dampnandos», so berichtet der
Passauer Anonymus von der Haltung der Waldenser gegenüber der staatlichen Gewalt (ed.
Patschovsky in Quellen, S. 103).

[13] Ed. Preger, S. 278. Nach S. Riezler, Geschichte Bayerns, 2. Bd. (1880) S. 226 bezieht sich
diese Anekdote auf Herzog Otto II. von Bayern, der 1253 als Gebannter in Landshut
plötzlich starb. Abt Herrmann von Niederaltaich berichtet in seinen Annalen (ed. Ph. Jaffé
in MG SS 17 (1861), S. 396), daß der damals in Landshut weilende Berthold von Regensburg
noch vergeblich versucht habe, den Herzog von seinem Haß gegen Kirche und Klerus
abzubringen.

burg und David von Augsburg die Auseinandersetzung mit der Häresie aufgenommen haben[14]. Außerdem werden da und dort auch Bischöfe und Priester gegen Ketzer vorgegangen sein. Ein Beispiel dafür ist jener Vizepleban Konrad in Nittenau, einem Marktort nordöstlich von Regensburg, der dort Waldenser entdeckte und festnehmen ließ[15].

Die erste große Waldenserverfolgung, von der wir genaueres wissen, fand zwischen 1259 und 1266 in Österreich statt. Sie stand wohl in Zusammenhang mit einer von König Ottokar von Böhmen 1259 angeordneten Visitation der Passauer Diözese[16] und sie erreichte ihren Höhepunkt als 1266 in 40 (42?) Pfarreien Ober- und Niederösterreichs Waldenser entdeckt wurde[17]. An dieser Inquisition nahm auch ein unbekannter Kleriker (Dominikaner?) aus der Passauer Diözese teil, dessen umfangreiches Sammelwerk gegen die Ketzer seiner Zeit die wichtigste Quelle für unsere Kenntnis vom deutschen Waldensertum im 13. Jahrhundert darstellt[18].

Aber diese Inquisition hat offenbar mehr das Ausmaß der Verbreitung der Waldenser in Österreich enthüllt, als daß es ihr gelungen wäre, sie wirksam zu bekämpfen. Sie erreichte nur, daß die Waldenser von jetzt an stärker im Verborgenen wirkten. Österreich aber blieb bis zum Ende des 14. Jahrhunderts eines der wichtigsten, vielleicht *das* wichtigste Waldenserzentrum.

[14] So hören wir, daß die Dominikaner von Basel 1243 in der Diözese Konstanz und 1249 in der Diözese Basel den Auftrag zur Ketzerbekämpfung hatten (Urkundenbuch der Stadt Basel, 1. Bd., Basel 1890, Nr. 231, S. 168; Nr. 237, S. 173 f.). Auch hier gibt es keine Hinweise dafür, daß es sich bei diesen Ketzern um Waldenser gehandelt hätte. Gegen Boehmer, Hauck (vgl. Anm. 11) u. auch Molnár (Les Vaudois au Moyen Age, S. 146). Zu David v. Augsburg vgl. den ausführlichen Artikel von G. Bareille im DThC, Bd. 4/1 (1920) Sp. 153–157 und die Ausführungen im Anhang S. 228 ff. Zu Berthold von Regensburg den Artikel von Fr.-M. Henquinet im DHGE, Bd. 8 (1935), Sp. 980–987 und vor allem die Studie von A. E. Schönbach «Das Wirken Bertholds gegen die Ketzer».

[15] In einer Urkunde des Bischofs Leo von Regensburg vom 19. Oktober 1265 heißt es von dem inzwischen verstorbenen Vizepleban Konrad «... per quem inventi sunt et comprehensi heretici secte pauperum de Lugduno» (Ried, Codex chronologico-Diplomaticus Episcopatus Ratisbonensis, t. 1 Ratisbonae 1816, Nr. 57, S. 481).

[16] Monumenta Boica, Bd. 29/2 (1831), Nr. 57, S. 427 f. In Zusammenhang mit dieser Visitation stehen wahrscheinlich die Statuten des Passauer Bischofs Otto von Lonsdorf, der die Ausbreitung von Ketzern in seiner Diözese ausdrücklich erwähnt (U. Schmid, Otto von Lonsdorf, Bischof von Passau 1254–1265, Würzburg 1903, S. 87).

[17] Zur Datierung der Verfolgung vgl. Patschovsky, der Passauer Anonymus, S. 144 f. Die Jahreszahl 1266 ergibt sich aus der Einleitung zu jener Liste von Pfarreien, in der Waldenser entdeckt wurden, wie sie sich in der Handschrift Cod. 188 des Dominikanerkonvents in Wien befindet (ed. Nickson, S. 308).

[18] So berichtet der Passauer Anonymus: «Inquisicioni et examinacioni hereticorum frequenter interfui, et computate sunt in diocesi XL ecclesie, que heresi infecte fuerunt» (ed. Patschovsky in Quellen, S. 72 f.). Zur Person des o. g. vgl. Patschovsky, Der Passauer Anonymus, S. 146–150.

c) Die weitere Ausbreitung im Osten bis zur Mitte des 14. Jahrhunderts

Nach der großen Waldenserverfolgung in den sechziger Jahren des 13. Jahrhunderts hören wir lange Zeit nichts mehr von ihrem Wirken. Aber, daß es sie noch gab, und daß sie sich immer weiter ausbreiteten, nicht nur in ihrem Stammgebiet in Österreich, sondern jetzt auch in Böhmen, vermutlich in Schlesien und sicher in der Mark Brandenburg und in Pommern, das zeigen die verstreuten Berichte von Chroniken und einige wenige Fragmente von Inquisitionsakten.

1311 werden Waldenser in Steyr verbrannt, das schon 1266 als Ort mit mehreren waldensischen «Schulen» genannt wurde und bis zum Ende des 14. Jahrhunderts immer wieder in Zusammenhang mit Waldensern erwähnt wird[19]. 1315 wurden in Krems, St. Pölten, Wien und Himberg bei Wien Ketzer verbrannt, die allem Anschein nach ebenfalls Waldenser waren[20]. Wie stark sich die Waldenser damals fühlten, geht aus der Aussage eines in St. Pölten Verbrannten hervor: «... wenn unser Glaube noch 15 Jahre ungestört geblieben wäre, dann hätten wir daran denken können, ihn öffentlich zu verkündigen und mit starker Hand zu verteidigen[21].» Die Verfolgung von 1315 und weitere Verfolgungen in den dreißiger und sechziger Jahren haben diese Hoffnung zunichte gemacht. Aber bis zum Ende des 14. Jahrhunderts stellten die Waldenser in Österreich noch eine große Gefahr für die Kirche dar, wie aus dem Manifest des Inquisitors Peter Zwicker von 1398 hervorgeht[22]. Drosendorf, wo schon 1266 Waldenser entdeckt wurden, liegt direkt an der

[19] V. Prevenhueber, Annales Stirenses, Nürnberg 1740, S. 47. Prevenhueber vermutet sicher richtig, wenn er in den damals verbrannten Ketzern Waldenser sieht. Es gibt kaum einen Ort, der so häufig in Zusammenhang mit Waldensern genannt wird, wie Steyr (1266 vgl. Ortsnamenliste, ed. Nickson, S. 295; um 1340 vgl. Aussage eines südböhmischen Waldenseranhängers in einem Heiligenkreuzer Inquisitionsfragment bei Patschovsky) (Quellen S. 199). Ende des 14. Jahrhunderts in einem Verzeichnis von «Meistern» der Sekte ein «Hanns von Steyrstat» (ed. Döllinger II, S. 330) und im Manifest des Inquisitors Peter Zwicker von 1398, wo der heftige Widerstand erwähnt wird, auf den die Inquisition gerade in dieser Stadt gestoßen ist (ebd. S. 311).

[20] Zum Problem des in 5 verschiedenen Handschriften und Fassungen überlieferten Berichtes von dieser Verfolgung vgl. hinten S. 109 f. Ich zitiere hier die Fassung der Handschrift St. Florian XI, 328 in der Edition von Nickson (S. 311), wobei nur statt *1312 1315* zu lesen ist, wie alle anderen Handschriften überliefern. «Anno domini MXXXXII inventi sunt articuli subnotati in Kremsa inter hereticos ibidem deprehensos et condempnatos ... Et notandum quod in eadem civitate XVI persone sunt cremate propter heresim et ad Sanctum Yppolitum XI, in Vienna due; accusatores (accusati?) et qui evaserunt infinitus erat numerus.»

[21] Ebd. S. 313: «Fateor hodie si fides nostra ad huc per XV annos in suo robore perstetisset cogitaveramus eam publice precicare ac manu valida defensare.» Der in oder bei Wien verbrannte «Waldenserbischof» Neumeister beziffert die Zahl der Ketzeranhänger in Österreich auf 80 000 (vgl. Anm. 24).

[22] Zu den weiteren Verfolgungen vgl. Haupt Waldensertum S. 79–98. In seinem Manifest

böhmischen Grenze und die Vermutung liegt nahe, daß schon im 13. Jahrhundert einzelne Anhänger auf der Flucht vor Verfolgung oder einfach nur als Siedler nach Böhmen kamen[23]. Aber das bleibt eine Vermutung, denn auch die Aussage des 1315 verbrannten «Waldenserbischofs» Neumeister, der von einer unendlichen Zahl von Ketzern in Böhmen und Mähren sprach, ist kein sicherer Beleg dafür[24]. Neuere Untersuchungen haben es wahrscheinlich gemacht, daß unter den ab 1315 in Böhmen verfolgten Ketzern auch Waldenser waren[25]. Genaueres über den Charakter der damals in Böhmen verfolgten Ketzer erfahren wir aus einigen Fragmenten von Inquisitionsverhören durch den Inquisitor Gallus de Novo Castro. In ihnen begegnen uns Waldenseranhänger, die als deutsche Siedler in der südböhmischen Herrschaft Neuhaus ansässig waren[26].

In Verhören aus dem Jahr 1337 begegnet uns in Prag eine Weberfamilie, die aus Königgrätz zugewandert war, wo sie schon mit der Inquisition zu tun hatte und ein gewisser Rudlin, ein ehemaliger Bierbrauer und Wirt, der nach den Angaben seines Bruders ein «magister» unter den Ketzern gewesen sei[27]. Die von Patschovsky wiederentdeckten «Heiligenkreuzer Fragmente» von Inquisitionsverhören belegen die weite Verbreitung des Waldensertums in Südböhmen und Südmähren und zeigen außerdem die starke Verbindung zu den österreichischen Waldenserzentren[28].

Auch nach Schlesien zogen im 13. Jahrhundert viele deutsche Siedler und Handwerker. Aber ob die fast 50 Häretiker, die 1315 in Schweidnitz mit Frauen und

---

erwähnt Peter Zwicker die mehr als 140jährige Tradition der Waldenser in Österreich und daß sie nun seit 1395 angefangen hätten» ... cum violenciis incendiorum et terroribus homicidiorum non tam occulte quam contemptibiliter et temerarie dominari ... (ed. Preger, Beiträge S. 246, Döllinger II, S. 305).

[23] Drosendorf wird in der Ortsnamenliste des Passauer Anonymus erwähnt (ed. Nickson S. 294). Zur Diskussion über die Anfänge der Waldenser in Böhmen vgl. Molnár, Les Vaudois en Bohême S. 4–12 und Patschovsky, Die Anfänge S. 65–73.

[24] «Qui autem in Wienna crematus est nomine Newmeister fassus est se quinquaginta annis eorum fuisse Episcopum et magistrum et quod in Austria et eorum finibus sunt plusquam hereticorum octaginta milia, sed in Bohemia et Moravia numerus infinitus» (so der Bericht in der Fassung der Handschrift Cod. 188 des Dominikanerkonvents in Wien, ed. Nickson S. 307).

[25] Patschovsky, Die Anfänge S. 65–80; besonders S. 77.79 (vgl. hinten S. 112).

[26] Diese verschiedenen Fragmente (Heiligenkreuz I–IV, Göttweig und Brünn) die bislang nur an entlegenen Stellen oder noch gar nicht veröffentlicht waren, hat nun Alexander Patschovsky mustergültig herausgegeben in seinen «Quellen zur böhmischen Inquisition im 14. Jahrhundert», Weimar 1979.

[27] Brünner Fragment, ed. Patschovsky S. 250. Ein Auszug aus diesem Verhör weiter hinten S. 128 Anm. 46.

[28] Ebd. S. 175–229 (Belege im einzelnen s. weiter hinten S. 117 Anm. 26).

Kindern verbrannt wurden und jene, die in Breslau, Neiße und anderen Orten den Scheiterhaufen bestiegen, Waldenser waren, wissen wir nicht[29]. Weiter nördlich, in Brandenburg und Pommern, hat es in der ersten Hälfte des 14. Jahrhunderts sicher schon Waldenseranhänger gegeben; das beweisen die Aussagen, die am Ende des 14. Jahrhunderts vor dem Inquisitionsgericht gemacht wurden. So bekennt eine alte Frau 1393, sie habe vor 74 Jahren, also ungefähr 1319, in Reynbodenhagen (Uckermark) zum erstenmal einem Waldenser gebeichtet[30]. Der Riemenschneider Andres Vredewalde wurde 1342 in Stettin als Sohn waldensischer Eltern geboren[31]. Die Witwe Sophya Myndeke schließlich, bekennt 1394, sie habe vor gut 50 Jahren in Angermünde zum erstenmal Waldensern gebeichtet und ihr Mann sei damals in dieser Stadt auch verbrannt worden[32].

Diese kurze Zusammenstellung der einigermaßen gesicherten Nachrichten über deutsche Waldenser bis zur Mitte des 14. Jahrhunderts offenbart den Umfang der waldensischen Ausbreitung, wobei ein eindeutiger «Trend» in Richtung Osten festzustellen ist. Auch noch am Ende des 14. Jahrhundert, wo wir auch wieder Waldensern am Rhein und in Franken begegnen, stammt die Mehrzahl der namentlichbekannten Waldenserprediger aus Österreich, Ungarn, Polen und Siebenbürgen[33]. Damit wird deutlich, daß die Ausbreitung in Richtung Osten sich im Laufe dieses Jahrhunderts noch weiter fortgesetzt hat[34].

[29] Haupt, Waldensertum, S. 26. Quellen sind neben den «Annales Lubenses» (ed. W. Arndt in MG SS 19 (1866) S. 549) einige Urkunden aus dem von W. Wattenbach herausgegebenen Formelbuch des Arnold von Protzan (Cod. dipl. Silesiae, V, Breslau 1862, Nr. 64.69–72, 89, 95).

[30] Vgl. dazu insgesamt Kurze, Zur Ketzergeschichte der Mark Brandenburg. Kurze hat auch die Akten der Inquisition von 1392–1394 herausgegeben und somit alle Verhöre – zumindest in einer Zusammenfassung – der weiteren Erforschung zugänglich gemacht (Quellen zur Ketzergeschichte der Mark Brandenburg S. 77–261). Die o. g. Aussage von 1393 ebd. Nr. 89, S. 154 f.

[31] Ebd. Nr. 2, S. 78 f. (vgl. unten S. 119).

[32] Ebd. Nr. 156, S. 219 f. Kurze hat auch den Nachweis erbracht, daß die 1336 in Angermünde verbrannten «Luziferianer» – so der Bericht der «Gesta archiepiscoporum Magdeburgensium» (ed. W. Schum, in MG SS 14, 1883, S. 434 f.) – Waldenser waren (Zur Ketzergeschichte S. 62).

[33] Zum Zusammenhang zwischen dieser Ausbreitung nach Osten und der deutschen Ostsiedlung vgl. S. 117 ff. Wichtig ist in diesem Zusammenhang der Aufsatz von G. Hammann, «Waldenser in Ungarn, Siebenbürgen und in der Slowakei», der auch auf die Herkunft der Waldensermeister hinweist (ebd. S. 437). Die Listen sind ediert z. B. bei Döllinger II, S. 367 und 330 f.; vgl. dazu auch Kurze (Zur Ketzergeschichte S. 78–81 u. S. 94).

[34] Belege bei Haupt, Waldensertum S. 76–79 und Hammann a. a. O.

2. KAPITEL: WALDENSER UND ANDERE HÄRETISCHE GRUPPEN IN DEUTSCHLAND, ÖSTERREICH UND BÖHMEN

a) Das Problem der Identifizierung

Sieht man einmal von den Werken des Passauer Anonymus und Davids von Augsburg ab, so gibt es wenige Quellen, die uns über die Ketzer jener Zeit zuverlässig unterrichten[1]. Zwar finden sich in den Werken der Chronisten manche interessante Einzelheiten über Lehre und Leben der Ketzer, aber diese Angaben reichen in den wenigsten Fällen aus, um diese Ketzer zu «identifizieren» d. h. einer der uns bekannten Häresien zuzuordnen[2]. Das geht schon deshalb nicht, weil manche den Ketzern zugeschriebenen Lehren oder Praktiken – wie Verwerfung der römischen Kirche, Haß auf den Klerus und Ablehnung kirchlicher Gebräuche – für häretische Gruppen fast schon selbstverständlich waren[3]. Nicht ohne Einfluß war auch das traditionelle Bild des Ketzers, wie es auf der Grundlage einiger Zitate aus der Bibel von den Kirchenvätern gezeichnet und später bewußt oder unbewußt übernommen wurde[4].

Aber die Identifizierung bestimmter Ketzergruppen ist nicht nur ein Quellenproblem. Sie wird auch dadurch erschwert, daß die Häresie gerade im 13. Jahrhundert eben nicht nur in Form geschlossener Lehrsysteme und bestimmter Sektenorganisationen auftrat. Der Bericht von den Ketzern in Stadt und Diözese Trier 1231 zeigt uns die ganze Vielfalt und auch Widersprüchlichkeit häretischer Auffassungen[5]. Erst die

---

[1] Aufzeichnungen von Ketzerverhören sind uns aus dem 13. Jahrhundert meines Wissens nicht erhalten geblieben. Der Passauer Anonymus ist wohl der einzige Ketzerbekämpfer in Deutschland gewesen, der nicht nur bemüht war, ein möglichst wahrheitsgetreues Bild der Waldenser zu zeichnen, sondern zugleich auch versucht hat, ihre Ausbreitung zu erklären und zu verstehen (vgl. S. 181). Flacius schreibt mit Recht: «Etsi autem is ipse Valdensium adversarius, durissimis ac odiosis verbis eorum dogmata proponit: tamen syncerus ac candidus iudex, neglecta illa hostis verborum acerbitate, facile animadvertet, quid illi senserint . . .» (Catalogus Testium, Argentinae 1562, S. 431).

[2] Als Beispiel sei genannt, die Angabe der Marbacher Annalen zu den 123 verfolgten Ketzern: «. . . quod etiam ab esu carnium in quadragesima non abstinerent, et quod annualem censum transmittere solebant Mediolanum, ubi diversarum heresum et errorum primatus agebatur» (ed. R. Wilmans in MG SS 17, 1861, S. 176).

[3] Vgl. dazu auch Patschovsky, Die Anfänge S. 59 f.

[4] Grundmann, Ketzergeschichte, G. 1 f.

[5] Vgl. hinten S. 108 Anm. 28.

Inquisition hat versucht, in dieses «Durcheinander» eine Ordnung zu bringen, indem sie die Irrlehren einzelner Ketzergruppen in Form von Listen zusammenstellte und sich damit die Arbeit des Verhörs und der Verurteilung von Ketzern erleichtert hat[6]. Ob diese schematische Art der Zuordnung bestimmter «Irrtümer» zu bestimmten Häresien im Einzelfall immer zutreffend war, muß stark bezweifelt werden[7].

Diese Vorbemerkungen waren notwendig, damit wir nicht ebenfalls einem Schematismus zum Opfer fallen, wenn wir nun im nächsten Abschnitt die wichtigsten häretischen Gruppen während des 13. und bis zur Mitte des 14. Jahrhunderts in ihrer jeweiligen Besonderheit kurz darstellen.

b) Ortlieber, Runkarier und Leonisten

Nach dem Bericht des Passauer Anonymus sind in der Lombardei die Manichäer und Pateriner, in Deutschland aber Ortlieber, Runkarier und Leonisten vertreten[8].

Das Überraschende an dieser kurzen Feststellung besteht darin, daß offenbar die *Katharer* um die Mitte des 13. Jahrhunderts in Deutschland gar keine Rolle mehr spielten. Auch wenn wir annehmen, daß der Passauer Anonymus hier nur Österreich im Auge hat, so hören wir doch auch vom Rhein nichts mehr von den Katharern, wo sie doch im 12. Jahrhundert sicher vertreten waren[9]. Hierin unterscheiden sich die Verhältnisse in Deutschland also ganz wesentlich von jenen in Oberitalien und Südfrankreich, wo die Waldenser mit einer starken Katharersekte konkurrierten.

Von Bedeutung muß damals aber eine Sekte gewesen sein, über die wir nur sehr wenig wissen, die sogenannten *Ortlieber*[10]. Nach einer Notiz Alberts des Großen in seinem Gutachten über die Ketzer des schwäbischen Ries soll von Papst Innozenz III.

---

[6] Auch der Passauer Anonymus informiert in Form solcher Listen über die Lehren der Runkarier, Siegfrieder, Ortlieber und Paterener (ed. Gretser, S. 61).

[7] Grundmann, Ketzerverhöre, S. 522 f.

[8] «Secte hereticorum plus quam LXX a fuerunt, que omnes ... sunt delete preter sectas Manichaeorum et Paterinorum, que occupant Lombardiam et preter sectas Ortlibariorum, Runkariorum et Leonistarum que Alimaniam infecerunt» (Patschovsky, Der Passauer Anonymus S. 95, Anm. 57 und Gretser, S. 54). – In einer anderen Handschrift heißt es dagegen: «Secte hereticorum adminus sunt LXXIIe, quarum in Theotonia sunt quatuor: Waldenses, Ortilebarii, Runcarii, Manichei» (Patschovsky a. a. O. S. 61 und Döllinger II, S. 30).

[9] Zur Verbreitung der Katharer in Deutschland vgl. Grundmann Ketzergeschichte G 22 f. und Haupt, Waldensertum S. 2–4 (besonders Österreich). Die Angaben bei Borst (S. 103 f., 123 f.) sind unzuverlässig, da er alle Hinweise auf Ketzer vorschnell mit Katharern in Verbindung bringt.

[10] Vgl. die ausgezeichnete Zusammenfassung von Grundmann im LThK VII, 1962, Sp. 1256 f.

ein gewisser Ortlieb aus Straßburg verurteilt worden sein, der gelehrt habe, der Mensch solle sich von allem Äußerlichen enthalten und der inneren Stimme des Geistes folgen[11]. Dem entspricht, was wir im «Ortliebertraktat» des Passauer Anonymus über die Lehren dieser Sekte hören. Haben sie mit den Waldensern die Ablehnung von Lügen, Schwören und Töten gemeinsam, so unterscheiden sie sich doch darin grundsätzlich von ihnen, daß sie die Trinitätslehre, die Christologie und die Sakramente spiritualistisch umdeuten[12]. Warum Stefan von Bourbon ihre Lehre den Waldensern zuschreibt, wissen wir nicht; aber möglich ist, daß er die Verwerfung des Eides und die grundsätzliche Ablehnung des Tötens für ein ausreichendes Indiz dafür hielt[13]. Die Ortlieber, die 1238 in der Ketzerkonstitution Friedrichs II. zum erstenmal namentlich genannt werden, scheinen im Laufe des 13. Jahrhunderts wieder verschwunden zu sein. Auch über ihre Verbreitung ist nichts bekannt; man kann nur vermuten, daß die 1212 in Straßburg verbrannten Ketzer Ortlieber waren[14].

Spiritualistische Anschauungen tauchen danach immer wieder auf, so um 1270 im schwäbischen Ries und später in den verschiedensten Formen vor allem auch unter Beginen und Begarden. Aber schon die Tatsache, daß spiritualistische Häresien uns nicht in Form einer bestimmten Sekte begegnen, macht uns den wesentlichen Unterschied zum Waldensertum deutlich. Das Streben nach theologischer Spekulation und besonderen religiösen «Erlebnissen» war also weniger gemeinschaftsbildend als die nüchterne und einfache Religiosität der Waldenser, die durch eine Befolgung der Gebote hofften nach ihrem Tode «in den Himmel zu kommen»[15]. Dieser grundlegende Unterschied im Wesen der Religiosität, der sich auch in der sozialen Struktur niederschlug, hindert uns daran, in den spiritualistischen Häresien eine «Konkurrenz» zum Waldensertum zu sehen[16].

[11] «Dicere hominem debere abstinere ab exterioribus et sequi responsa spiritus intra se, heresis est cuiusdam Ordevi, qui fuit de Argentina, quam Innocencius tertius condempnavit» (Preger, Geschichte der deutschen Mystik im Mittelalter, Bd. 1 (1874), S. 468). Nach einer anderen Handschrift hat Haupt wichtige Varianten dazu veröffentlicht, darunter auch die wohl richtige Namensform «Ortlibus» (Beiträge zur Geschichte der Sekte vom freien Geiste und des Beghardentums, in ZKG VII (1885), S. 506.559).

[12] Ed. Gretser, S. 62–65. Zur Einordung der Ortlieber als einer ihrem Wesen nach spiritualistischen Sekte, vgl. Grundmann, Ketzergeschichte G 45.

[13] Ed. Lecoy de la Marche, S. 298 f. Müllers Einordnung der Ortlieber als einer «Gruppe der Waldenser» (S. 169) ist kaum zutreffend, wenn man nicht eine mögliche Beeinflussung durch waldensische Lehren zum Anlaß nehmen will, um von einer «Gruppe der Waldenser» zu sprechen.

[14] MG Const. 2 (1896), Nr. 211, S. 284. Zum möglichen Charakter der Straßburger Ketzer von 1212 vgl. L. Pfleger, Die Kirchengeschichte der Stadt Straßburg im Mittelalter, Colmar 1941, S. 100.

[15] Einen guten Überblick bietet auch hier Grundmanns Ketzergeschichte G 41–47 und G 52–58. Zur waldensischen Religiosität vgl. hinten S. 126 f.

[16] R. E. Lerner hat auf die soziale Verwurzelung der freigeistigen Häresie in größeren und

Die *Runkarier* dagegen, die an zweiter Stelle genannt wurden, sind eindeutig den Waldensern zuzurechnen. So werden sie z. B. im Traktat des Passauer Anonymus über die «Armen von Lyon» neben den «Leonisten» genannt und stellen somit eine besondere Gruppe innerhalb des deutschen Waldensertums dar[17]. Ihre Sonderstellung beruht darauf, daß sie in ähnlich radikaler Weise wie die lombardischen Armen die römische Kirche und vor allem die Sakramentsverwaltung ihrer Priester abgelehnt haben. Wie der Name «Runkarier» andeutet, berufen sie sich dabei auf Johannes von Ronco, das erste Oberhaupt der lombardischen Armen. Ob sie allerdings eine selbständige Organisation bildeten oder nur eine Richtung innerhalb des österreichischen Waldensertums darstellten, ist uns nicht bekannt. Sehr wahrscheinlich unterhielten sie enge Verbindungen zu den lombardischen Armen[18].

Dagegen deuten die anderen uns bekannten Waldensernamen wie «Pauperes de Lugduno», «Pover de Leun» oder «Valdenses» eher auf eine terminologische Vielfalt als auf bestimmte voneinander abzugrenzende Gruppen oder Richtungen[19]. Dasselbe gilt auch für die Namen, die sich die Waldenser selbst gaben. Wenn sie sich «Pauperes spiritu», «ecclesia Ihesu Christi», «veros christianos», «amici Dei», «pauperes Dei» oder «noti et probi homines» nannten, dann drückte sich darin auf vielfältige Weise ihr Anspruch aus, ohne daß darin aber «offizielle» Selbstbezeichnungen der Waldenser oder bestimmter waldensischer Gruppen zu sehen wären[20].

Man darf nun aber in den nicht-runkarischen Waldensern nicht einfach von der französischen Stammgenossenschaft abhängige Gruppen sehen. Die Leonisten, die der Passauer Anonymus neben den Runkariern erwähnt, haben mit der französischen Stammgenossenschaft wenig gemein[21]. Anders ist das bei den Waldensern, die

mittleren Städten und vorwiegend unter wohlhabenden Leuten hingewiesen (The Heresy of the Free Spirit in the Later Middle Ages, Berkeley/Los Angeles/London, 1972, S. 231 ff.). Damit hängt auch der im Vergleich zu Waldensern höhere Bildungsgrad zusammen. Einige dieser Häretiker haben selbst Bücher verfaßt, viele andere konnten zumindest lesen (ebd. S. 233). Zum sozialen Hintergrund und Bildungsstand bei den Waldensern vgl. hinten S. 113 f.

[17] «Primus error Leonistarum et Runkariorum est . . .» so beginnt der Traktat, nachdem in der Vorbemerkung von der Sekte der «pauperum de Lugduno» die Rede war (ed. Patschovsky in Quellen, S. 77).

[18] Zu Johannes von Ronco und zu den lombardischen Armen vgl. o. S. 60 ff. Eine ausführliche Zusammenstellung runkarischer Irrlehren findet sich nur in einer Rezension des Passauer Anonymus und sie enthält ausschließlich nur die radikalen Lehren aus dem Waldensertraktat (Patschovsky, Der Passauer Anonymus S. 53 und ediert bei Döllinger II, S. 297–299).

[19] David v. Augsburg (ed. Preger S. 205, 216). Offenbar hält David «Pouver Leun», «Runcharii» und «Waltenses» jeweils für verschiedene Sekten (ebd. S. 216).

[20] «de articulis heresum» (ein Abschnitt aus dem Sammelwerk des Passauer Anonymus) ed. Nickson, S. 296; David v. Augsburg, ed. Preger S. 211; Geständnis eines südböhmischen Waldenseranhängers 1345 (Heiligenkreuzer Fragm. III, ed. Patschovsky S. 209).

[21] Auch sie lehnen die römische Kirche ab und bezeichnen sich selbst als Kirche Jesu Christi

David von Augsburg vor Augen hat und die zumindest in der Gemeinschaftsform
stark von dem französischen Vorbild geprägt sind[22]. Deutsche Waldenser, die in
direkter Beziehung zur französischen Stammgenossenschaft standen, bezeugt auch der
anonyme Traktat «de vita et actibus»[23]. Aus alledem geht hervor, daß sich die
Trennung der Waldenser in zwei Gruppen, wie sie für Norditalien typisch ist, in
Deutschland und Österreich nicht einfach wiederholt hat. Sieht man von den
Runkariern ab, so ist eher an eine Vielfalt von Richtungen in den verschiedenen
Regionen oder lokalen Gruppen zu denken.

Aber all diese Unterschiede haben im weiteren Verlauf des 13. und endgültig im
14. Jahrhundert an Bedeutung verloren. Die Verfolgungen brachten eine Vereinheitlichung mit sich, und das offene Problem der Eucharistie und ihrer Verwaltung löste
sich insofern von selbst, als gemeinsame Feiern der Eucharistie nur noch selten oder
gar nicht stattfanden[24].

David von Augsburg und der Passauer Anonymus sind sich nun darin einig, daß
die Waldenser die gefährlichste Häresie ihrer Zeit darstellen. Der Passauer Anonymus gibt für seine These drei Gründe an: 1. das Alter der Sekte, 2. ihre Verbreitung,
3. der Anschein der Frömmigkeit der Waldenser[25]. Im Hinblick auf den ersten
Grund hat der Passauer Anonymus offenbar den schon damals verbreiteten
Ursprungslegenden der Waldenser Vertrauen geschenkt[26]. Ein Jahrhundert später
wäre dieses Urteil eher berechtigt gewesen, denn da war die große Kontinuität in
der Entwicklung der Sekte trotz aller Verfolgungen schon sichtbar. Bei aller Sach-
lichkeit kann nun aber auch der Passauer Anonymus nicht umhin, den Waldensern
nur den «*Anschein* der Frömmigkeit» zuzusprechen. Er kann also nicht glauben, daß
ihr vorbildlicher Lebenswandel und ihre Rechtgläubigkeit – jedenfalls im Sinne des
Glaubensbekenntnisses – «echt» sind, weil das dem überlieferten Bild des Ketzers
widersprochen hätte[27].

(Passauer Anonymus, ed. Patschovsky in Quellen S. 77). Zu ihrer Gemeinschaftsform vgl.
hinten S. 193 ff.

[22] Vgl. hinten S. 122.

[23] Vgl. hinten S. 121 f., 141.

[24] Vgl. hinten S. 128 f.

[25] «Inter alios modernos hereticos in terra nostra magis nocivi videntur hii, qui Pauperes de
Lugduno vocantur, quorum robur maxime in ypocrisis palliacione consistit et falsi nominis
scientie iactacione . . .» So David von Augsburg (ed. Preger S. 205). Die Ausführungen des
Passauer Anonymus bilden einen eigenen Abschnitt unter der Überschrift: «Quod secta
Pauperum de Lugduno perniciosior sit quam cetere secte» (ed. Patschovsky S. 73 und bei
Gretser S. 54).

[26] Vgl. vorne S. 87 f.

[27] Daß die Ketzer nur den «Anschein der Frömmigkeit» hätten, ist ein geläufiger Vorwurf, bei
dem man sich auf 2 Tim 3,5 beruft, vgl. Grundmann, Ketzergeschichte, G 1.

c) Die Ketzer in Trier 1231, Krems und Prag 1315

Im letzten Abschnitt dieses Kapitels sollen nun an drei konkreten Einzelfällen einige Probleme mittelalterlicher Quellen zur Ketzergeschichte deutlich gemacht werden. Zugleich soll die bislang nur vorausgesetzte Einordnung der Ketzer von Trier, Krems und Prag begründet werden.

Der Bericht über die in *Trier 1231* entdeckten Ketzer findet sich in den «Gesta Treverorum» innerhalb des großen Berichtes von der Verfolgung der Ketzer unter Konrad von Marburg. Nach dem Bericht des Chronisten hatten die in mehrere Sekten aufgespaltenen Ketzer allein in Trier drei verschiedene Versammlungsorte (scolae)[28]. Was er von den Ketzern zu berichten weiß, läßt sich deutlich in zwei Gruppen unterteilen[29]. Die erste Gruppe umfaßt alle Lehren und Praktiken, die dem Bild der luziferianischen Sekte entsprechen, wie es offenbar auch Konrad von Marburg vor Augen hatte, auf dessen Informationen sich Gregor IX. in seinem bekannten Schreiben vom 13. Juni 1233 beruft. Dazu gehören die Klagen einer Frau namens Luckardis über die Verstoßung Luzifers aus dem Himmel und ihre Hoffnung auf seine Rückkehr dorthin. «Typisch luziferianisch» ist das Verhalten jener Ketzer, die einen «bleichen Mann» vorne und einen Kater hinten küssen oder ihre eigenen Mütter heiraten[30]. Alles andere aber wie die Verwendung von deutschen Bibelübersetzungen, Wiedertaufe, verschiedene Meinungen zur Eucharistie, Fleischessen sogar am Karfreitag ist uns auch aus dem Waldensertraktat des Passauer Anonymus bekannt[31].

Was die luziferianischen Lehren und Praktiken angeht, so sind sie den Trierer Ketzern sehr wahrscheinlich erst nachträglich zugeschrieben worden. Eine «luziferianische Sekte» hat es wohl kaum gegeben, aber Teufelsanbetung und Unzucht hat man schon früher den Ketzern vorgeworfen, vor allem den Kaharern[32]. Die Gründe

---

[28] Gesta Treverorum, ed. G. Waitz in MG SS 24 (1879) S. 401 f. «Nam in ipsa civitate Treveri tres fuisse scolas hereticorum, publicatum est.» «Et plures erant secte . . .» (ebd. S. 401).

[29] Beiseite gelassen habe ich den Abschnitt mit dem Bericht des Erzbischofs Theoderich vor der Synode über die Organisation der Ketzer. Danach hätten die Ketzer ebenfalls einen Bischof namens Theoderich und einen Papst namens Gregor, um auf die Frage nach ihrem Glauben eine unverfängliche Antwort geben zu können, indem sie sich auf den Glauben von Bischof Theoderich und Papst Gregor beriefen. Inwiefern diese Nachricht einen historischen Kern hat oder nur die Hinterlist der Ketzer beweisen soll, muß offen bleiben.

[30] Ebd. S. 401. Parallelen dazu in dem Schreiben Gregors IX. vom 13. Juni 1233 (MG Epp, t. 1 (1883) S. 433, Nr. 537/I, Potthast 9230), und in dem Brief von Papst Johannes XXII. vom 1. 4. 1318 (ed Patschovsky, Die Anfänge S. 86); zu der Nachricht über die Heirat mit den eigenen Müttern nach Bezahlung von 18 Denaren vgl. die Aussage des Ketzers Lepzet in Köln (ed. Döllinger II, S. 372; vgl. dazu u. Anm. 33).

[31] Ed. Patschovsky in Quellen, S. 71.81.82.94.

[32] Zum Problem insgesamt E. Amann im DThC, IX (1926) Sp. 1044–1056. Möglich ist, daß

dafür lassen sich kaum erhellen. Weder David von Augsburg, noch der Passauer Anonymus, die doch beide Erfahrung im Umgang mit Ketzern hatten, sind «Luziferianern» persönlich begegnet, und so müssen wir vermuten, daß auch Konrad von Marburg nur auf Grund der Folter Geständnisse von «Luziferianern» erhielt[33].

Mit großer Wahrscheinlichkeit waren die 1231 in Trier entdeckten Ketzer also Waldenser, denn wir begegnen bei ihnen denselben nicht immer einheitlichen Lehren, die z. B. auch David von Augsburg und der Passauer Anonymus Waldensern zuschreiben[34].

Größer sind die Probleme bei dem Bericht über die Ketzerverfolgung 1315 in *Krems* und den dabei entdeckten «articuli». Die erste Schwierigkeit besteht darin, daß uns dieser Bericht in fünf verschiedenen Fassungen überliefert ist, von denen aber offenbar zwei grundlegend sind[35]. Die erste von beiden wird uns in einer Handschrift des Dominikanerkonvents in Wien überliefert und nimmt ausdrücklich Bezug auf die Verfolgung von 1266. Sie ist aber in ihrer Darstellung durch den Katharertraktat des Passauer Anonymus beeinflußt[36]. Die zweite grundlegende Fassung des Berichts wird repräsentiert durch eine Handschrift aus dem Stift von St. Florian; da sie keinerlei Anleihen aus dem Werk des Passauer Anonymus enthält, wird man sie wohl zugrundelegen müssen[37]. Was Haupt zu den Ketzerartikeln und ihrer Einordnung geschrieben hat, ist bis heute weder widerlegt noch überholt. Er teilt die Artikel in drei Gruppen ein: 1. luziferianische Lehren und Praktiken, 2. radikale Aussagen gegen die Sakramente und den Gottesdienst der katholischen

---

mißverstandene und verzerrte wiedergegebene katharische Spekulationen über das Schicksal Luzifers den Anlaß zu einem Teil der Vorwürfe bildeten (ebd. Sp. 1055).

[33] David von Augsburg schreibt: «Quod autem, ut dicitur (er verteidigt hier also die Waldenser!), osculentur ibi catos vel ranas vel videant dyabolum, vel extinctis lucernis pariter fornicentur, non puto istius secte, nec aliquod horum veraciter intellexi ab illis, quibus fidem adhiberem.» Und im nächsten Abschnitt unter der Überschrift «De adoracione Luciferi»: «Quod autem adorent Luciferum vel eum sperent restituendum in gloriam, alterius secte est» (ed. Preger S. 210 f.). In der kürzeren französischen Version heißt es dagegen ergänzend nach «non puto istius secte»: «quia Cathari dicuntur hoc facere» (ed. Martène, V, 1782). Dort fehlt auch der folgende Abschnitt. Der Passauer Anonymus überliefert im Rahmen seines Katharertraktats die Aussage eines Ketzers namens Lepzet, ein wahres Kompendium luziferianischer Lehren und Praktiken (ed. Döllinger II, S. 370–373). Patschovsky (Passauer Anonymus S. 97 Anm. 61) vermutet einen Zusammenhang dieser Aussage mit der Verfolgung unter Konrad von Marburg.

[34] Haupts Identifizierung der drei «scolae» mit drei verschiedenen Sekten, von denen eine dann waldensisch gewesen sein soll (Waldensertum, S. 1 Anm. 1), ist sicher unrichtig. Vermutlich hat der Chronist aus der Vielfalt und Widersprüchlichkeit der Lehren auf verschiedene Sekten geschlossen.

[35] Die Handschriften werden im einzelnen aufgeführt bei Nickson S. 303 f.

[36] Ed. Nickson S. 304–311 und dazu Patschovsky, Der Passauer Anonymus S. 139 f. Anm. 9.

[37] Ed. Nickson S. 311–314 und Patschovsky ebd.

Kirche, 3. vereinzelte Angaben über Lehre und Organisation der verfolgten Sekte[38]. Wenn Haupt zu dem Schluß kommt, daß die in Krems und in anderen Städten Österreichs verfolgten Ketzer Waldenser waren, so wird man ihm zustimmen müssen[39]. Ich möchte nur an einer Stelle noch genauer nachfragen. Unklar ist nämlich noch, welchen Hintergrund die Aussagen der 2. Gruppe haben, in denen in scharfer Form die Jungfräulichkeit Mariens, die Sakramente und der Gottesdienst verspottet werden. Man kann diese Aussagen, die zum Teil sogar volkssprachlich überliefert sind, kaum als häretische Lehren bezeichnen; es handelt sich vielmehr um Aussprüche, die ohne erkennbare theologische Begründung all das verspotten, was einem treuen Glied der römischen Kirche heilig sein mußte[40].

Hat man diese Aussagen den Waldensern und ihren Anhängern einfach unterschoben oder haben wir hier wirklich ein gänzlich radikalisiertes Waldensertum vor uns? Ich vermute, daß keine dieser beiden Hypothesen zutrifft, sondern daß wir ähnlich wie bei der Inquisition in Giaveno die Aussagen von Belastungszeugen vor uns haben, die das von Waldenseranhängern oder auch nur Waldensersympathisanten Gehörte in verzerrter Form wiedergeben[41]. Jenes Gedicht aber, in welchem die Jungfrauengeburt spöttisch bezweifelt wird, dürfte wohl nicht aus dem Umkreis waldensischer Propaganda stammen, sondern eher Ausdruck eines im Volk verbreiteten Unglaubens sein[42]. Kritik an der Kirche, Zweifel an den grundlegenden

---

[38] Waldensertum S. 39–45.

[39] Ebd. S. 45. Zu den Hauptargumenten gehört die Erwähnung der Legende von der Himmelsreise zweier Apostel, die sich dort von Elia und Henoch die Vollmacht der Binde- und Lösegewalt geben lassen (ed. Nickson S. 311). Diese Legende findet sich dann auch bei den Waldenseranhängern, die Ende des 14. Jahrhunderts in Brandenburg und Pommern verhört werden (Kurze, Quellen S. 223). Hinweise auf Katharer finden sich nur in der Handschrift des Dominikanerkonvents in Wien (Cod. 188, ed. Nickson S. 305.310), sind aber dort sicher Anleihen aus dem Werk des Passauer Anonymus (Patschovsky, S. 139 f. Anm. 9).

[40] So bezeichneten sie z. B. das Sakrament der Eucharistie mit dem Titel «Das ist der gemachte Gott». Über das Sakrament der letzten Ölung lästerten sie mit den Worten: «ja, wir gelawben wol ist das krawt wol geölt so ist es dester besser» (Nickson S. 312). Die Mönche, alle Ordensleute und Diener der Kirche bezeichneten sie als «non dei sed ventris sui famulos» (ebd.). Kritik am Klerus und an den Sakramenten ist uns von den Waldensern bekannt. In direktem Gegensatz zur sonst bekannten waldensischen Lehre scheint folgende Aussage zu stehen: «Es ist eins mannes ayd als gross sunde als der in einem kalten prun bläst» (ebd.). Aber auch David v. A. (ed. Preger, S. 215) und Berthold v. Regensburg (Schönbach, S. 32) berichten davon, daß zumindest die Waldenseranhänger unter bestimmten Umständen vor Eid und Meineid nicht zurückschreckten.

[41] Vgl. oben S. 82 f.

[42] «Item integritatem virginis Marie nequissime derogabant dicentes impossibile esse virginem permansisse et hoc quendam rithmum viciosum dicebant in wlgari:
Eva het einen man.
Der was gehayssen Adam.
Seytt der zeyt an man.

Glaubenslehren und Mißachtung der ethischen Normen, dies alles war ja auch außerhalb ketzerischer Gemeinschaften und unabhängig von einer bestimmten Häresie möglich[43].

Wer aber waren jene Ketzer, die 1315 in *Prag* und in anderen Städten Böhmens entdeckt wurden und die auch in dem bekannten Brief von Papst Johannes XXII. vom 1. April 1318 erwähnt werden[44]? Kaum eine Frage hat die Forschung so bewegt und dabei zu so unterschiedlichen Ergebnissen geführt wie diese[45]. Erst die Entdeckung neuer Quellen in jüngster Zeit hat uns der Lösung dieser Frage näher gebracht[46]. Das Schreiben Johannes' XXII., das die Absetzung des Prager Bischofs Johann von Draschitz ausspricht – unter anderem, weil er Ketzer begünstigt habe – enthält einen Katalog der Lehren und Praktiken dieser Ketzer, der nun allerdings die verschiedensten Elemente enthält. Da finden sich neben den schon bekannten Vorwürfen luziferianischer Art (nächtliche Orgien, Hoffnung auf die zukünftige Herrschaft Luzifers), Lehren, die uns von den Waldensern geläufig sind (Ablehnung des Schwörens, Beichte vor Laien, Möglichkeit der Wiedertaufe) und nicht zuletzt auch solche häretischen Ansichten (Leugnung der Totenauferstehung, und der Identität des göttlichen Wesens, Behauptung, Jesus habe nur einen Scheinleib besessen), die man nicht zu Unrecht als katharisch ansah[47].

Nun ist uns aber in einem von Patschovsky herausgegebenen Inquisitorenhandbuch die Verurteilung des Buches eines Richardin von Pavia erhalten. Dieser gelehrte Arzt wird von Papst Johannes XXII. ausdrücklich als einer der Ketzer erwähnt, die Bischof Johann von Draschitz habe aus dem Gefängnis der Inquisition

Nye kain fraw kann kindt gewan.
Noch nymmer gethuet.
Also stett unser gelawben und unser muet»
(Nickson, S. 311).

[43] Belege für solchen volkstümlichen «Unglauben» finden sich leider nur selten (vgl. Hauck, 4. T., S. 939 f.). Immerhin hören wir z. B. von einem Bürger der böhmischen Stadt Tschaslau, der wegen blasphemischer Äußerungen über Christus, die Jungfrau Maria und alle Heiligen 1336 von dem Inquisitor Gallus verurteilt worden war (Patschovsky, Die Anfänge, S. 14.130 ff.).

[44] Königssaaler Chronik, ed. J. Emler in Fontes rer. Bohem., IV Prag 1884, S. 224. Der Brief Johannes XXII. im Regest bei Mollat-Lesquen, Jean XXII., Lettres communes, t. 2 (1905), S. 119 f., Nr. 6812 und neu ediert bei Patschovsky, Die Anfänge S. 82–89.

[45] Einen Überblick über die Vielfalt der Meinungen in der bisherigen Forschung bietet Molnár, Les Vaudois en Bohême S. 5 f.

[46] Hier ist das Buch von A. Patschovsky, «Die Anfänge einer ständigen Inquisition in Böhmen», noch einmal ausdrücklich zu erwähnen, in welchem auch ein Prager Inquisitorenhandbuch aus der ersten Hälfte des 14. Jahrhunderts zum erstenmal veröffentlicht ist (S. 93–231).

[47] Patschovsky ebd. S. 86.41.

befreien lassen[48]. Die Irrlehren, die auf Katharer hinzudeuten schienen, sind nichts anderes als aus dem Zusammenhang gerissene und verzerrt wiedergegebene Sätze aus dem Buch Richardins, das wegen seiner «averroistischen» Irrlehren verurteilt worden war[49]. Offen aber bleibt noch die Frage, ob daneben auch Waldenser gemeint sind, oder ob die Anhänger Richardins, die vielleicht unter Beginen und Begarden zu suchen sind, ebenfalls den Eid abgelehnt, die Laienbeichte vertreten und die Möglichkeit der Wiedertaufe erwogen haben[50].

Nun wird den 1315 verfolgten Ketzern nach dem Bericht der Königssaaler Chronik nur Laienbeichte vorgeworfen, und das läßt doch eher auf Waldenser schließen als auf häretische Beginen oder Begarden, denen man sicher noch anderes vorgeworfen hätte[51]. Auch eine Aufzählung eindeutig waldensischer Lehren und Praktiken, die vermutlich derselben Zeit zuzurechnen ist, macht die Einbeziehung von Waldensern in die Verfolgung von 1315 ff. wahrscheinlich. Diese Aufzählung wird nämlich in Zusammenhang mit jener Irrtumsliste überliefert, die der Darstellung von Papst Johannes XXII. in seinem Brief vom 1. April 1318 als Vorlage diente[52]. Bei aller angesichts der unsicheren Quellengrundlage gebotenen Zurückhaltung im Urteil halte ich es für wahrscheinlicher, daß die 1315 verfolgten in der Mehrzahl Waldenser waren und nicht häretische Beginen und Begarden[53].

---

[48] Das Urteil bei Patschovsky, Die Anfänge S. 185–190 und der Brief Johannes XXII. ebd. S. 87. Zu den Ereignissen in Prag, die von Heinrich von Schönburg dem Papst nicht der Wahrheit entsprechend geschildert worden waren, vgl. ebd. S. 30–46.

[49] In welcher Weise die Lehren Richardins vergröbert und entstellt wurden, geht aus einer Liste von Irrlehren hervor, die an den Papst übermittelt wurden und wohl die Grundlage für den «Irrtumskatalog» in seinem Brief bilden (ed. Patschovsky, ebd. S. 90.40 f.).

[50] Die letztere Möglichkeit wird von Patschovsky ebd. S. 40–42 f. erwogen.

[51] Königssaaler Chronik, ed. Emler a. a. O. S. 224: «. . . qui obmissis et contemptis clavibus ecclesiae in quibusdam conventicularibus latibulis confessionem suam aliis laycis facere sunt coperti . . .»

[52] «Isti errores sunt inventi in Bohemia: Primo quod layci audiunt confessiones et dicunt se habere auctoritatem a deo solo. Item quidam dicunt infernum non esse. Item dicunt oraciones et oblaciones pro mortuis non prodesse eis, et quod ista eos credere confessores layci docuerunt» (Patschovsky ebd. S. 90).

[53] Man wird aber Patschovsky zustimmen müssen, wenn er vorsichtig urteilt, daß «die Frage nach der konkreten Gestalt der Häresie, die den Anstoß zu Inquisition 1315/18 gab, sich nicht mit letzter Sicherheit beantworten» läßt (ebd. S. 77).

3. KAPITEL: HINTERGRÜNDE DER AUSBREITUNG DER DEUTSCHEN WALDENSER

a) Die Lage der Landbevölkerung

Die rasche Ausbreitung der deutschen Waldenser und ihre feste Verwurzelung unter der Bevölkerung bis ins 15. Jahrhundert hinein zwingt uns dazu, nach den Hintergründen zu fragen. Dabei soll zunächst geklärt werden, unter welchen sozialen und wirtschaftlichen Bedingungen diese Ausbreitung erfolgte.

Die ersten deutschen Waldenser begegnen uns in dem Frankreich benachbarten städtereichen Gebiet um Rhein und Mosel. Sind auch unsere Kenntnisse über ihre soziale Herkunft äußerst gering, so erfahren wir doch immerhin, daß die Ketzerverfolgung unter Konrad von Marburg Menschen aller Schichten vom Adligen bis zum einfachen Bauern betroffen hat[1]. Die Erwähnung deutscher Bibelübersetzungen bei den Waldensern in Trier, deutet ebenfalls an, daß die Waldenser hier zumindest auch in bürgerlichen Kreisen ihre Anhänger fanden[2]. In der zweiten Hälfte des 13. Jahrhunderts verlagert sich dann aber der Schwerpunkt der Ausbreitung nach Osten. So wurden vor 1265 in dem Marktort Nittenau an der Straße von Regensburg nach Böhmen Waldenser entdeckt[3]. Dörfer, Marktorte und Kleinstädte begegnen uns dann in dem Verzeichnis von Pfarreien in Ober- und Niederösterreich, in denen man auf waldensische Umtriebe stieß[4]. Diese Aufzählung sagt aber wenig über eine genaue soziale Zuordnung der Waldenser aus, denn in Österreich gab es damals nur eine größere Stadt, nämlich Wien[5]. Allerdings waren die Waldenser in dem Dorf

---

[1] Die «Annales colonienses Maximi» (ed. K. Pertz in MG SS 17, 1861, S. 843) nennen unter den von der Verfolgung betroffenen: «multi nobiles et ignobiles, clerici, monachi, incluse, burgenses, rustici . . .»

[2] «. . . Et multi eorum instructi erant in scripturis sanctis, quas habebant in Theutonicum translatas» (Gesta Treverorum, ed. G. Waitz in MG SS 24, 1879, S. 401).

[3] Vgl. o. S. 98. Zu Nittenau vgl. Bayer. Städtebuch, Teil 2, ed. E. Keyser/H. Stoob, 1974, S. 491.

[4] Die Ortsnamenliste jetzt am besten bei Nickson S. 294 f., die auch die Orte identifiziert und auf einer Karte darstellt (ebd. S. 278–280). Zu den einzelnen Orten vgl. Handbuch der historischen Städte, Österreich, 1. Bd. Donauländer und Burgenland, herausg. von Karl Lechner, Stuttgart 1970.

[5] F. Tremel, Wirtschaft- und Sozialgeschichte Österreichs Wien 1969, S. 100. Nur eine, der in der Ortsnamenliste von 1266 erwähnten Städte, nämlich Steyr, hatte damals schon mehr als 2000 Einwohner (Tremel ebd.).

Kematen in Oberösterreich mit über 10 «Schulen» am stärksten vertreten, und auch der Bischof residierte in einem Dorf, nämlich in Ansbach (Niederösterreich, Bez. St. Pölten)[6]. Auch wenn man die insgesamt etwas stärker agrarische Wirtschaftsstruktur Österreichs berücksichtigt, kann man doch von ausgesprochen ländlichen Verhältnissen sprechen, die die Ausbreitung der Waldenser begünstigten[7].

Die Führungsrolle innerhalb der Gemeinschaft kam nun aber den Handwerkern zu. «Weber und Schuhmacher sind ihre Lehrer» schreibt der Passauer Anonymus. Die Bauern sind als Lehrer oder Meister der Sekte offenbar nicht in Erscheinung getreten[8]. Die Führungsrolle der Handwerker mag ihren Grund darin gehabt haben, daß es sich hier in erster Linie um ländliche Wanderhandwerker handelte, wie sie damals in die Dörfer und auch in entlegene Weiler kamen, um den Bauern ihre Dienste anzubieten. Sie kamen am ehesten mit neuen Ideen in Berührung und konnten sie unter den Bauern weiterverbreiten. Als Leute mit einem erweiterten Horizont führten sie in den Versammlungen das Wort und stellten auch die Verbindung zwischen den einzelnen lokalen Gruppen her[9]. Kennzeichnend für die soziale Herkunft der Führungsschicht ist ihr Stolz auf die Handarbeit und die Tatsache, daß sie in der Regel weder lesen noch schreiben kann. «Sie lehren und lernen ohne Bücher» schreibt der Passauer Anonymus. Der Eifer aber, mit dem sie in den Versammlungen Stücke aus der Bibel – vor allem aus dem Neuen Testament – auswendig lernten, nötigte offenbar auch ihm als einem gebildeten Kleriker Respekt ab. Er war um so höher zu bewerten als diese Handwerker und Bauern erst am Abend oder in der Nacht die Gelegenheit hatten, sich dem Lernen zu widmen[10].

---

[6] «Et in sola parrochia que dicitur Chemenaten fuerunt X scole . . .» «Item in Enzinsbach et ibi scole et episcopus» (Nickson S. 294).

[7] In seiner Predigt «Saelic sint die reines Herzen sint» (ed. Franz Pfeiffer, Berthold von Regensburg, 1. Bd. Wien 1862, S. 403) bemerkt Berthold: «Sie gênt ouch niht ze frumen steten, wan dâ sint die liute verstendic und hoerent an dem êsten wol, daz err ein ketzer waere: sie gênt zuo den wîlern unde zuo den dorfen gerne unde halt zuo den kinden, die der gense hüetend an dem velde.»

[8] Ed. Patschovsky in Quellen S. 74. «Vidi et audivi rusticum ydiotam, qui Iob recitavit de verbo ad verbum» (ebd. S. 71), schreibt derselbe Verfasser, wobei aber nicht feststeht, ob mit «rusticus» wirklich ein Bauer oder nur ein einfacher, ungebildeter Mensch vom Lande gemeint ist.

[9] Zum dörflichen Wanderhandwerk vgl. Tremel (S. 83 ff.), der besonders Schneider, Schuster und Weber nennt. Zu ihrer Führungsposition vgl. Volpe, S. 53.

[10] «viri et femine, parvi et magni, nocte et die non cessant discere et docere; operarius in die laborans, nocte discit vel docet. Ideo parum orant propter studium. Docent eciam et discunt sine libris» (ed. Patschovsky in Quellen S. 70). «Negociaciones non habent propter mendacia et iuramenta et fraudes vitandas, sed tantum vivunt de labore manuum ut opifices» (ebd. S. 74). Und an anderer Stelle zitiert der Passauer Anonymus aus einer Missionspredigt: «Item comedunt (erg. der Klerus) panem ociosum nichil operantes. Nos vero manibus operamur» (ebd. 76).

Aber es fiel David von Augsburg und Berthold von Regensburg nicht schwer, den Bildungsanspruch von Leuten, die weder lesen noch schreiben konnten, spöttisch zu bezweifeln. Für sie war Bildung ohne Bücher eben nicht denkbar[11]. «Kehr zurück an den Pflug und zur Weberei» ruft Berthold den «Ketzermeistern» zu und bezeichnet sie im selben Zusammenhang als «toti stulti et rusticani, unvolch et idiote»[12].

Aber gerade die Möglichkeit, auch ohne Bücher, also ohne Vorkenntnisse und Schulbildung, «Bildung zu erwerben», und sei es auch nur in Form von auswendig-gelernten Stücken aus der Bibel, hat die Versammlungen der Waldenser, ihre «scholae» für Bauern und Handwerker attraktiv gemacht. Die Landbevölkerung hat ja im Verlauf des 13. Jahrhunderts eine Besserstellung ihrer wirtschaftlichen und rechtlichen Lage erlebt und ihr verstärktes Selbstbewußtsein drückte sich auch in einem gesteigerten Bildungsinteresse aus[13]. Aber nur in den Schulen der Waldenser hatten Männer und Frauen, alt und jung, die Möglichkeit, nicht nur zu lernen, sondern auch zu lehren[14].

Sogar in den Häusern der Aussätzigen gab es eine Schule der Waldenser[15]. Das gesteigerte Selbstbewußtsein von Leuten, die Berthold von Regensburg als «toti stulti, rusticani, unvolch et idiote» bezeichnete und das sich im Streben nach Bildung ausdrückte, hatte wohl auch der Passauer Anonymus vor Augen, wenn er unter den Gründen für die Häresie das Streben nach «eitler Ehre» an erster Stelle nennt[16]. Was

---

[11] Dem Stolz der Waldenser auf ihre Bildung hält David entgegen, daß schon ein zwölfjähriger Knabe mehr verstehe, als ein sechzigjähriger Ketzermeister «dum iste sola illa scit, que usu corde affirmavit, ille vero per artem grammaticae mille libros scit legere latine et ad literam intelligere . . .» (ed. Preger, S. 212).

[12] Schönbach, S. 43.45.

[13] Zur wirtschaftlichen und rechtlichen Besserstellung der Bauern in Österreich während des 13. Jahrhunderts vgl. Tremel, S. 62. Das Buch von R. Limmer über «Bildungszustände und Bildungsideen im 13. Jahrhundert» enthält zwar einen Abschnitt über die Häretiker (S. 61–64), aber er setzt ihre Bedeutung für die Bildung der Landbevölkerung zu gerig an. Immerhin bestätigt auch er, daß dem gesteigerten Bildungsinteresse gerade bei den Bauern die Bildungsmöglichkeiten nicht entsprachen (ebd. S. 50–53). Ausgezeichnet ist dagegen die Darstellung von Volpe, der ja die Häresie insgesamt als «moto di coltura» (S. 53–55 und besonders S. 55) bezeichnet.

[14] Vgl. Anm. 10. Auch David berichtet: «Quod femine docent inter eos» (ed. Preger, S. 209). Unter Berufung auf einige Schriftstellen wie Num 11,29 und 1 Kor 14,31 behaupten die Waldenser nach dem Bericht des Passauer Anonymus (ed. Patschovsky in Quellen, S. 80): «. . . quod omnis homo, eciam femine, debeant predicare».

[15] So heißt es in der Ortsnamenliste von 1266 (ed. Nickson S. 295) «Item in Neuenhofen (Oberösterreich, Bez. Linz – Land) et ibi scole leprosorum.» Auch Berthold wirft ihnen vor, daß sie in «tenebris et angulis et textrinis, in domibus leprosorum, in latebris et in cavernis sub terra» lehren (Schönbach, S. 45).

[16] «Heresis sex cause sunt: Prima est inanis gloria. Quia enim vident doctores in ecclesia honorari, iedo et ipsi appetunt per doctrinam honorari» (ed. Patschovsky, in Quellen S. 70).

dieses gesteigerte Selbstbewußtsein und diesen Anspruch auf Bildung aber in den Augen eines Klerikers so gefährlich machte, war die Verbindung mit einer radikalen Kritik an Kirche und Klerus. Die Bibel, die von den Ketzern auswendig gelernt wurde, war zugleich ihre Waffe und sie schärfte den Blick für die Mißstände in der Kirche und unter ihren Amtsträgern[17]. Daß diese Kritik in vielen Punkten berechtigt war, mußten auch die Ketzerbekämpfer zugeben. Aber ihre Verschärfung und Radikalisierung steht wohl damit im Zusammenhang, daß nun auch die Landbevölkerung höhere Ansprüche an die Kirche und den Klerus stellte[18].

Aber weder das Streben nach Bildung, noch die Kritik an der Kirche allein erklären den Erfolg der waldensischen Propaganda. Die Kritik an der «reichen Feudalkirche» war ja nur die Kehrseite des Versuchs auf der Grundlage der Bibel selbst die «Kirche Jesu Christi» darzustellen[19]. Sicher, die Ablehnung des kirchlichen Zehnten, die Kritik an Reichtum und Müßiggang des Klerus konnte bei vielen auf Zustimmung rechnen und sie vielleicht zu Sympathisanten der Waldenser machen[20]; aber ob diese Sympathisanten dann wirklich am Leben in der «schola» teilnahmen, ihr Leben nach der «Lehre Christi und der Apostel» gestalteten und auch bereit waren, diese Lehre an andere weiterzugeben, das ist die Frage[21]. Die Kritik an der

---

[17] Als «septima causa» (heresum) erwähnt der Passauer Anonymus «odium, quod habent contra ecclesiam» (ebd. S. 72).

[18] In einem eigenen Abschnitt seines Sammelwerks zählt der Passauer Anonymus unter der Überschrift «de occasionibus errorum hereticorum» kirchliche Mißstände auf (ed. Preger, Beiträge, S. 242–245). Zur Bildung, Lebenswandel und Amtsführung des Klerus vgl. Hauck, 4. Teil S. 920 ff. und Limmer, S. 90.

[19] Erbstößer (S. 137) urteilt vom marxistischen Standpunkt aus: «Die Kritik an der reichen Feudalkirche – das eigentliche Wesen des Waldensertums – äußert sich als radikaler Biblizismus.» Daß er sich dabei auf Hauck beruft (5. T., 1. H. S. 404) geschieht sicher zu Unrecht. Der Verwerfung der römischen Kirche («... quod ecclesia Romana non sit ecclesia Iesu Christi» steht der Anspruch gegenüber: «... quod ipsi sint ecclesia Iesu Christi» (Passauer Anonymus, ed. Patschovsky in Quellen S. 77). Das «Wesen» des Waldensertums kann doch nur da erfaßt werden, wo man untersucht, *wie* die Waldenser ihren Anspruch «die Kirche Jesu Christi» zu sein, verwirklichten (vgl. dazu unten S. 125).

[20] Zur Kritik am Zehnten, an Reichtum und Müßiggang des Klerus vgl. «de articulis heresum ...» ed. Nickson S. 296 f. Zur Verbreitung der Kirchenkritik allgemein vgl. die Äußerung des Passauer Anonymus (ed. Patschovsky in Quellen, S. 73): «solummodo Romanam ecclesiam blasphemant et clerum, cui multitudo laicorum facilis est ad credendum.»

[21] Ebd. S. 76 f. Zur Lebensführung der Waldenser vgl. man den Abschnitt «Quomodo heretici cognoscantur» (ebd. S. 74). Der Passauer Anonymus erwähnt besonders ihre Bescheidenheit und Sittenstrenge (Verzicht auf Kleiderluxus, Reichtum, auf Besuch von Wirtshäusern und Tanzveranstaltungen) sowie ihre Scheu vor leichtfertigem Gerede, Lüge und Eid.
Um den Missionseifer der Waldenser zu verdeutlichen, berichtet derselbe auch von einem Waldenser, der im Winter durch die Ybbs (rechter Nebenfluß der Donau in Niederösterreich) geschwommen sei, nur um einen Anhänger zu gewinnen (ebd. S. 71).

«reichen Feudalkirche» war ein Bestandteil der waldensischen Predigt, aber sie war nicht ihr Hauptinhalt. Ihrem Selbstverständnis als «pauperes spiritu» entsprach es daher auch eher, «um der Gerechtigkeit willen» und für ihren Glauben Verfolgung zu erleiden[22] als durch die Masse und Macht ihrer Anhänger, durch Abschaffung des Zehnten und Enteignung des Kirchenbesitzes eine Reform der Kirche zu erzwingen[23].

b) Die deutsche Ostsiedlung

Wie schon an anderer Stelle bemerkt, haben sich die Waldenser im 14. Jahrhundert weiter nach Osten und nach Norden ausgebreitet. Deutlich und schon seit langem bekannt ist der Zusammenhang dieser Ausbreitung mit der deutschen Ostsiedlung[24]. So erfahren wir, daß 1335 fast alle Einwohner des südböhmischen Dorfes Groß-Bernharz (Velky Bednárec) von den waldensischen Predigern Albert und Gottfried besucht wurden[25]. Den Namen nach zu schließen waren sie alle deutscher Sprache (mit Ausnahme einer Magd) und ihre Vorfahren waren wohl aus Niederösterreich eingewandert[26]. Wahrscheinlich waren unter den ersten Siedlern schon Waldenseranhänger, die um weiteren Verfolgungen zu entgehen und vielleicht auch aus wirtschaftlichen Gründen ihre Heimat verlassen haben. Daß Groß-

---

[22] «Quod ipsi sint vere pauperes spiritu et persecutionem patiantur propter iusticiam et fidem« («de articulis heresum . . .», ed. Nickson S. 296), vgl. Mt. 5,3.10.

[23] Dem scheint zu widersprechen, was z. B. der Passauer Anonymus selbst gehört haben will: «. . . quod intendebant clericos et claustrales redigere ad statum fossorum per ablacionem decimarum et possessionum et per potenciam et multitudinem credencium ipsorum et fautorum» (ed. Patschovsky in Quellen, S. 72). Solche Meinungen waren im Umkreis der Waldenser sicher vorhanden und auch die Tatsache, daß der Pfarrer von Kematen umgebracht wurde (ebd. S. 73) bestätigt das, aber diese Radikalisierung war eher eine Randerscheinung und jener Mord eine Verzweiflungstat.

[24] Vgl. o. S. XXX ff. Boehmer hat mit Recht das Waldensertum als eine «ständige Begleiterscheinung der deutschen Kolonisation des 13. und 14. Jahrhunderts» bezeichnet (S. 824).

[25] Der Sohn des Bauern Konrad aus Groß-Bernharz sagt vor dem Inquisitor aus: «. . . quod ad omnes in tota villa iret dominus ille eorum (gemeint ist wohl der Waldenser Gottfried) excepto iudice, balneatore Crestlino et pastore» (Göttweiger Inquisitionsfragment, ed. Patschovsky S. 238).

[26] Haupt, Deutsch-böhmische Waldenser S. 10. Zur niederösterreichischen Herkunft der Siedler im Gebiet derr Herrschaft Neuhaus vgl. H. Zatschek, Die Witingonen und die Besiedlung Südböhmens (Deutsches Archiv für Landes- und Volksforschung, 1. Jahrg. Leipzig 1937, S. 123 f.). So erklären sich auch die engen Beziehungen südböhmischer Waldenseranhänger zu den Waldensergebieten in Österreich, die uns aus einigen Aussagen in den «Heiligenkreuzer Fragmenten» bekannt sind (ed. Patschovsky, S. 199 f.; vgl. dazu ebd. S. 34).

Bernharz von vornherein aber eine Siedlung emigrierter Waldenseranhänger gewesen sei, halte ich für weniger wahrscheinlich. Vielmehr hat die Mission der Waldenser wohl erst unter den Siedlern selbst ihren Höhepunkt erreicht. Die mit der Auswanderung verbundene Entwurzelung und die unzureichende kirchliche Versorgung im neuen Siedlungsgebiet mögen mit zu diesem Erfolg beigetragen habn[27]. Aber das sind alles Vermutungen, denn die wenigen uns erhaltenen Fragmente von Inquisitionsverhören und andere Quellen geben uns darüber keine Auskunft.

Auch jetzt sind es Handwerker und Bauern, die uns als Waldenseranhänger begegnen. An der sozialen Herkunft hat sich also gegenüber dem 13. Jahrhundert in dieser Beziehung wenig geändert[28]. Wie ihre wirtschaftliche Lage im einzelnen beschaffen war, wissen wir nicht. Wir erfahren aber, daß einer der deutschen Siedler in Groß-Bernharz eine tschechische Magd hatte[29]. Da zum Teil die gesamte Dorfbevölkerung einschließlich des Dorfschulzen in Verbindung zu den Waldensern stand, müssen unter den Anhängern der Waldenser auch die relativ wohlhabenden Familien gewesen sein[30].

Daß die Waldenseranhänger alles andere als eine Randgruppe darstellten, verdeutlicht auch der Aufstand der Bauern der Herrschaft Neuhaus, zu der auch Groß-Bernharz gehörte. Die Bauern wurden von Papst Benedikt XII. in seinem Brief vom 6. März 1340 als «infiniti haeretici communiter Theutonici et advene» bezeichnet. Sie verweigerten ihrem Herrn Ulrich III. von Neuhaus den Gehorsam, zerstörten eine seiner Burgen und zündeten mehrere Dörfer an. Der Aufstand, zu dessen Niederschlagung der Papst dem Ulrich und seinen Helfern dieselben Ablässe wie für den Kreuzzug gewährte, richtete sich gegen Ulrich selbst und gegen die Inquisition, die nicht nur unter den Ketzern und ihren Anhängern verhaßt war[31]. Ulrich dagegen hatte ein Interesse daran, seine Gegner rundweg als Ketzer zu bezeichnen, weil er so

[27] In diesem Zusammenhang mangelnder kirchlicher Versorgung und damit auch fehlender Kontrolle gehört die Aussage des Försters von Ulrich von Neuhaus, der von einer Magd aus Groß-Bernharz gehört haben will: «. . . quod raro vadunt ad missam diebus dominicis . . .» (Göttweiger Fragment ed. Patschovsky, S. 234). Probleme bei der kirchlichen Versorgung in einem gemischtsprachigen Gebiet – schon 1266 gab es ja Waldenser in der Grenzstadt Drosendorf (vgl. oben S. 99 f.) – spricht auch der Passauer Anonymus an, wenn er als «occasio» für die Laienbeichte angibt: «Item Bohemus sacerdos Teutonicos audit et neuter alterum intelligit. Item confessio fit per interpretem» (ed. Patschovsky in Quellen S. 86 f.).

[28] Als Anhänger der Waldenser in Groß-Bernharz werden zwei Schmiede und die Frau eines Tuchscherers genannt (Göttweiger Fragment ed. Patschovsky, S. 233 f.). Die anderen haben wohl von der Landwirtschaft gelebt (vgl. dazu insgesamt, ebd. S. 61).

[29] Ebd. S. 234

[30] «So kann man bei fast allen namentlich genannten Waldensern zumindest auf den Status eines Haus- oder Hofbesitzers mit Gesinde schließen», meint Patschovsky (ebd. S. 64 f.).

[31] Reg. Bohem. ed. J. Emler, Bd. IV, Prag 1892, S. 302 f., Nr. 762 und abgedruckt bei Raynaldi Annales ecclesiastici, Bd. 25, ad. a. 1340, Nr. 72, S. 220 f. Dazu Haupt (Deutschböhmische Waldenser, S. 2) und Molnár (Les Vaudois en Bohême, S. 8 f.).

die kirchliche Unterstützung zu ihrer Bekämpfung bekam[32]. Die Art dieses Aufstands spricht vielmehr dafür, daß er politische und soziale Hintergründe hatte. Daß Ulrich als enger Freund des Papstes die Inquisition förderte und von ihrer Arbeit auch profitierte, mag mit dazu beigetragen haben, daß sich die Spannungen zwischen ihm und den deutschen Siedlern zuspitzten[33].

Nun finden wir Waldenseranhänger in der ersten Hälfte des 14. Jahrhunderts auch verstärkt unter den Handwerkern in kleineren und auch größeren Städten. So begegnet uns in Prag eine Weberfamilie, die aus Königgrätz zugezogen war[34]. Aus dem Dorf Fredenwalde (Kreis Templin, Uckermark) stammten die Eltern des um 1342 in Stettin geborenen Riemenschneiders Andres Vredewalde[35]. Bei der Prager Weberfamilie mag der Ortswechsel den Grund gehabt haben, daß die Familie schon in Königgrätz unter Verfolgung zu leiden hatte und man hoffte am neuen Ort unerkannt zu bleiben[36]. Der Zuzug in eine größere Stadt ist aber bei Handwerkern auch ein ganz normaler Vorgang, da der Ertrag des dörflichen Handwerks normalerweise gering war[37].

Daß sich die Wirkung der waldensischen Mission in Böhmen und Mähren auf die deutschen Siedler beschränkte und die slawische Bevölkerung offenbar nur spät oder gar nicht berührte, bleibt eine Tatsache, die nur schwer zu erklären ist[38]. Vielleicht lag es daran, daß die deutschen Siedler sowohl in den Städten als auch auf dem Lande bewußt «unter sich» blieben und es somit nur wenige Kontakte zu der tschechischen Bevölkerung gab. Bis ins 15. Jahrhundert hinein galt auf jeden Fall in Böhmen das Sprichwort: «neminem pure Boemum posse fore hereticum»[39].

Zusammenfassend kann man als den sozialen und kulturellen Hintergrund der Ausbreitung des Waldensertums unter der deutschsprachigen Bevölkerung Mittel-

[32] Molnár ebd. S. 9.
[33] Molnár vermutet, daß von den Aufständischen waldensische Lehren und Haltungen, vor allem die Verweigerung des Eides, zur Rechtfertigung ihres Kampfes verwendet wurden und daß dies gerade auch zum Vorwand diente für eine gewaltsame Unterdrückung durch den mit der Kirche verbündeten Feudalherrn (ebd.).
[34] Vgl. die Aussage des Webers Philipp, seiner Frau Kunigunde und zweier seiner Neffen in Prag 1337 (Brünner Fragment ed. Patschovsky S. 252–254). Auch Aussagen in den «Heiligenkreuzer Fragmenten» beweisen eindeutig diese Verbreitung nicht nur in Dörfern, sondern auch in Städten. So werden Anhänger in Prag (ebd. S. 185), in Budweis (ebd.), in Znaim (ebd. S. 190), in Brünn (ebd. S. 191), in Neuhaus (ebd. S. 188 f.) und in Prachatitz (ebd. S. 196) erwähnt.
[35] Die Zusammenfassung seiner Aussage von 1392 bei Kurze, Quellen S. 78. Die Aussagen seines Knechtes und seiner Magd, ebenfalls Waldenseranhänger ebd. S. 82 f. In Fredenwalde lebten 1392 noch Waldenseranhänger (ebd. S. 124.154 f.).
[36] Aussage des Webers Philipp (s. oben Anm. 34).
[37] Tremel, S. 83.
[38] Hammann, S. 439 ff. Molnár, Les Vaudois au Moyen Âge S. 154.
[39] Molnár, Les Vaudois au Moyen Âge, S. 213.

und Osteuropas die «soziale Mobilität» in ihrer Auswirkung auf die Unterschichten bezeichnen. Die Möglichkeit, die Heimat zu verlassen und in der Stadt oder in den Kolonisationsgebieten des Ostens eine neue Existenz zu gründen, führte auch zu einer größeren geistigen Beweglichkeit, zu einer Erweiterung des Horizonts und zu einer gesteigerten Kritikfähigkeit. Diesen gesteigerten Ansprüchen gegenüber mußte gerade die Kirche immer stärker der Kritik verfallen[40]. Die Bedeutung des Waldensertums besteht nun weniger darin, daß es diese Kritik weiterverbreitet und verschärft hat, als vielmehr in dem Versuch, ein neues und «zeitgemäßeres» Modell christlicher Frömmigkeit und Gemeinschaft darzustellen. Inwiefern dieser Versuch gelang und zu welchem Ergebnis er führte, soll das folgende Kapitel zeigen.

[40] Ich beziehe mich hier auf die Darstellung von Karl Bosl (Gesellschaftsentwicklung 900–1350) im Handbuch de rWirtschafts- und Sozialgeschichte (Hrsg. H. Aubin/W. Zorn) Stuttgart 1971, S. 254–257. Patschovsky bestätigt diese Einschätzung; es waren «gerade die erfolgreichen, die Aufsteigerschichten des 13. und 14. Jahrhunderts in Böhmen . . ., die mit der Inquisition konfrontiert wurden» (Quellen zur böhmischen Inquisition, S. 68).

4. KAPITEL: EIN NEUES MODELL CHRISTLICHER GEMEINSCHAFT UND FRÖMMIGKEIT

a) Die Organisation

Über die innere Organisation der deutschen Waldenser im 13. Jahrhundert wissen wir nur wenig. Daß auf sie die verschiedenen Einflüsse sowohl der französischen Stammgenossenschaft als auch der lombardischen Armen einwirkten, erklärt sich schon aus ihrer Entstehungsgeschichte[1]. Aber diese gegensätzlichen Einflüsse führten offenbar nicht zur Bildung zweier verschiedener und miteinander rivalisierender Waldensergruppen. Das Schreiben der lombardischen Armen über den Ausgang der Einigungsverhandlungen in Bergamo ist ein Versuch, die deutschen Adressaten von der Richtigkeit des Standpunktes der lombardischen Armen zu überzeugen und setzt damit voraus, daß diese Adressaten von keiner der beiden zerstrittenen Gruppen direkt abhängig waren[2].

Wir wissen nicht genau, wer diese Adressaten waren, aber man kann doch annehmen, daß sie mit jenen Waldensern zusammenhingen, die um die Mitte des 13. Jahrhunderts in Österreich verfolgt wurden[3].

In der radikalen Verwerfung der römischen Kirche und in ihrem Stolz auf die Handarbeit, zeigen diese Waldenser Parallelen zu den lombardischen Armen, aber in der Frage der Verwaltung des Abendmahls scheinen sie nicht einhellig die Meinung der lombardischen Armen vertreten zu haben[4]. Für ihre organisatorische Selbständigkeit spricht, daß sie einen eigenen «Bischof» hatten[5]. Mit Runkariern dagegen meint der Passauer Anonymus wohl jene Waldenser, die in direkter Beziehung zu den lombardischen Armen standen[6].

Daß es auch deutsche Waldenser gab, die enge Verbindungen zu der französischen Stammgenossenschaft unterhielten, beweist der anonyme Traktat «de vita et actibus»[7]. Jedes Jahr sollen drei oder vier deutsche Waldenser zu dem Generalkapitel

---

[1] Vgl. oben S. 95.
[2] Vgl. Selge I, S. 289.
[3] Dafür spricht die Überlieferung des Schreibens innerhalb der Erstfassung des Sammelwerks des Passauer Anonymus (Patschovsky, Der Passauer Anonymus, S. 101).
[4] Vgl. unten S. 125 Anm. 31.
[5] Vgl. oben S. 114 Anm. 6 und unten S. 123 f.
[6] Vgl. oben S. 106.
[7] Zur Datierung und Einordnung vgl. s. u. S. 141 f. Die pauschalen Behauptungen Müllers

dieser Genossenschaft in Südfrankreich oder in der Lombardei gekommen sein, wird uns hier berichtet. Diese deutschen Delegierten brachten auch das Geld mit, das sie bei ihren «Freunden» zur Unterstützung der Genossenschaft gesammelt hatten. Da der größte Teil der Kollekte insgesamt aus Deutschland stammen soll, darf man die Zahl dieser deutschen Waldenser zumindest in der ersten Hälte des 13. Jahrhunderts nicht unterschätzen[8]. Auch David von Augsburg scheint Waldenser vor Augen zu haben, die der französischen Stammgenossenschaft nahestehen und vielleicht in Bayern zu suchen sind[9]. Wir müssen davon ausgehen, daß das deutsche Waldensertum während des 13. Jahrhunderts weder lehrmäßig noch organisatorisch eine Einheit gebildet hat. Aber ein genaueres und deutlicheres Bild, das sich auch zeitlich und geographisch einordnen läßt, haben wir nur von den österreichischen Waldensern. Aber noch aus einem anderen Grund wollen wir uns dieser Gruppe besonders zuwenden; bei ihnen begegnet uns nämlich ein Modell christlicher Frömmigkeit und Gemeinschaft, das uns in dieser Form von anderen Waldensergruppen nicht bekannt ist.

b) Die «scholae» der Waldenser in Österreich

Bezeichnend für die Lebens- und Gemeinschaftsform innerhalb der französischen Stammgenossenschaft war die Unterscheidung der «perfecti», die als Wanderprediger oder in den Hospizen lebten, von den «amici». Die Wanderprediger besuchten ihre Anhänger und wurden von ihnen beherbergt und mit Geld unterstützt[10]. Diese Lebens- und Gemeinschaftsform findet sich nach dem Bericht des anonymen Traktats und Davids von Augsburg auch unter deutschen Waldensern[11].

Ganz anders stellt sich das Leben und der Aufbau der Waldensergemeinschaft in Österreich dar. Hier war die «schola», die Versammlung aller zu Predigt, Unterricht, Gebet, Beichte und Mahlfeier Ausdruck einer Gemeinschaft, die Männer und Frauen, alt und jung umfaßte und bei der es offenbar keine Unterscheidung

---

(S. 101) und Haupts (Waldensertum, S. 2) von der Abhängigkeit aller deutschen Waldenser von den lombardischen Armen, erweisen sich somit als unrichtig.

[8] «de vita et actibus» et. Preger, S. 710, Nr. 29: «Ad quod concilium veniunt tres vel quatuor haeretici perfecti de Alamannia, habentes secum aliquem clericum vel alium interpretatorem, et fingunt aliquo modo, se velle apostolorum Petri et Pauli limina visitare» und ebd. Nr. 38: «et de Alamannia major pars pecuniae, de qua vivunt et sustinentur, apportatur.»

[9] Vgl. hinten im Anhang S. 144 f. und Preger, Der Traktat Davids von Augsburg, S. 194.

[10] Vgl. oben S. 43. 50.

[11] Ed. Preger, Beiträge, S. 708, Nr. 1 «Primo est sciendum, quod de secta . . . alii dicuntur haeretici perfecti et consolati, alii amici eorundem.» Und bei David, ed. Preger, S. 209 f.: «Duo sunt genera secte ipsorum. Quidam dicuntur perfecti eorum».

zwischen «Vollkommenen» und «Freunden» gab[12]. Natürlich gab es auch in diesen Versammlungen Leute, die als Lehrer auftraten und eine Führungsposition innehatten. Aber sie waren keine unverheirateten Wanderprediger, die von Almosen lebten, sondern verheiratete Handwerker[13]. Das schloß nicht aus, daß einige von ihnen als Wanderhandwerker die Möglichkeit hatten, die Verbindung zu anderen «scholae« herzustellen und die Lehren der Waldenser auch bei ihren Kunden in den Dörfern der Umgebung und auf den Märkten weiterzuverbreiten[14]. Manches, wie die positive Bewertung von Handarbeit und Ehe, erinnert stark an die lombardischen Armen, mit denen die österreichischen Waldenser ja auch die radikale Ablehnung der römischen Kirche verband[15]. Daß es in Österreich keine Arbeitergenossenschaften gab, hatte seinen Grund in dem unterschiedlichen sozialen und wirtschaftlichen Entwicklungsstand[16].

Stark ausgeprägt war in dieser Gemeinschaft die Abneigung gegen hierarchische Strukturen und jegliche klerikale Sonderstellung. In der «schola» war die Frau gleichberechtigt, denn auch ihr galt der Predigtauftrag, den die Waldenser unter Berufung auf die Bibel als eine allgemeine Pflicht ansahen[17]. Auch die Kinder nahmen am Unterricht teil[18]. Das Sakrament des «ordo» wurde mit der Begründung abgelehnt, daß die Apostel Laien waren. Tonsur und Zölibat als äußere Zeichen der Sonderstellung des Klerus wurden ebenfalls verworfen[19].

Es mag auf den ersten Blick nicht in dieses Bild passen, wenn wir nun von einem Bischof der Waldenser hören. Aber es ist keineswegs sicher, daß es dieses Amt bei den Waldensern in Österreich wirklich gab. Möglich ist, daß die Inquisitoren mit diesem Titel jene Person belegten, die bei den Waldensern selbst nur als «Autorität» anerkannt war, aber keineswegs ein dem römischen Bischofsamt vergleichbares Amt

---

[12] Nach dem Bericht des Passauer Anonymus gab es allein in der Pfarrei Kematen in Oberösterreich 10 «scole» (ed. Patschovsky, in Quellen, S. 73). Auch in 9 weiteren Pfarreien gab es mehrere «Schulen» (Ortsnamenliste, ed. Nickson, S. 294 f.).

[13] Gegenüber dem Müßiggang des Klerus betonen sie: «Nos vero manibus operamur.» Und gegenüber der Forderung des Zölibats und seiner mangelnden Einhaltung: «Item ipsi sunt incontinentes, sed unusquisque nostrum suam uxorem habet et cum ea caste vivit» (Passauer Anonymus, ed. Patschovsky in Quellen, S. 76).

[14] Vgl. oben S. 114.

[15] Vgl. oben S. 114 ff.

[16] Zu der hochentwickelten Produktionsform der lombardischen Arbeitergenossenschaft vgl. Zanoni, Gli Umiliati S. 166.

[17] «Unde dicunt, quod omnis homo, eciam femine, *debeant* predicare» (Passauer Anonymus, ebd. S. 80).

[18] Vgl. oben S. 114 Anm. 10.

[19] «Sacramentum ordinis dicunt nichil esse, quia apostoli layci erant» (Passauer Anonymus ebd. S. 89). Zur Verwerfung von Tonsur und Zölibat vgl. ebd. S. 90.

innehatte[20]. Wir wissen auch nicht, welchen Titel innerhalb der Gemeinschaft jene führten, die vom Passauer Anonymus einfach als «doctores» bezeichnet wurden[21].

Allem Anschein nach waren also die österreichischen Waldenser der Meinung, daß der dreifache «ordo» keineswegs für die Kirche Jesu Christi konstitutiv sei. Damit unterscheiden sie sich deutlich von den lombardischen Armen der gleichen Zeit[22]. Ihr Antiklerikalismus war also konsequent und folgte unter Berufung auf das Wort Jesu «Ihr alle aber seid Brüder» (Mt. 23,8) dem Grundsatz, daß «in der Kirche keiner größer sei als der andere»[23].

Ein bewußter Versuch der «Gegendarstellung» war auch der Gottesdienst. Da der Hauptinhalt der Bibel für die Waldenser die «Lehre des Evangeliums und der Apostel» war, bestand der Gottesdienst der Waldenser vor allem in der Vermittlung und der Aneignung dieser «Lehre». Er war damit im eigentlichen Sinne «schola», und ich vermute, daß die Waldenser in Österreich ihre Versammlungen ganz bewußt «Schule» genannt haben[24]. Die eigentlich liturgischen Elemente, ja selbst das Gebet, spielen in diesem Gottesdienst eine geringe Rolle[25]. Dasselbe gilt auch für die Sakramente. Von Randgruppen abgesehen, bei denen auch Wiedertaufe vorkam, waren innerhalb der Gemeinschaft nur Beichte und Abendmahl bekannt[26]. Aber auch sie waren weniger sakramentale Handlungen mit bestimmten Riten und feierlichem Charakter, als Ausdruck brüderlicher Gemeinschaft. So wurden die Sünden unter Handauflegung vergeben und unter Berufung auf Joh. 8,11 hat man auf die Auferlegung einer Buße bewußt verzichtet[27]. Das Abendmahl wurde an

---

[20] Vgl. Ortsnamenliste ed. Nickson S. 294. Auch das Oberhaupt der lombardischen Armen galt zunächst nicht als Bischof (vgl. o. S. 63).

[21] «doctores eciam ipsorum sunt textores et sutores» (ed. Patschovsky in Quellen, S. 74).

[22] Vgl. oben S. 70.

[23] «Duodecimus (sc. articulus) quod nemo sit maior altero in ecclesia, Mathei: Vos omnes fratres estis» (Passauer Anonymus, ed. Nickson S. 296).

[24] «dicunt quod ipsi sint ecclesia Ihesu Christi quia ipsi doctrinam evangelii et apostolorum verbis et exemplis observent» (ebd.).

[25] «Semper eciam vel operantur vel discunt vel docent, et ideo parum orant» (Passauer Anon. ed. Patschovsky in Quellen S. 74). Natürlich verwarfen sie neben dem feierlichen Gottesdienst mit Gesang auch den Schmuck der Kirche, Weihrauch, Weihwasser etc. Das Kirchengebäude selbst war ihnen nicht heilig, sondern ein normales «stainhaus» (ebd. S. 84.95.94).

[26] Wiedertaufe wird vom Passauer Anon. (ebd. S. 81) einigen Waldensern zugeschrieben. Nach einem anonymen Runkariertraktat (ed. Döllinger II, S. 297) war sie bei den Runkariern üblich.

[27] «Ipsi (erg. die Priester) eciam penitentes onerant penis gravissimis, quas nec digito movent (Mt. 23,4). Nos vero exemplo Christi dicimus peccatori (Joh. 8,11): Vade, amplius noli peccare, et ei per manus imposicionem peccata omnia relaxamus» (Passauer Anonymus, ebd. S. 77).

einem gewöhnlichen Tisch täglich gefeiert[28]. Nach dem Bericht Davids v. Augsburg wurden die Einsetzungsworte in der Volkssprache gesprochen und danach reichte man sich Brot und Wein «sicut in cena Christi«. Man scheute sich also im Unterschied zu den französischen Waldensern nicht, das Abendmahl innerhalb der Gemeinschaft zu feiern[29].

In der «schola» fand der Anspruch der österreichischen Waldenser die Kirche Jesu Christi darzustellen seinen unmittelbarsten Ausdruck. Denn die Kirche Jesu Christi war nach dem Verständnis der österreichischen Waldenser die Gemeinschaft derer, die «in Wort und Tat die Lehren des Evangeliums und der Apostel befolgten»[30]. Sie war damit in erster Linie eine Gemeinschaft von Lernenden und Lehrenden; wobei die Verpflichtung zur Aneignung und Weitergabe dieser Lehre allen galt, einschließlich Frauen und Kindern. Angesichts dieser umfassenden Verpflichtung wurde die Einrichtung eines besonderen Amtes, sowie das traditionelle Verständnis der «vita apostolica» im Sinne einer Weltentsagung in Frage gestellt. Darin ist die Besonderheit dieser österreichischen Waldenser gegenüber den lombardischen Armen und der französischen Stammgenossenschaft zu sehen[31].

c) Die weitere Entwicklung bis zur Mitte des 14. Jahrhunderts

Aus einem Brief italienischer Waldenser an ihre Glaubensgenossen in Österreich, der etwa 1368 geschrieben wurde, geht hervor, daß sich die österreichische Waldensergemeinschaft zu dieser Zeit in einer schweren inneren Krise befand. Ausdruck dieser inneren Krise war die offenbar freiwillig erfolgte Rückkehr einiger Waldenserprediger zur katholischen Kirche, und auch die Erfolge des Inquisitors Peter Zwicker im Kampf gegen das Waldensertum am Ende des Jahrhunderts sind in diesem Zusammenhang zu sehen[32].

---

[28] «Item quod semel in anno fideles communicant hoc reprobant, quia ipsi cottidie communicant.» «Item dicunt quod transubstantiatio fiat per verba vulgaria» (Passauer Anon. ed. Nickson, S. 298).

[29] Ed. Preger, S. 207.

[30] «Item quod ipsi sint ecclesia Iesu Christi, quia ipsi doctrinam evangelii et apostolorum verbis et exemplis observant» (Waldensertraktat des Passauer Anonymus ed. Patschovsky in Quellen S. 77 f.).

[31] Zur Einrichtung eines Amtes bei den lombardischen Armen vgl. o. S. 62 ff. «seculo abrenunciavimus», so umschrieb Valdes in seinem Glaubensbekenntnis seine Hinwendung zur «vita apostolica» (ed. Selge II, S. 5).

[32] Vgl. Molnár, Les Vaudois au Moyen Âge, S. 149–152. Zum Briefwechsel von 1368 ff. insgesamt vgl. Gonnet, I Valdesi d'Austria, BSSV Nr. 111 (1962), S. 5–41. Das o. g. Schreiben der italienischen Waldenser ist bislang nur von Döllinger auszugsweise veröffentlicht worden (II, 355–362).

Im Rahmen dieser Arbeit kann auf diese Krise selbst nicht eingegangen werden, aber ihre Vorgeschichte soll in diesem Abschnitt dargestellt werden. Die Vorgeschichte dieser Krise ist identisch mit der inneren Entwicklung des Waldensertums in Mitteleuropa seit der zweiten Hälfte des 13. Jahrhunderts[33].

Auch in dieser Zeit schwerer Verfolgungen ist die Verbindung zu den Waldensern in Italien nicht abgerissen. Noch 1368 werden die italienischen Waldenser in einer schwierigen Situation um Rat gefragt; sie gelten offenbar als «Autorität»[34]. An der äußeren Organisation hat sich in dieser Beziehung nichts geändert. Interessant ist allerdings, daß uns im 14. Jahrhundert keine Runkarier mehr begegnen. Möglicherweise kam es hier im Laufe der Zeit und unter dem Druck der Verfolgung zu einer Vereinheitlichung.

Sehr viel deutlicher und schwerwiegender sind aber die Veränderungen innerhalb der Gemeinschaft selbst. Von «Schulen» der Waldenser hören wir nichts mehr. Statt dessen begegnen uns nur noch waldensische Prediger, die nun in derselben Weise wie etwas früher in Frankreich und zur selben Zeit im Piemont ständig unterwegs sind, um ihre verstreut lebenden Anhänger zu besuchen. In das Kolonistendorf Groß-Bernharz in Südböhmen kommen die Waldenser etwa dreimal im Jahr und bleiben dann einige Wochen[35]. In dieser Zeit predigen sie vor einem kleinen Kreis in Scheunen oder Kellern und hören Beichte. «Geht schlafen, die fremden Männer kommen[36]»! Mit diesen Worten wurden die Kinder ins Bett geschickt, wenn sie kamen. Es konnte aber auch vorkommen, daß jedes Kind von einem dieser «fremden Männer» ein Geldstück geschenkt bekam[37]. Die Lehre der Waldenser beschränkte sich auf die uns schon bekannten Grundelemente: Verbot des Schwörens, Leugnung des Fegfeuers und die Lehre von den «zwei Wegen»[38]. Gegenstand

---

[33] Zu diesem Abschnitt der Waldensergeschichte insgesamt vgl. die Darstellung bei Erbstößer, S. 131–153.

[34] Die Unterordnung der österreichischen Waldenser unter eine «Zentralleitung» in der Lombardei (Haupt, Waldensertum, S. 2; Müller, S. 102) geht aus diesem Schreiben nicht hervor, vgl. oben S. 121.

[35] Auf die Frage «...quociens venirent dicti domini (gemeint sind die Waldenser) antwortet ein unbekannter Waldenseranhänger in Groß-Bernharz dem Inquisitor: «quod ter in anno et aliquando manent tribus vel quatuor septimanis, et aliquando minus» (Fragment Göttweig, ed. Patschovsky S. 235).

[36] Der Sohn des Bauern Konrad aus Groß-Bernharz sagt aus: «... aput Bernhardi uxorem est bonum celarium et faber Goczlinus habet secundum, in quibus conveniunt aliquando in nocte et aliquando in die et dicunt pueris: Vadatis dormitum quia homines extranei intrabunt» (ebd. S. 234).

[37] Derselbe Zeuge berichtet: «... dictus dominus dedit cuilibet puero unum denarium, videlicet Albertus» (ebd. S. 235). Nach den Angaben des anonymen Traktats «de vita et actibus» brachten die Waldenser bei ihren Besuchen kleine Gürtel, Messerchen und Nadeln mit (ed. Preger, S. 711, Nr. 47), «ut libentius et familiarius recipiantur.»

[38] Auf die Frage des Inquisitors, was denn die Waldenser gelehrt hätten, antwortet ein

von Predigt und Unterweisung war somit in erster Linie die Lebensführung des Einzelnen und ihr Ziel war die Beichte vor den Waldensern. Die erste Beichte vor einem Waldenser war gleichbedeutend mit der Aufnahme in die Sekte[39].

Das Vertrauen auf die Vollmacht der Waldenser zur Sündenvergebung war das Zentrum der Frömmigkeit bei den Waldenseranhängern. Ausdruck des Vertrauens und der Verehrung waren die Anrede der Waldenser als «domini»[40] und nicht zuletzt jene Legende von der jährlichen Himmelsreise zweier Waldenser, die dort bei Elia und Henoch die Binde- und Lösegewalt erhalten[41]. Vom ursprünglichen Charakter der waldensischen Beichte als einer gegenseitigen Beichte im Sinne von Jak. 5,16 ist nichts mehr geblieben, was auch daran deutlich wird, daß nun im Gegensatz zu früher Bußen auferlegt werden[42].

Mit der Gemeinschaftsform hat sich also zugleich die Art der Frömmigkeit geändert. Der Abstand zwischen den Anhängern und den «domini», die ehrfürchtige Verehrung der Waldenser, die sich selbst als «noti et probi homines» bezeichnen, und die zentrale Bedeutung der Beichte kennzeichnen diese Frömmigkeit[43]. Nicht die kompromißlose Verwirklichung eines Idealbildes der Urkirche suchten und fanden die Waldenseranhänger in ihrer Sekte, sondern die «Heilsgewißheit», wie sie durch die einfache Lehre und Vollmacht der Waldenser vermittelt wurde[44]. Diese Entwicklung ist aber nun das Ergebnis äußerer Einflüsse gewesen. Die Verfolgungen sind der Grund, warum die «scholae» verschwanden.

südböhmischer Anhänger der Sekte: «Ut non deberem iurare, et quod essem fidelis, et quod sint tantummodo due vie, videlicet ad celum et ad infernum, et quod purgatorium animarum non sit» (Fragm. Heiligenkreuz, ed. Patschovsky, S. 204).

[39] «Interrogatus, si plus sit in secta predicta quam tribus annis, respondit: Ego bene scivi sectam antea, sed non fui plus confessus nisi ab illis tribus annius» (ebd. S. 213).

[40] Zur Anrede «dominus» vgl. Anm. 37. Im Piemont wurden sie «seygnores» genannt (vgl. oben S. 86).

[41] «Item dicunt se habere XVI (in anderen Handschriften: XII) apostolos annis singulis universata climata mundi perlustrantes ex quibus duo annuatim paradisum introeant auctoritatem ligandi et solvendi ab Helia et Enoch recipiant quam suis possint communicare credentibus» (Artikel Krems, ed. Nickson, S. 311). Andere Formen dieser Legende begegnen uns in den Verhören von Waldenseranhängern in Brandenburg und Pommern (Kurze, Zur Ketzergeschichte, S. 82 f., und ders. «Quellen», S. 222 f.). Zur Verbreitung und zu den Hintergründen dieser Legenden vgl. Erbstößer, S. 149–151.

[42] Der erste Beleg dafür findet sich in der Aussage des Schmieds Heinrich aus Jareschau bei Neuhaus vom Jahre 1345 (vgl. Anm. 38 f.): «Interrogatus utum a primo laico (gemeint ist ein unbekannter Waldenser) receperit penitencias, respondit quod sic» (Heiligenkreuzer Fragmente III, ed. Patschovsky S. 204).

[43] Ebd. ed. Patschovsky, S. 204.

[44] Schwägerin und Schwester des o. g. Heinrich sollen ihn mit folgenden Worten zur ersten Beichte vor einem Waldenser bewegt haben: «dicentes eum (gemeint ist ein unbekannter Waldenser) esse bonum hominem, qui posset me deducere ad regnum celorum, si eius consilium audirem.» Ebd. S. 212.

Das Eigenleben der Waldenserprediger und ihrer «Schüler» (discipuli) entsprach in erster Linie dem Sicherheitsbedürfnis. Nur so war es möglich, sich gegen die Folgen eines Verrats abzusichern. Da die einzelnen Anhänger, die von einer Verfolgung immer zuerst betroffen wurden, über diesen inneren Kreis der Sekte nur wenig wußten, konnten ihre Aussagen vor dem Inquisitor den Bestand der Waldensergemeinschaft selbst nicht gefährden. In der Regel wußten sie kaum mehr als den Namen jenes Waldensers, bei dem sie gebeichtet hatten. Über seinen Aufenthaltort und seine Lebensgewohnheiten konnten sie dagegen keine Auskunft geben[45].

Die Sonderstellung der Waldenser gegenüber ihre Anhängern war aber nun doch mehr als die bloße Anpassung an die Existenzbedingungen einer «Geheimorganisation». Hier begegnet uns vielmehr wieder jenes Gemeinschaftsmodell, das von Anfang an bei den französischen Waldensern üblich war. Hier wie dort wurde der Abstand zu den Anhängern aber dadurch noch vergrößert, daß man die Zugehörigkeit zum inneren Kreis von der «Jungfräulichkeit» und einer langen Lehr- und Bewährungszeit abhängig machte[46]. Von einem Bischofsamt hören wir nichts mehr, und auch sonst gibt es keinerlei Anzeichen für eine hierarchische Struktur oder das Vorhandensein des dreifachen «ordo» innerhalb des Predigerkreises[47].

Die Krise brach aber gerade in diesem inneren Kreis der Sekte aus, weil in der Frage des Amtsverständnisses, die die Waldenser ja seit der Konferenz von Bergamo 1218 beschäftigt hatte, sich die Unklarheit und Unsicherheit noch vergrößert hatte. Wie damals drückte sich diese Unsicherheit und Unklarheit in der widersprüchlichen Haltung zur Verwaltung des Abendmahls aus. In der Regel fanden keine eigenen Abendmahlsfeiern mehr statt, und viele Waldenserprediger haben über

---

[45] Nach dem Bericht einer anonymen Quelle vom Ende des 14. Jahrhunderts hätten die Waldenser aus Sicherheitsgründen auch ihre Namen regelmäßig gewechselt (Döllinger II, S. 369).

[46] Ein Schreiber namens Heinrich berichtete 1337, vermutlich in Prag, dem Inquisitor Gallus: «quod ipse habet fratrem unum nomine Rudlinum, qui est magister inter hereticos confitentes laicis et predicaciones audiencium. Interrogatus, quot anni sunt, quod fuit factus discipulus hereticorum, respondit quod sunt ut credit minus duobus XL anni. et dixit, quod ipse braseator et eciam fuit tabernator et est virgo; et sic receptus est ad magisterium, quia numquam potest magister esse nisi virgo nec recipitur nisi virgo in discipulum; et mansit discipulus XII annis et post hoc magistratus fuit» (Fragment Brünn, ed. Patschovsky, S. 250). Zu ähnlichen Aufnahmebedingungen bei den französischen Waldensern vgl. oben S. 47.

[47] Vgl. dazu die Ausführungen von Erbstößer (S. 134–136), der sich zwar vor allem auf Quellenmaterial vom Ende des 14. Jahrhunderts beruft, aber dessen Urteil auch für unsere Zeit gelten dürfte. So werden z. B. die Empfänger des Schreibens der italienischen Waldenser von 1368 als «fratres» angesprochen (Döllinger II, S. 355). Das spricht doch für eine im Grundsatz nicht hierarchische, sondern bruderschaftliche Struktur des inneren Kreises.

lange Zeit hinweg überhaupt nicht kommuniziert[48]. Nur aus etwas späterer Zeit haben wir auch einen Bericht über eine eigene Abendmahlsfeier der Waldenser an Ostern[49].

Größer noch als für die Waldenser selbst, waren die Schwierigkeiten für ihre Anhänger. Sie waren am stärksten den Verfolgungen ausgesetzt und mußten daher, um keinen Verdacht zu erregen, am kirchlichen Leben teilnehmen, auch wenn sie ihm kritisch oder gar radikal ablehnend gegenüberstanden. «Es ist gelogen, was man singet; es ist gelogen, was man saget; es ist gelogen, was man suechet.» Diese Worte sollen die Ketzeranhänger nach dem Kremser Inquisitionsbericht von 1315 wie ein Gebet aufsagen, solange sie sich in der Kirche aufhalten[50]. Ob diese Nachricht nun im einzelnen zutrifft oder nicht, sie verdeutlicht auf jeden Fall das Problem, vor das jeder einzelne Anhänger gestellt war. Wenn auch seine Teilnahme am Gottesdienst nur aus «Heuchelei» geschah, wie die Inquisitoren immer wieder betonen, so konnte er sich auf die Dauer sicher nicht vollständig dem Einfluß entziehen, dem er hier ausgesetzt war. Die äußere Anpassung konnte allmählich auch zur inneren werden. Der Einfluß der Umwelt war zu stark, als daß man sich ihm vollständig entziehen konnte. Es verwundert daher nicht, wenn gegen Ende des 14. Jahrhunderts Waldenseranhänger manche Praktiken katholischer Frömmigkeit wie die Marienverehrung beibehalten oder übernehmen[51].

---

[48] Auf die Unsicherheit und Zweifel gehen die italienischen Waldenser in ihrem Schreiben mit folgenden Worten ein: «Cum inferunt nos privari auctoritate, dicentes, quod non habeamus verum fundamentum seu principium ordinis nostri, et quod non derivatur ab apostolis quia non ministramus omnia sacramenta» (Döllinger II ebd.). Auf den Vorwurf «quod multi nostrorum sine communione moriuntur» antworten die italienischen Waldenser, indem sie unter Berufung auf Augustins Auslegung von Joh. 6,57f. die «spirituelle Kommunion» betonen (Döllinger II, S. 361). Vgl. oben S. 72f.

[49] Vgl. dazu die «errores haereticorum Waldensium», die im Zusammenhang mit der Inquisition des Peter Zwicker entstanden (Döllinger II, S. 339). Nach der Darstellung dieser Abendmahlsfeier heißt es aber weiter: «Plurimi tamen magistrorum suorum abhorrent hoc, non habentes multam fidem in hujusmodi communione propria, sed ad communicandum eunt in ecclesiam, quando est populi major pressura, ne notentur. Multi tamen ex ipsis quandoque manent sine communione, ad quatuor aut sex annos abscondentes (se?) in villis aut civitatibus paschali tempore, ne a christianis agnoscantur» (Döllinger II, S. 339 mit den Berichtigungen S. 716).

[50] Ed. Nickson, S. 312f.

[51] Zu diesem Problemkreis vgl. Kurze, Zur Ketzergeschichte S. 84–86, der zusammenfassend für die Waldenseranhänger in Brandenburg und Pommern feststellt: «Es wird . . . deutlich, daß eine ganze Skala verschiedenartiger Verhaltensweisen möglich war – von einem Grenzgängertum zwischen dem Katholizismus der Umwelt einerseits und der Befolgung der Waldenserlehren andererseits über nüchternes Vertreten des eigenen Standpunktes bis hin zu feindseliggrober Polemik gegen die Normen der Großkirche» (ebd. S. 84).

Die Hoffnung auf eine öffentliche Wirksamkeit der Waldenser, die uns am Beginn des Jahrhunderts in Österreich noch begegnet war, erfüllte sich nicht[52]. Es blieb den Waldensern versagt, ihr Modell christlicher Frömmigkeit und Gemeinschaft frei zu entfalten und darzustellen. Abgedrängt in eine sektiererische Existenzform und unter dem Zwang äußerlicher Anpassung war ihr Einfluß auf die innere Entwicklung von Kirche und Frömmigkeit gering.

Nur in Böhmen hat der Erfolg der hussitischen Revolution die Lage des Waldensertums noch einmal grundlegend geändert. Dort wurde im 15. Jahrhundert der Zwang zu einer Existenz im Untergrund durchbrochen und die sektiererische Abgeschlossenheit wich einer lebendigen Beziehung zu der im Wesen eigenständigen Bewegung des Hussitismus[53].

---

[52] Kremser Inquisitionsbericht ed. Nickson, S. 313 (vgl. oben S. 99 Anm. 21).
[53] Zum Problem der Beziehung zwischen Waldensern und Hussiten vgl. Molnár, Les Vaudois au Moyen Âge S. 212.

SCHLUSS

Die Entwicklung des Waldensertums von seinen Anfängen bis zur Mitte des 14. Jahrhunderts läßt sich unschwer in drei Abschnitte gliedern: Die offizielle Verurteilung durch die Kirche in den achtziger Jahren des 13. Jahrhunderts bezeichnet das Ende des ersten Abschnitts, in welchem die Bewegung innerhalb der Kirche geduldet wurde. Der zweite endet mit dem Beginn der systematischen Verfolgung in Südfrankreich, Norditalien und Deutschland etwa um 1230. Danach beginnt jene Zeit, in der sich das Waldensertum im Untergrund als Sekte organisiert und in dieser Form zumindest in den Kottischen Alpen das Mittelalter überdauert. Diese Gliederung entspricht ungefähr dem «Geschichtsbild» piemontesischer Waldenser, das uns in einer Ursprungslegende begegnet[1].

Die Zeit zwischen der offiziellen Verurteilung durch Papst Lucius III. und dem Beginn der allgemeinen Verfolgung ist die bewegteste Epoche der mittelalterlichen Waldensergeschichte gewesen, sowohl im Hinblick auf die geographische Ausbreitung als auch auf die innere Entwicklung. Trotz der ausgesprochenen Verurteilung durch die kirchliche Autorität konnten die Waldenser an vielen Orten noch in aller Öffentlichkeit auftreten und sich frei versammeln. Die gewaltige Ausbreitung, die Verbindung mit Gruppen, die ähnliche Ziele verfolgten, all dies führte nun aber auch zu starken inneren Spannungen. Auch der Widerspruch zwischen dem Urteil der Kirche und dem Selbstverständnis der Waldenser, die ja keine Häretiker sein wollten, hatte seinen Anteil an der Entstehung dieser Spannungen, die zur Spaltung der Genossenschaft und zur Rückkehr einiger Waldenser zur katholischen Kirche führten[2].

Nach dem Tode des Gründers und unter dem Eindruck der ersten Verfolgungen schien der Augenblick für eine Wiedervereinigung von französischer Stammgenossenschaft und lombardischen Armen gekommen zu sein. Aber die Konferenz von

---

[1] S. oben S. 87 f. In dieser Legende wird allerdings die ganze Entwicklung in die apostolische Zeit zurückverlegt.

[2] Dazu vgl. Selge I, S. 259 ff. Im Unterschied zu Selge bin ich allerdings der Auffassung, daß der Beginn der Verfolgungszeit nicht schon in den Jahren 1210–1218 zu sehen ist (ebd. S. 203), sondern erst zu dem Zeitpunkt als die Waldenser überall aus der Öffentlichkeit verschwanden. Das war aber erst in den dreißiger Jahren der Fall (s. oben S. 34). Die österreichischen Waldenser hatten sogar noch länger die Möglichkeit, sich in ihren «Schulen» zu versammeln (vgl. S. 98).

Bergamo 1218 bewies das Gegenteil; die beiden Gruppen hatten sich in der Zwischenzeit noch weiter voneinander entfernt.

Die französischen Waldenser hatten sich zu einer ordensähnlichen Gemeinschaft entwickelt. Außer den Wanderpredigern begegnen uns nun jene Männer und Frauen, die in bestimmten Häusern als «Familie» zusammenlebten und von solchen festen Stützpunkten aus auf vielfältige Weise in der Öffentlichkeit wirken konnten. Neben die traditionelle Predigt traten dabei in verstärktem Umfang auch offene Auseinandersetzung mit den Katharern und an manchen Orten Heilung und Pflege von Kranken.

Anders war die Entwicklung der lombardischen Armen. Sie strebten die Bildung einer Gegenkirche an, ähnlich der der Katharer. Die grundsätzliche Ablehnung der römischen Kirche, die eigene Sakramentsverwaltung und die stärkere Einbeziehung der Anhänger waren Ansätze dazu.

Auch die österreichischen Waldenser verwarfen die Großkirche. Aber ihre Darstellung der «Kirche Jesu Christ» war der radikale Versuch, eine «brüderliche» Gemeinschaft zu verwirklichen, in der die Unterschiede zwischen Klerus und Laien sowie zwischen weltlichen (Ehe und Handarbeit) und monastisch-asketischen Lebensformen grundsätzlich aufgehoben war.

Es fällt schwer, all diese verschiedenen Formen noch unter dem Begriff «Waldensertum» zusammenzufassen und damit in einen Zusammenhang mit den ursprünglichen Absichten des Valdes zu bringen. Aber darin lag ja gerade die Problematik dieser Laienbewegung begründet, die ohne ein «Programm» und ohne zentrale Organisation unter den verschiedenen sozialen und kulturellen Bedingungen schwerlich eine Einheit darstellen konnte. Auf der Konferenz von Bergamo 1218 schien eine gemeinsame Grundlage nicht mehr vorhanden zu sein. Aber die weitere Geschichte des Waldensertums beweist, daß dieser Eindruck falsch war. Gemeinsam blieb den Waldensern aller Richtungen und Gruppen das leidenschaftliche und kompromißlose Bemühen um eine Lebens- und Gemeinschaftsform, die an den ethischen Normen des Neuen Testaments orientiert war[3]. Dieses Bemühen war untrennbar verbunden mit jener grundlegenden Veränderung der Verhältnisse im 12. und 13. Jahrhundert, die die bisher gültige Rollenzuteilung auf sozialem und religiösem Gebiet unmöglich machte. «Bildung» und das Prestige, das mit ihr verknüpft war, konnte nicht mehr länger ein Privileg des Klerus bleiben, und das religiöse Ideal der «vita apostolica» sprengte den Rahmen traditionell monastischer

---

[3] Damit soll nicht behauptet werden, Valdes und seine ersten Genossen hätten nicht gewußt, was sie wollten. Aber der Anstoß, den ihre Predigt und ihre Lebensform gaben, war zu stark, und setzte Entwicklungen in Gang, die weit über das hinausgingen, was Valdes ursprünglich gewollt hatte.

Lebensformen[4]. Die Vielfalt waldensischer Gruppen und Richtungen entsprach der Unruhe einer Zeit, in der breite Schichten der Bevölkerung in den Städten, aber auch auf dem Lande auf der Suche nach einer neuen sozialen und religiösen Identität waren[5].

Mit dem Beginn der Verfolgungszeit änderten sich die Lebensbedingungen für die Gemeinschaft grundlegend. An die Stelle der öffentlichen Wirksamkeit in lebendiger Auseinandersetzung mit der Umwelt trat die Wirksamkeit im «Untergrund». Damit war nicht nur die Predigt der Waldenser in ihrer Wirksamkeit beschränkt, sondern auch das Gemeinschaftsleben, eigene Versammlungen und Gottesdienste waren nur noch schwer möglich. Die einheitliche Gemeinschaftsstruktur des Waldensertums am Beginn des 14. Jahrhunderts ist somit in erster Linie ein Ergebnis der Anpassung an die Verfolgungssituation. Dem kleinen Kreis der Prediger, die vom Geheimnis umgeben in Verkleidung oder bei Nacht unterwegs waren, stand eine in sich geschlossene Gruppe von Anhängern gegenüber, die ihre Predigt hörten und bei ihnen beichteten. Nicht ein Predigerorden und nicht eine «Gegenkirche» waren Endpunkt der Entwicklung, sondern eine Sondergemeinschaft, die man mit Recht als Sekte bezeichnen kann.

Als «Sekte» repräsentieren sie jenen Teil der Laienfrömmigkeit, der von der institutionellen Kirche nicht integriert werden konnte. Daher wurden sie verurteilt, ausgeschieden und sollten beseitigt werden. In den Schriften des Neuen Testaments aber entdeckten die Waldenser, daß auch der Jüngerkreis und die Urgemeinde eine von der offiziellen «Kirche» verurteilte, ausgestoßene und verfolgte Gemeinschaft darstellten. Es war also nicht schwer, die Hohenpriester, Schriftgelehrten und Pharisäer mit den kirchlichen Würdenträgern, den Theologen und Mönchen ihrer Zeit zu identifizieren[6].

[4] Zur Verbindung von Bildungsstreben und Kampf um soziales Prestige vgl. S. 115, Anm. 16 und zur Entwicklungsrichtung der Religiosität insgesamt Chenu, S. 70–80.

[5] «Il fatto fondamentale: Popolo nuovo, sentimento religioso nuovo» so überschreibt Volpe das 4. Kap. seines Buches, das dem Zusammenhang zwischen den sozialen Veränderungen und der neuen Religiosität gewidmet ist.

[6] Vgl. H. R. Niebuhr, der «Sekte» als «a religious conflict society which arises in opposition to an institutional church» bezeichnet (Artikel «sects», in: Encyclopaedia of the social sciences, Vol. XIII, New York 1963, 624). Er hat gleichfalls darauf hingewiesen, daß die Kirche als «jüdische Sekte» begann und deshalb die Literatur aus ihrer Anfangszeit (das Neue Testament) zur Quelle häufiger Sektenbildung wurde (ebd. 625). Die Identifizierung von Klerus und Mönchen mit den «Schriftgelehrten und Pharisäern» des Neuen Testaments findet sich an vielen Stellen bei Waldensern bezeugt: Schon Durandus von Osca bezieht das Wort Jesu von den Schriftgelehrten und Pharisäern auf dem Stuhl des Mose (Mt. 23,2 f.) auf die Priester (LA, ed. Selge II, S. 96). Soll hier aber noch die Anerkennung des römischen Priestertums trotz aller seiner Mängel begründet werden, so wird diese Identifizierung später zur wichtigsten Waffe jener Waldenser, die den römischen Klerus grundsätzlich verdammen (vgl. Passauer Anonymus, ed. Patschovsky in Quellen, S. 75–77).

Auch in dieser Existenzform als Sekte war das Waldensertum missionarisch aktiv, besonders in Mitteleuropa und in den kottischen Alpen. Obwohl nur eine kleine Minderheit und ständiger Verfolgung ausgesetzt, konnte es sich weiter ausbreiten und seine Anhänger in Mitteleuropa waren noch am Ende des 14. Jahrhunderts nach Tausenden zu zählen[7].

Das zwingt uns zu der Frage, worin eigentlich die Attraktivität dieser verfolgten religiösen Minderheit bestand. In diesem Zusammenhang muß auf die zentrale Bedeutung der Beichte hingewiesen werden. Mit der ersten Beichte bei einem Waldenser gehörte man eigentlich zur Sekte. Der Aufruf zur Buße, von Anfang an ein wesentlicher Inhalt waldensischer Predigt, wurde jetzt ein Aufruf zur Beichte. Überall zeigte sich auch sonst in der Laienfrömmigkeit diese Tendenz in Richtung auf eine persönliche Frömmigkeit, der es vor allem darum ging, nach dem Tode Hölle und Fegfeuer zu entgehen. Im Zusammenhang damit wurde das kirchliche Bußsystem ausgebaut, die Beichte vor dem Priester zur Pflicht gemacht und durch ein kompliziertes System von Gesetzen, durch das Angebot von Ablässen usw. verstand es die Kirche aus dieser Tendenz der Volksfrömmigkeit ihren Nutzen zu ziehen[8].

Anders die waldensische Beichte, die diese Verrechtlichung und Kommerzialisierung bewußt nicht kannte und in erster Linie eine seelsorgerliche Absicht verfolgte. Ihre Grundlage war die «geistliche» Autorität der Meister, auf die viele offenbar mehr Vertrauen setzten als in die offiziell anerkannte Autorität der Priester. Die Waldenser lehrten, daß es nur zwei Wege gäbe, einen zum Himmel und einen zur Hölle, und lehnten mit dem Fegfeuer auch alle anderen Grundelemente des kirchlichen Bußsystems ab. Sie haben damit ein echt «evangelisches» Anliegen vertreten, indem sie aller Kompliziertheit des kirchlichen Bußsystems zum Trotz das klare «Entweder-Oder» des Evangeliums zur Geltung gebracht haben[9]. Die waldensische Beichte war also ein Angebot für alle, die sich in der Tendenz der damaligen Frömmigkeit um ihr persönliches Heil sorgten. Auf eine ganz neue Weise und unter

---

[7] Allein in Thüringen, in der Mark Brandenburg, in Böhmen und Mähren soll nach Peter von Pilichsdorf der Inquisitor Peter Zwicker innerhalb von zwei Jahren über tausend Waldenseranhänger zum Abschwur bewegt haben (Liber contra sectam Waldensium, ed. Gretser, S. 216). 1397 sollen allein in Steyr mehr als tausend Personen wegen ihrer Beziehungen zu den Waldensern vor das Inquisitionsgericht geladen worden sein (Prevenhueber, S. 72).

[8] Über die vielerlei Mißbräuche und Mißstände innerhalb des kirchlichen Bußwesens informiert am besten der Abschnitt «de occasionibus errorum hereticorum» aus dem Sammelwerk des Passauer Anonymus (ed. Preger, Beiträge, S. 243 f.). Vgl. auch Hauck (V/I, S. 360–365), der über die wachsende Bedeutung der Beichte und ihre Entwicklung informiert. Auch die Herausbildung einer Theorie des Ablasses gehört in jene Zeit (vgl. Poschmann, Buße S. 118–121).

[9] Dazu vgl. die Ausführungen von Selge (I, S. 317 f.), der es mit Recht ablehnt, diese Haltung der Waldenser als «Werkgerechtigkeit» abzuwerten.

ganz anderen Verhältnissen als in der Zeit ihres öffentlichen Wirkens haben die Waldenser hier den Ruf des Evangeliums zur Buße geltend gemacht[10].

Die Waldenser teilten das Schicksal anderer verfolgter religiöser Minderheiten, indem sie sozial deklassiert und heimatlos gemacht wurden. Beides hängt eng miteinander zusammen, denn wer immer mit einer Verfolgung rechnen und sich auf eine Flucht vorbereiten mußte, hatte im Normalfall wenig zu verlieren. Von Burgund in die Gascogne, von Österreich nach Böhmen, ja sogar von Piemont nach Apulien sind Waldenseranhänger auf der Suche nach einem Ort gezogen, wo sie ungestört ihren Glauben leben konnten[11]. Sympathisanten mögen sie vielleicht in allen Schichten gehabt haben, da sie in vielen Punkten die vorhandene Kritik an der Kirche auszudrücken verstanden, aber den Kern der Bewegung bildeten weitgehend Handwerker und Bauern, da ihre Einstellung zum Eid und das absolute Tötungsverbot alle jene ausschlossen, die in irgendeiner Form an der Ausübung politischer Verantwortung und staatlicher Gewalt beteiligt waren[12].

«Die Kritik an der reichen Feudalkirche» kann man sicher nicht als das «Wesen des Waldensertums» ansehen. Solche Kritik war weit verbreitet, aber sie mußte sich keineswegs in der Zugehörigkeit zu einer Sekte wie der Waldenser ausdrücken[13]. Die

---

[10] Gegen Müller (S. 132) muß betont werden, daß nicht die «Verwaltung des Bußsakraments» zum gleichbleibenden Kernpunkt der Bewegung gehört, sondern der Ruf zur Buße. Zum anfänglichen Verständnis der Buße bei den Waldensern vgl. Selge I, S. 95–98. Noch am Beginn des 13. Jahrhunderts hat die Beichte im Verhältnis der Waldenser zu ihren Freunden z. B. im Quercy noch kaum eine Rolle gespielt (s. oben S. 23).

[11] Zur Auswanderung piemontesischer Waldenser nach Apulien vgl. Molnár, Les Vaudois au Moyen Âge, S. 142 ff.

[12] Ebd. S. 180–182. Gegen Molnár muß aber betont werden, daß der Eid nicht nur innerhalb des Feudalsystems eine Rolle spielte, sondern als Verpflichtung zu gegenseitiger Solidarität gerade bei den Gegnern der Feudalordnung, bei Bürgern und rebellischen Bauern, häufig begegnet. Die «Eidgenossenschaften», «Verschwörungen» und «Schwurbruderschaften» müssen in diesem Zusammenhang erwähnt werden. Leider geht F. Thudichum in seiner «Geschichte des Eides» (Tübingen 1911, S. 43) auf diese Bedeutung des Eides nur kurz ein. Dagegen muß Molnár selbst an anderer Stelle (S. 169) zugeben, daß die Verweigerung des Eides die Waldenser und ihre Anhänger auch von der «commune» ausschloß, die gegen das feudale System gerichtet war. Eine politische Spitze ist in der Eidesverweigerung also nicht zu sehen, sie ist vielmehr Ausdruck ihrer grundsätzlichen religiösen Haltung als «Sekte», die sich im Unterschied zur Großkirche hierin eben nicht an die weltlichen Ordnungen politischer, sozialer und rechtlicher Art anpaßt (vgl. Troeltsch, S. 362).

[13] Für Erbstößer (S. 137) ist «die Kritik an der reichen Feudalkirche – das Wesen des Waldensertums –», sei es nun, daß sie sich als «radikaler Biblizismus» äußert (ebd.), oder daß sie sich auf die Kritik an der Beicht- und Bußfunktion der katholischen Kirche konzentriert (S. 153). Anders dagegen Molnár, der zwar die sozialen und politischen Zusammenhänge, z. B. in der Frage der Eidverweigerung klar herausstellt, aber dennoch das Waldensertum von einer Bewegung rein politischer oder sozialer Art unterscheidet (a. a. O. S. 173 ff.).

Beweggründe für den Beitritt zur Sekte sind individuell sicher verschieden gewesen. Aber in der Hauptsache dürfte die Sekte in der Verfolgungszeit jene angezogen haben, die ein echtes religiöses Interesse trieb, die von der Frage des reichen Jünglings bewegt wurden: «Was soll ich Gutes tun, daß ich das ewige Leben möge haben?» (Mt. 19,16)[14] Lehre, Vorbild und geheimnisvolle Autorität der Waldenser haben diese Frage für viele überzeugender beantwortet als Lehre und Sakramentsverwaltung der kirchlichen Amtsträger.

[14] Die Antwort Jesu auf diese Frage begründete die traditionelle «Zweiteilung der Wege», in einen vollkommenen der Weltentsagung und in einen anderen, der über die Befolgung der Gebote ebenfalls zum Heil führen konnte (vgl. Selge I, S. 116). Diesen «zweiten Weg» haben die Waldenser bei ihren Anhängern offenbar überzeugend gepredigt.

ANHANG: BEMERKUNGEN ZU EINIGEN QUELLEN

Einige der wichtigsten Quellenstücke zur Waldensergeschichte sind in ihrer zeitlichen und geographischen Einordnung umstritten, was zum Teil in ihrer mangelhaften Edition, zum Teil aber auch in überlieferungsgeschichtlichen Problemen begründet ist. In diesem Anhang soll nun versucht werden, die bislang nur vorausgesetzte Einordnung und Bewertung dieser Quellen im einzelnen zu begründen.

1. Die Auszüge aus den sogenannten «Akten der Inquisition zu Carcassonne» in den von Döllinger herausgegebenen «Dokumente(n) vornehmlich zur Geschichte der Valdesier und Katharer»

Döllingers Quellensammlung hat unbestritten das Verdienst, der Forschung zur mittelalterlichen Ketzergeschichte eine ungeheure Fülle von Material bequem zugänglich zu machen. Aber seine Sammlung leidet an den mangelhaften, oft genug auch falschen Quellenangaben und der äußerst flüchtigen und fehlerhaften Editionsweise. Das hat in der Forschung wie in unserem Fall zu Fehlschlüssen geführt.

Im ersten Stück seiner Quellensammlung bietet Döllinger Auszüge aus Inquisitionstraktaten über Katharer und Waldenser aus den «Akten der Inquisition zu Carcassonne». Als Vorlage gibt er an: «Collection Doat zu Paris», und an anderer Stelle: «Collectio Occitania, T. VII fol. 192 seq.»[1]. Während eines Studienaufenthaltes in Paris war es mir möglich, diese Quellenangaben nachzuprüfen. Der Band VII der Collection Doat enthält das angegebene Stück nicht, wohl aber der Band 30 auf den Blättern 194 ff. Nun ist aber seit Mollats Edition der wichtigsten Stücke aus der «Practica Inquisitionis» des Bernhard Guidonis bekannt, daß die Bände 29 und 30 der Collection Doat nichts anderes als eine Abschrift des obengenannten Werkes von Bernhard Guidonis enthalten[2]. Somit wären alle jene Theorien gegenstandslos,

---

[1] Dieses Stück findet sich bei Döllinger auf den Seiten 3–17. Die unterschiedlichen Quellenangaben ebd. S. V und S. 3.

[2] Mollat, S. XXVIII. Auch die Stücke Nr. 12.46 und 48 haben als Vorlage die Bände 29 und 30 der Coll. Doat und gehören somit in die «Practica Inquisitionis». Döllinger selbst ist dieser Zusammenhang mit der «Practica Inquisitionis» aufgefallen (Erläuterungen zu Nr. 1 und Nr. 12 auf den Seiten V und VI und «Berichtigungen» S. 713 und 715). Das Stück Nr. 3, das

die diese sogenannten Inquisitionsakten von Carcassonne als eigenständige Quelle, ja sogar als ursprüngliche Vorlage nicht nur der «Practica inquisitionis» sondern sogar des Traktats von Stefan von Bourbon und des Traktats «de inquisitione haereticorum» Davids von Augsburg ansahen[3]. Man wird zukünftig hier auf die von Douais und Mollat besorgten Ausgaben der «Practica Inquisitionis» zurückgreifen müssen, da Döllinger nicht nur die Fehler seiner Vorlage übernimmt, die ja eine Abschrift aus dem 17. Jahrhundert ist, sondern auch in willkürlicher Weise den Text seiner Vorlage gekürzt und verändert hat. Das soll an einigen Beispielen gezeigt werden:

Döllinger S. 7	Coll. Doat 30,205v	Mollat, S. 40
		Dicunt enim esse crimen
wie bei Mollat		inexpiabile et peccatum in
	aber:	Spiritum Santum prodere
de secta sua	de secta sua	aliquem de secta sua
per factum	*per factum*	*perfectum*

Hier hat Döllinger also den Fehler seiner Vorlage übernommen, aber in den Berichtigungen hat er ihn dann wohl auf Grund der Ausgabe der «Practica Inquisitionis» von Douais, auf die er selbst hinweist, korrigiert[4].

Dasselbe gilt auch für folgende Stelle:

Döllinger S. 7	Coll. Doat 30,207r	Mollat, S. 42
et hoc etiam	et hoc etiam	. . . et hoc etiam credunt
		de mulieribus, dummodo
	(wie Mollat)	sint de secta ipsorum,
	aber:	
et ita	et ita	et ita
dicunt quod	*dicunt* quod	*discunt* quod
omnis *factus*	omnis *factus*	omnis *sanctus*
est sacerdos	est sacerdos	est sacerdos

Aussagen über die Katharer enthält, hat als Vorlage dagegen Bd. 34 der Coll. Doat. Unabhängig von mir hat Duvernoy in seinem Aufsatz «Une source familière de l'hérésiologie médiévale: le tome II des Beiträge» de Döllinger (Revue de l'histoire des religions, 183 (1973), S. 161–177) dieselben Beobachtungen gemacht und dieselben Schlüsse gezogen (ebd. S. 162).

[3] So z. B. Preger, Über die Verfassung S. 649–657, dem auch noch Gonnet in jüngster Zeit gefolgt ist (Confessioni, S. 98–100).

[4] Ebd. S. 713.

Auch hier hat Döllinger in den «Berichtigungen» den Fehler seiner Vorlage korrigiert[5].

An einer Stelle hat Döllinger seine Vorlage in einer Weise gekürzt und zugleich verändert, daß sie kaum noch wiederzuerkennen ist:

Mollat, S. 34	Coll. Doat 30, 202r/v	Döllinger, S. 6
Valdensium seu Pauperum de Lugduno secta et heresis incepit circa annum Domini M^mC^mLXX^m;	(Nur geringe Unterschiede zu Mollat)	Valdenses, sive Pauperes de Lugduno. Hi inceperunt c. annum 1170;
cujus actor et inventor fuit quidam civis Lugdunensis, nomine	author	ortum habuerunt a cive quodam Lugduni
Valdesius seu Valdensis, a quo sectatores ejus fuerunt taliter	Valdensius seu Valdensis	Valdesio vel Valdensi
nominati, qui dives rebus extitit et relictis omnibus proposuit servare paupertatem et perfectionem evangelicam sicut apostoli servaverunt.		qui dives rebus exstitit, et relictis omnibus proposuit servare paupertatem et perfectum evangelium sicut apostoli servarunt.

Es scheint kaum glaubhaft, daß Döllinger hier die Vorlage aus Bd. 30 der Coll. Doat benutzt hat, die doch nur ganz wenig von dem bei Mollat veröffentlichten Text abweicht. Aber eine andere Vorlage ist nicht bekannt, und jeder weitere Vergleich zeigt deutlich, daß Döllinger eine willkürlich verkürzte und veränderte Fassung seiner Vorlage bietet.

Welche Quellen Bernhard Guidonis für seine Darstellung des Waldensertums benutzt hat, ist schon seit Müllers Untersuchungen bekannt. Es sind dies: Der Traktat Stefans von Bourbon, der Traktat Davids v. Augsburg, die Beschreibung des waldensischen Abendmahls im Anhang zur «Disputatio inter catholicum et paterinum hereticum» und die «Consultatio Tarraconensis»[6].

Ein nachträglich eingeschobener Abschnitt über die drei «ordines» bei den Waldensern steht dagegen in Zusammenhang mit der Aussage des waldensischen Diakons Raimund vor der Inquisition in Pamiers 1320[7].

[5] Ebd.
[6] Müller, S. 160–164 u. vor allem Mollat, S. XVI–XXV, besonders S. XIX.
[7] Auf diese Zusammenhänge hat schon Preger (über die Verfassung S. 657 (19)) hingewiesen. Dazu Mollat, S. XVII.

2. Der anonyme Traktat «de vita et actibus»

Unter den Quellen zur Waldensergeschichte nimmt dieser Traktat eine Sonderstellung ein, weil hier in überaus sachlicher Weise Informationen über eine häretische Gemeinschaft zusammengestellt sind, die zugleich aber in ihrer Gesamtheit ein lebendiges Bild ergeben. Gerade auch im Hinblick auf unsere Fragestellung kommt dieser Quelle, die ja zuerst «de vita et actibus» und dann erst «de fide et erroribus» unterrichten will, eine große Bedeutung zu. Um so wichtiger ist allerdings die Frage, an welchen Ort innerhalb der Waldensergeschichte dieses Quellenstück gehört. Auf diese Frage hat die Forschung bislang keine einheitliche Antwort gegeben, und ich möchte daher an dieser Stelle meine Einordnung des Traktat begründen.

Die Ausgaben des Traktats bei Preger und Döllinger beruhen beide auf einer Handschrift der vatikanischen Bibliothek (Vat. lat. 2648) und sind unvollständig und fehlerhaft[8]. Beiden fehlt nämlich die Inhaltsübersicht des Traktats, die erkennen läßt, daß das letzte der sieben Kapitel in der Handschrift fehlt. Dieses Kapitel über die Beichtpraxis der Waldenser fehlt eigenartigerweise aber auch in den anderen drei Handschriften, die den Traktat überliefern[9]. Da auch die Ausgabe Pregers nur an wenigen Stellen genauer ist als die Döllingers, wäre eine Neuausgabe dieses Traktats notwendig[10].

Von den Handschriften und vom Überlieferungszusammenhang her läßt sich der Traktat leider nicht genau genug einordnen. Die Handschriften, die ihn überliefern, stammen alle aus dem 14. oder 15. Jahrhundert und überliefern unseren Traktat im Zusammenhang mit anderen Traktaten und Quellenstücken, die der Information der Inquisitoren über die Waldenser dienen sollen[11]. Wir müssen daher versuchen, ihn nach inhaltlichen Kriterien einzuordnen.

Wie aus dem Text selbst hervorgeht, beruht er auf der Aussage eines Zeugen. Dieser weiß zwar über die Lebensgewohnheiten der Waldenser in den «hospicia» und über die Generalkapitel gut Bescheid, kennt aber den Ordinationsritus der «sandaliati» nicht aus eigener Anschauung. Wir können daher annehmen, daß er

---

[8] Preger, Über die Verfassung, S. 708–711 (70–73), Döllinger II, S. 92–97.

[9] Dondaine, Manuel S. 183 f. Bei ihm (S. 184) findet sich auch die fehlende Inhaltsübersicht.

[10] Pregers Ausgabe beruht auf einer ihm von anderer Seite zugegangenen Abschrift, die er dann zumeist nach Döllingers Ausgabe korrigiert hat (Preger a. a. O. S. 641 (3)). Nach meiner Lesart von Vat. lat. 2648 fol. 72ra muß es z. B. heißen: «Surgunt autem multotiens die ut orent...». Preger (ebd. S. 709, Nr. 19) und Döllinger (ebd. S. 94, Z. 2 f.) haben dagegen: «Surgunt multorum, dicunt, quod orent ...». An anderer Stelle (Vat. lat. 2648, fol. 72rb) lese ich: «Item in dicto capitulo prestantur pecunia ...» während Döllinger (ebd. S. 96) und Preger (ebd. S. 710, Nr. 36) «parantur pecunia ...» lesen.

[11] So z. B. dem Traktat Davids von Augsburg, der Summe des Rainer Sacchoni und der anonymen Beschreibung des waldensischen Abendmahls (vgl. Dondaine, Manuel, S. 166.184).

zwar dem inneren Kreis der Sekte angehörte, aber noch nicht als «sandaliatus» sondern erst als «novellanus», als «Novize» sozusagen[12]. Deutlich geht aus seinen Aussagen auch ein Zusammenhang mit Deutschland hervor, und man kann daraus schließen, daß er entweder selbst Deutscher war oder seine Aussagen zumindest vor der Inquisition in Deutschland gemacht wurden[13]. Ich neige zu der ersten Möglichkeit, da er als «novellanus» noch nicht als Wanderprediger unterwegs sein konnte, sondern an sein «Hospiz» gebunden war[14].

Die Frage, welcher Waldensergruppe er zugehörte, läßt sich verhältnismäßig einfach beantworten. Auch hier hat schon Preger den Nachweis erbracht, daß es sich um die französische Stammgenossenschaft oder eine von ihr abhängige deutsche Gruppe handeln muß. Dafür spricht der Lebensstil der Genossenschaft (Verzicht auf Handarbeit), ihre Haltung zur römischen Kirche (keine radikale Ablehnung), ihre Verfassung und manches andere mehr[15].

Schwierig ist dagegen die zeitliche Einordnung. Die Erwähnung von «sieben Glaubensartikeln» und «sieben Sakramenten» scheint auf eine spätere Zeit, frühestens Ende des 13. Jahrhunderts hinzudeuten[16]. Aber dagegen spricht die Verfassung. Seit dem Ende des 13. Jahrhunderts finden wir bei der französischen Stammgenossenschaft einen hierarchisch aufgebauten dreifachen «ordo» mit einem «maior» an der Spitze[17]. In unserem Traktat dagegen stellt das jährliche Generalkapitel das oberste Entscheidungsorgan dar; an ihm nehmen alle «sandaliati» teil, die je nach ihrer Funktion auch «magistri», «sacerdotes» oder «rectores» genannt werden[18]. Auch die Tatsache, daß noch von «sandaliati» die Rede ist, weist in eine Zeit vor dem Ende des 13. Jahrhunderts. Später hat man wohl aus Sicherheitsgründen auf

---

[12] «et de Alamannia maior pars pecunie, de qua vivunt et sustinentur, aportatur; qualiter autem, ignorat iste, qui hoc deponit. Qualiter autem in sandaliatos ordinent, ignorat similiter» (Vat. lat. 2648, fol. 72 va; Döllinger, ebd. S. 96, Z. 8 ff.).

[13] Vgl. Anm. 12 und andere Stellen (Preger, S. 709, Nr. 17 und S. 710, Nr. 29) und dazu die Ausführungen Pregers (ebd. S. 643).

[14] Nach der «professio» oder «consolatio» werden die Neulinge einer bestimmten «societas» zugewiesen, in der sie ein Jahr zunächst bleiben müssen (Preger, ebd. S. 710, Nr. 34; Döllinger II, S. 95).

[15] Preger a. a. O. S. 644. Einen deutlichen Hinweis auf die französische Stammgenossenschaft stellt auch das Benediktionsgebet dar (Preger, S. 709, Nr. 22 und dazu in unserer Arbeit S. 49).

[16] Preger a. a. O. S. 708, Nr. 10. Beides begegnet uns in der Aussage des Waldenseranhängers Johannes von Vienne 1320 in Pamiers (Duvernoy I, S. 514). Das mag vielleicht der Grund für die Datierung des Traktats bei Dondaine (Manuel, S. 183) und Gonnet (Confessioni, S. 9) gewesen sein. Sonst aber geben sie keinen Grund dafür an, warum er zwischen dem Ende des 13. und dem Beginn des 14. Jahrhunderts verfaßt worden sein soll.

[17] Vgl. oben S. 45 und Preger, ebd. S. 644.

[18] Preger, ebd. S. 710, Nr. 28–39; besonders Nr. 33.

diese besondere Kennzeichnung verzichtet[19]. Zwar setzt die Darstellung unseres Traktats den Beginn der Verfolgungszeit voraus, aber zugleich ist doch das Vorhandensein der «hospicia», von denen es auch solche gab, in denen nur ältere Frauen zusammenlebten, ein deutlicher Hinweis, daß die Verfolgung noch nicht total das Gemeinschaftsleben der Waldenser behindert hat[20]. All dies spricht für eine Zeit um die Mitte des 13. Jahrhunderts[21].

3. Der Traktat «de inquisitione haereticorum»

Eine endgültige Lösung der vielfältigen Probleme, besonders überlieferungsgeschichtlicher Art, vor die uns dieser Traktat stellt, bedarf weitergehender Untersuchungen vor allem des Handschriftenmaterials, die mir im Rahmen dieser Arbeit nicht möglich waren. Ich möchte an dieser Stelle nur begründen, warum ich die Thesen Pregers zu Urfassung und Verfasser des Traktats immer noch für die wahrscheinlichsten halte[22].

Wie in der Forschung schon seit langem bekannt ist, lassen sich die verschiedenen Fassungen des Traktats auf zwei Grundformen zurückführen: Eine kürzere «französische Rezension» in Handschriften des 13. und 14. Jahrhunderts und eine längere «deutsche» Rezension in einer Fülle von Handschriften des 15. Jahrhunderts[23]. Es liegt nahe, die kürzere Fassung in den älteren Handschriften für die ursprüngliche zu halten[24]. Aber noch unwiderlegt sind die Argumente, die Preger für die Einheitlich-

---

[19] Der Zeuge will über den Ordinationsritus der «sandaliati» gehört haben: «Quod discalciantur per alios sandaliatos, et eis creduntur caligae et sotulares super pedes perforati» (Preger, ebd. S. 710, Nr. 39). Der letzte Hinweis auf solch besonderes Schuhwerk und auf den Titel «sandaliatus» findet sich in Urteilen südfranzösischer Inquisitoren in den dreißiger und vierziger Jahren (ed. Selge in Quellen, S. 59.66).

[20] Eine öffentliche Wirksamkeit wird nicht mehr erwähnt. Die Tätigkeit der vom Generalkapitel bestimmten Visitatoren beschränkt sich auf Besuche bei den Anhängern. Daß sie dabei teilweise nachts unterweg sind, ist ebenfalls ein Hinweis auf die Verfolgungszeit (Preger, ebd. S. 711, Nr. 43 f.). Zu «Frauenkonventen» der Waldenser im Quercy Anfang des 13. Jahrhunderts vgl. oben S. 20.

[21] Pregers Datierung auf die Zeit des Sendschreibens (S. 645) – er datiert das Sendschreiben ungefähr auf das Jahr 1230 (Beiträge, S. 184) – ist vielleicht etwas zu früh. Molnár (Les Vaudois au Moyen Âge, S. 130) scheint davon auszugehen, daß der Traktat etwa in die Mitte des 13. Jahrhunderts gehört.

[22] Die einzelnen Handschriften bei Dondaine, Manuel, S. 182 f. und Kaeppeli-Zaninovic, S. 304, Anm. 15.

[23] Die kürzere Fassung ist von Martène (Thesaurus nov. Anecdot., T. V, Paris 1717, Sp. 1777–1794) wohl nach der Pariser Handschrift Mazarine Nr. 2015 sehr fehlerhaft ediert worden (Esposito, S. 158). Die längere Rezension wurde von Preger nach den Handschriften Stuttgart theol. 4° Nr. 125 und München Clm. 15312 herausgegeben (Der Tractat Davids von Augsburg über die Waldesier, S. 204–235).

[24] So zuerst Ch. Schmidt (Johannes Tauler, Hamburg 1841, S. 194, Anm. 1), der die von ihm in

keit der längeren Rezension angeführt hat[25]. Nicht unwichtig ist in diesem Zusammenhang auch seine Beobachtung, daß nicht nur in der längeren, sondern auch in der kürzeren Rezension auf deutsche Verhältnisse angespielt wird[26]. Auch zeigt es sich, daß jene Kapitel, die nur in der längeren Rezension überliefert sind, von ihrem Inhalt her gut in das 13. Jahrhundert passen. Im 14. Jahrhundert gab es nämlich keine Runkarier und Ortlieber mehr[27], und die Klage des Verfassers über das Fehlen eifriger und erfahrener Inquisitoren und juristischer Grundlagen zur Förderung des Verfahrens weisen ebenfalls eher in das 13. als in das 14. Jahrhundert[28]. Deutlich sichtbar sind auch Gemeinsamkeiten in den Aussagen über Waldenser mit dem Passauer Anonymus und Berthold von Regensburg[29]. Daß ein französischer Dominikaner weder Valdes, den Gründer der Sekte, noch den Namen «Waldenser» kennt und erwähnt, ist kaum vorstellbar und spricht ebenfalls dafür, daß die längere «deutsche Rezension» die Urfassung des Traktats darstellt[30].

Für den Gebrauch der französischen Inquisition gekürzt diente sie dann auch dem Waldensertraktat des Bernhard Guidonis in seiner «Practica Inquisitionis» als

einer Straßburger Handschrift gefundene längere Rezension für «eine von einem deutschen Inquisitor des XIV. Jahrh. gemachte und interpolierte Abschrift des «tractatus de haeresi pauperum de Lugduno» von dem Dominikaner «Yvonetus» (um 1280) hielt. Seine These findet sich bei Esposito (S. 160–162) und genauer begründet bei Dondaine (Manuel, S. 180–183) wieder, wobei allerdings schon Esposito nachgewiesen hat, wie es zu der fälschlichen Zuschreibung an «Yvonetus» gekommen ist (ebd. S. 159).

[25] Preger, ebd. S. 184 f. Daß z. B. jene Kapitel 11–13, die nur in der längeren Rezension überliefert sind, zum ursprünglichen Bestand des Traktats gehören, beweist das «enim» am Beginn des 14. Kapitels, das ganz deutlich Bezug nimmt auf den Inhalt der vorangehenden Kapitel (ebd. S. 212.185).

[26] So findet sich auch das 27. Kapitel mit jener Anekdote über die Absicht der Waldenser einen deutschen Fürsten für sich zu gewinnen in der kürzeren Rezension (ebd. S. 184).

[27] Im einzelnen handelt es sich um die Kapitel 1–3, 11–13, 20, 28, 31, 36–41 sowie um kleinere Stücke, die in der kürzeren Rezension fehlen. Jene häretischen Gruppen, die das 20. Kap. erwähnt (Pouver Leun, Ortidiebarii, et Arnostuste et Runcharii, et Waltenses) begegnen uns nur im 13. Jahrhundert (vgl. oben S. 106).

[28] Vgl. oben S. 96. Dondaine (Manuel, S. 181 ff.) hat hier offenbar zu sehr französische Verhältnisse vor Augen.

[29] Gonnet, Confessioni, S. 91 f. und Müller, S. 159. Zu den Gemeinsamkeiten zwischen David und Berthold gehören die Erwähnung der «triginta gradus S. Augustini» (Preger, ebd. S. 215 und Schönbach, S. 29) der Hinweis auf den Meinungswechsel bezüglich des Schwörens (Preger, ebd. und Schönbach, S. 43) und auf die «figurative» Deutung des Abendmahls bei den Waldensern (Preger, ebd., S. 207 und Schönbach, S. 29). Vgl. dazu auch Borst, S. 22, Anm. 2.

[30] Der Name «Waltenses» wird nur in jenem 20. Kapitel erwähnt, das der längeren Rezension angehört (vgl. Preger, ebd. S. 216). Auch der Passauer Anonymus kennt weder Valdes noch den Namen Waldenser, wie aus dem Abschnitt über die Anfänge des Waldensertums in Lyon hervorgeht (ed. Patschovsky in Quellen S. 19).

wichtigste Quelle[31]. Ob allerdings David von Augsburg, der bekannte deutsche Franziskaner und Freund Bertholds von Regensburg, diesen Traktat verfaßt hat, wage ich nicht zu entscheiden. Es wäre denkbar, daß auch ein anderer unbekannter deutscher Franziskaner in der 2. Hälfte des 13. Jahrhundert der Verfasser war[32].

Der Traktat Davids von Augsburg – um es einmal trotz aller offenen Probleme dabei zu belassen – ist schon von Müller mit Recht als «eine wichtige, wenn auch mit Vorsicht zu benutzende Quelle für die Waldenser» bezeichnet worden[33]. Das hat seinen Grund darin, daß er keinerlei Hinweise darauf enthält, wie der Verfasser im einzelnen zu seinen Kenntnissen über die Waldenser gekommen ist. Wir wissen nur, daß er selbst Inquisitor war oder zumindest im Rahmen einer Inquisition Ketzer verhört hat[34]. Wenn die Annahme von der Verfasserschaft Davids von Augsburg zutrifft, so könnte man an eine Inquisition in Schwaben oder Bayern denken[35]. Ebenfalls schwierig ist die genauere Identifizierung der Waldenser, die er vor Augen hatte. Seine Informationen besonders im «Irrtumskatalog» erwecken den Eindruck, als sei hier alles nur verfügbare Material zusammengetragen worden[36]. Nur die Gemeinschaftsform der Sekte orientiert sich eindeutig am Vorbild der

---

[31] Müller, S. 160 f. und Mollat, S. XXII. Eine «enge Verwandtschaft» mit den Angaben Stefans von Bourbon über die Waldenser, die aus einer gemeinsamen französischen Vorlage zu erklären wäre (so Borst, S. 22, Anm. 1), kann ich nicht entdecken.

[32] Nach einem ausführlichen Stilvergleich und nicht nur auf Grund der Einordnung des Traktats unter die Werke Davids von Augsburg in zwei Handschriften, des 14. Jahrhunderts hielt Preger diese Verfasserschaft für erwiesen (ebd. 185–192). Auch Stoeckerl (Bruder David von Augsburg, München 1914, S. 208 f.) und Borst (S. 21) – um nur einige zu nennen – schlossen sich seiner Meinung an, während Dondaine (Manuel, S. 182) und andere ihr widersprechen.

[33] S. 157 f.

[34] Preger, S. 193 und die Stelle aus dem ersten Satz des 4. Kapitels (ebd. S. 205) «. . . sicut a diversis audivi et a quibusdam ipsorum, qui videbantur ad fidem reversi, dum eorum interessem examinacionibus . . .».

[35] Müller, S. 158. Aus einem Erlaß des Herzogs Ludwig II. von Bayern vom 17. Dezember 1262 erfahren wir von der Tätigkeit Regensburger Dominikaner gegen Ketzer. Möglich also ist ein Zusammenhang zwischen der Abfassung des Traktats und diesen Ketzerverfolgungen in den sechziger Jahren des 13. Jahrhunderts (Haupt, Waldensertum S. 19 und Beilage S. 47 f.). Zwischen 1256 und 1272, muß der Traktat abgefaßt worden sein, wenn David von Augsburg sein Verfasser ist (Preger, ebd. S. 193).

[36] Vgl. dazu die Zusammenstellung bei Gonnet, Confessioni, S. 82–84, aus der hervorgeht, daß David von allen anti-waldensischen Traktaten den umfangreichsten «Irrtumskatalog» enthält. Unter anderem berichtet er auch von zügellosem sexuellem Libertinismus und von der Scheu der Waldenser Tiere zu töten (Preger, ebd. S. 207 f.). Aber das berechtigt noch lange nicht, vom Vorhandensein eines katharisch-waldensischen Synkretismus zu sprechen (gegen Gonnet, Confessioni, S. 91.93). Sexueller Libertinismus hat nichts mit Katharertum zu tun und jener Hinweis auf die Scheu vor dem Töten von Tieren mag eine skurrile Einzelerscheinung oder Verwechslung gewesen sein.

französischen Stammgenossenschaft[37].

Mag die Absicht des Verfassers, ein möglichst vollständiges Bild der Irrlehren, Schliche und Verstellung der Ketzer zu bieten, die Verwertbarkeit des Traktats für die Inquisitoren erleichtert haben, so muß sie aber für den Historiker einen eindeutig negativen Aspekt haben, da sie die jeweilige Besonderheit zudeckt.

4. Eine anonyme Beschreibung des waldensischen Abendmahls

Zu jenem Grundbestand an Information über die Waldenser, der uns in einer Vielzahl von Handschriften, aber auch in den Werken Anselms von Alessandria und Bernhard Guidonis begegnet, gehört auch die bekannte Beschreibung der waldensischen Abendmahlsfeier am Gründonnerstag[38]. Sieht man von Bernhard Guidonis ab, der dieses Stück fast nahtlos in seine Darstellung eingefügt hat[39], so begegnet es meist in Zusammenhang mit Irrtumslisten[40] oder als Anhang zu dem anonymen Traktat «de vita et actibus»[41].

Der Zusammenhang mit den Irrtumslisten scheint ursprünglicher zu sein, weil der letzte Satz unseres Quellenstücks ausdrücklich die Trennung der lombardischen Armen von der Stammgenossenschaft erwähnt, die auch in jener Irrtumsliste zum Ausdruck kommt. Dort werden nämlich Gemeinsamkeiten und Unterschiede zwischen den «pauperes de lugduno» und den «pauperes lombardi» aufgezählt[42]. Damit ist zugleich wahrscheinlich, daß dieses Stück in seinem Zusammenhang aus dem

---

[37] Hierin ist Preger also recht zu geben, wenn er einen Zusammenhang mit den französischen Waldensern sieht (ebd. S. 194; vgl. auch S. 193). Was die den Waldensern zugeschriebenen Irrlehren angeht, so unterscheidet sich allerdings die Darstellung Davids kaum von der des Passauer Anonymus, wie Müller richtig bemerkt hat (S. 159).

[38] «Dicti pauperes de Lugduno solum semel consecrant...» Anselm von Alessandria, ed. Dondaine, S. 320 f., bei Martène, V, 1754 f. und Bernhard Guidonis, ed. Mollat, S. 42–45. Die Handschriften bei Gonnet, Confessioni, S. 9 Anm. 2 und S. 106 Anm. 287.

[39] Bernhard hat seine Vorlage auch an einigen Stellen durch erläuternde Zusätze verändert; so fügt er nach dem Schluß der Vorlage («ante divisionem que fuit inter eos.» Anselm, ed. Dondaine, S. 321 und Martène, V, 1755) noch hinzu: «videlicet quando diviserunt se in Pauperes vocatos lombardos et in Pauperes citramontanos» (Mollat S. 44).

[40] «In hoc concordant Pauperes de Lugduno cum Pauperes Lombardis» und «Isti sunt errores Valdensium...» so lauten Anfang bzw. Überschrift dieser Irrtumslisten (Martène, V, 1754 f., Cod. Vat. lat. 3978, fol. 58va–59rb). Bei Anselm fehlt die zweite Irrtumsliste.

[41] Còd. Vat. lat. 2648, fol. 72vb–73ra. Die anderen Handschriften bei Gonnet, s. o. Anm. 1 und Dondaine, Manuel, S. 184.

[42] «In hoc concordant Pauperes de Lugduno cum Pauperes Lombardis... Omnes pauperes utriusque sectae eumdem modum consecrandi tenebant, scilicet predictum ante divisionem, quae fuit inter eos» (Martène, V, 1754 f. und Anselm, ed. Dondaine, S. 320 f.). Möglich ist auch, daß der letzte Satz von Anselm selbst stammt und er damit auf jene Stelle seines Traktats verweist, wo er auf die Hintergründe jener «divisio» eingeht: «Item causa divisionis eorum fuit labor, et quia lonbardus dicit quod mali sacerdotes non possunt sacrificare. Item

Umkreis der italienischen Inquisition stammen dürfte, denn nur in Italien hat sich das Schisma ausgewirkt[43].

Mit den «pauperes de lugduno», deren Abendmahlsritus dargestellt wird, können daher nur jene italienischen Waldenser gemeint sein, die sich der Stammgenossenschaft zurechneten und die z.B. im Reskript der lombardischen Armen als «ultramontani» bezeichnet wurden[44].

Wie aus dem Nachsatz hervorgeht, hätten vor dem Schisma alle Waldenser auf diese Weise das Abendmahl gefeiert[45]. Haben wir also den Abendmahlsritus der Waldenser aus der Zeit vor 1205 vor uns[46]? Ich halte das für unwahrscheinlich, denn diese Beschreibung stammt wohl kaum aus dieser frühen Zeit, sondern beruht doch wohl auf der Aussage eines Waldensers vor dem Inquisitor und das läßt eher an eine Zeit nach 1230 denken. Außerdem deutet auch der Inhalt dieser Darstellung, genauer gesagt die Gemeinschaftsform, auf eine spätere Zeit. Eine «familia» mit einem Vorsteher, der zugleich als Priester gilt, das erinnert uns an jenes Bild der Gemeinschaft, das der anonyme Traktat «de vita et actibus» entwirft[47]. Daß ein katholischer Priester Vorsteher einer waldensischen «familia» gewesen sein soll, ist dagegen kaum denkbar[48]. Der Nachsatz ist wohl nur ein Versuch der Rekonstruktion. Er geht davon aus, daß dieser bei den «ultramontani» gebräuchliche Abendmahlsritus der ursprüngliche gemeinsame waldensische Abendmahlsritus gewesen sei, den die lombardischen Armen in der Zwischenzeit aufgegeben hätten. Damit ist aber nicht gesagt, daß unsere Darstellung genau dem Abendmahlsritus der Waldenser vor 1205 entsprechen würde. Daß die Feier schon damals am Gründonnerstag stattfand, ist möglich, aber eigene Priester gab es damals bei den Waldensern nicht[49].

Bonus Iohannes de Runcho fuit primus de lonbardis quare lonbardi sunt divisi ab ultramontanis et ultramontani excommunicaverunt lonbardos» (ed. Dondaine, S. 318). Würde dieser Schlußsatz von Anselm selbst stammen, dann wäre seine Fassung die Vorlage für alle weiteren uns bekannten gewesen, da sich dieser Schlußsatz in allen uns bekannten Handschriften findet.

[43] Vgl. oben S. 60.
[44] Quellen, S. 22 f. Dieselbe Bezeichnung aber auch noch bei Anselm (s. o. Anm. 42).
[45] S.o. Anm. 42: «Omnes...».
[46] So Selge, Riflessioni, S. 34 und Thouzellier, S. 175.
[47] Vgl. oben S. 44.
[48] Anders Selge (Riflessioni, S. 35 f.), der die Entstehung jener anderen Form der Mahlfeier mit Brot, Wein und Fisch damit erklärt, daß es später zu wenige Priester unter den Waldensern gab und man somit auf eine Eucharistiefeier verzichten mußte. Kleriker hat es unter den französischen Waldensern mehrere gegeben (vgl. oben S. 41 f.), aber nur der burgundische Waldenser Johannes Philibert, der 1319 in Toulouse verbrannt wurde (vgl. oben S. 33) ist uns als ein katholischer Priester bekannt. So muß also mit diesem «sacerdos» ein von den Waldensern selbst ordinierter Amtsträger gemeint sein. Ein eigenes Priesteramt gab es bei den lombardischen Armen schon vor 1218 (vgl. o. S. 64), bei der französischen Stammgenossenschaft aber erst nach 1218 (vgl. o. S. 44).
[49] Vgl. o. Anm. 42.

QUELLEN UND LITERATUR

1. Ungedruckte Quellen

Rom, Archivio Generale OP *Cod. II 64* (Inquisitonsakten Giaveno).
–, Biblioteca Apostolica Vaticana *Vat. lat. 2648* (Inquisitionstraktate).
Paris, Biblioth. Nationale, *Collection Doat Bd. 21–25.27.* (Inquisitionsakten 1241–1329).
–, *Collection Doat Bd. 29–30* (Practica Inquisitionis des Bernhard Guidonis).
–, *Collection Baluze vol. 392, Nr. 580* (Urteil über 4 Waldenseranhängerinnen in Narbonne 1251; im Original mit Siegel des Erzbischofs).

2. Gedruckte Quellen- und Quellensammlungen

Anselm von Alessandria, OP. Tractatus de Hereticis, Teiledition von A. Dondaine in «La hiérarchie cathare en Italie. II: Le Tractatus d. h. d'Anselme d'A. OP» (AFP 20, 1950, S. 308–324).
Bernhard Guidonis, Practica Inquisitionis, ed. C. Douais, Paris 1886; Edition des 5. und wichtigsten Teils bei G. Mollat, Bernard Gui, Manuel de l'Inquisiteur, vol. 1 + 2, Paris 1926/1927.
Berthold von Regensburg, lateinische Predigten im Auszug bei A. E. Schönbach s. u.
Biblia Sacra iuxta Vulgatam Versionem, rec. R. Weber OSB, T. 1 + 2, Stuttgart 1969.
Brünner Fragment (von Inquisitionsakten) ed. Patschovsky in «Quellen zur böhm. Inquisition» (s. u.) S. 238 ff.
David von Augsburg (?), Tractatus de Inquisitione Haereticorum, ed. Martène, V, Sp. 1777–1794 und W. Preger, Der Traktat Davids von Augsburg s. u. S. 203–235.
«De vita et actibus», anonymer Traktat über Waldenser, ed. Döllinger II, S. 92–97 und W. Preger, Über die Verfassung s. u. S. 708–711.
Döllinger, I. von, Beiträge zur Sektengeschichte des Mittelalters, 2. Teil: Dokumente vornehmlich zur Geschichte der Valdesier und Katharer, München 1890; zitiert: Döllinger II.
Durandus von Osca, Liber Antiheresis, ed. Selge, Die ersten Waldenser II s. u.
Enchiridion Fontium Valdensium (Recueil critique des sources concernant les Vaudois au moyen âge), ed. G. Gonnet, I. Bd. Torre Pellice 1958.
Göttweiger Fragment (von Inquisitionsakten) ed. Patschovsky in «Quellen zur böhm. Inquisition» (s. u.) S. 229 ff.
Heiligenkreuzer Fragmente (von Inquisitionsakten) ebd. S. 175 ff.
Liber sententiarum inquisitionis Tholosane ab 1307 ad a. 1323, ed. Ph. Limborch im Anhang zu seiner «Historia Inquisitionis», Amstelodami 1692.
Martène, E./Durand, U., Thesaurus novus anecdotorum, V (Paris 1717).
Moneta Cremonensis OP, Adversus Catharos et Valdenses libri quinque, ed. T. A. Ricchini, Rom 1743 und Neudrucke.
Passauer Anonymus (Sammelwerk über Ketzer, Juden, Antichrist) ed.: J. Gretser, Lucae Tudensis episcopi, scriptores aliquot succedanei contra sectam Waldensium (Ingolstadt 1613, S. 45–99, 322–326; ed. Flacius s. u. S. 431–444; auszugsweise in «Quellen» s. u. S. 19. 70–103 und bei Nickson s. u. S. 291–303).

Petrus Martyr (?) von Verona OP, Summa contra haereticos, ed. Th. Kaeppeli, Un somme contre les hérétiques de Saint Pierre Martyr (?), in: AFP 17 (1947), S. 295–335.

Peter von les Vaux-de-Cernay, Hystoria Albigensis, ed. P. Guébin/E. Lyon, Petri Vallium Sarnai Monachi Hyst. Alb., T. 1–3, Paris 1926–1939 (= Société de l'histoire de France, 412.422.442).

Quellen zur Geschichte der Waldenser, ed. A. Patschovsky/K.-V. Selge, 1973 (= Texte zur Kirchen- und Theologiegeschichte 18).

Register der Inquisition des Jacques Fournier, Bischof von Pamiers, ed. J. Duvernoy, Le registre d'inquisition de Jacques Fournier évêque de Pamiers (Benoît XII), vol. 1–3. Toulouse 1965.

Rainer Sacconi OP, Summa de Catharis, ed. A. Dondaine, Un Traité Néo-Manichéen du XIIIe siècle «Le Liber de duobus principiis», Rom 1939, S. 64–78; ältere Ausgabe bei Martène, V, s. o., 1761–1776.

Ripoll, Th., Bullarium ordinis fratrum Praedicatorum, ed. A. Bremond, Rom 1729 ff.

Salvus Burce, Liber supra stella, ed. Ilarino da Milano, Aevum 16 (1942), S. 272–319; 17 (1943), S. 90–146; 19 (1945) S. 281–342 (Teiledition); Teiledition bei Döllinger II s. o. S. 52–85.

Stephan von Bourbon, Tractatus de diversis materiis ... secundum septem donis Spiritus Sancti, ed. A. Lecoy de la Marche, Anecdotes historiques, Légendes et Apologues tirés du recueil inédit d'Etienne de Bourbon, dominicain du XIIIe siècle, Paris 1877. Teilweise in Quellen s. o. S. 15–18. 47–49.

Texte zur Inquisition, ed. K.-V. Selge (Texte zur Kirchen- und Theologiegeschichte 4) Gütersloh 1967.

3. Hilfsmittel und Sekundärliteratur

(Nur die mehrfach und abgekürzt zitierten Autoren und Werke werden hier genannt. Bei mehreren Werken des gleichen Autors wird der kursiv gesetzte Teil des Titels mitzitiert.)

Armand Hugon, A./Gonnet, G., Bibliografia Valdese, Torre Pellice 1953.

Biscaro, G., Inquisitori ed eretici lombardi (1292–1318), in: Miscellanea di storia italiana Ser. 3,19 (1922), Turin, S. 447–557.

Boehmer, H., Waldenser, in: Realencyklopädie für protestantische Theologie und Kirche, 3. Aufl. 1908, XX, S. 799–840.

Borst, A., Die Katharer (Schriften der MG 12), Stuttgart 1953.

Bulit, R. Gourdon (les origines, les seigneur, les consuls et la communaute) jusqu'à la fin du XIVe siècle, Toulouse 1923.

Chenu, M.-D., Moines, clercs, laics. Au carrefoure de la vie évangélique (XIIe siècle) in: RHE 49 (1954), S. 59–89 und in dem Buch dess. Verf.: «la Théologie au XIIe siècle», Paris 1951, S. 225–251.

Comba, Emilio, Histoire des Vaudois. Première partie, de Valdo à la Réforme, Paris 1901.

Desloix, Johannes: Speculum inquisitionis Bisuntinae, Dolae 1628.

Dondaine, A., Le manuel de l'inquisiteur (1230–1330), in: AFP 17 (1947), S. 85–194.

Dossat, Y., Les Vaudois meridionaux d'après les documents de l'inquisition, in: CF 2 (1967) S. 207–226.

–, De Vaudes a Saint Francois a Montauban, in: CF 8 (1973), S. 403–413.

–, Les crises de l'inquisition toulousain au XIIIe siècle (1233–1273), Bordeaux 1959.

Du Cange, Charles Dufresne Sieur (Favre.L): Glossarium ad scriptores mediae et infimae latinitatis, Vol. 1–10, Paris 1883–1887 (Neudruck Graz 1954).

Dupré-Theseider, E., Gli eretici nel mondo comunale italiano in: BSSV 114 (1963), S. 3–23.

–, *L'eresia a Bologna* nei tempi di Dante, in: Studi storici in onore di G. Volpe, vol. 1, Florenz 1958, S. 381 ff.

Duvernoy, J., Albigeois et Vaudois en Quercy d'après le Registre des Pénitences de Pierre Sellan, in: Fédération des sociétés académiques et savantes Languedoc-Pyrénées-Gascogne, Actes du XIXe congres d'études regionales tenu a Moissac 1963, Albi 1964, S. 110–121.

Eisenhofer, L., Handbuch der katholischen Liturgik, 2 Bde., Freiburg i. Br. 1933.

Erbstößer, M., Sozialreligiöse Strömungen im späten Mittelalter; Geißler, Freigeister und Waldenser im 14. Jahrhundert, Berlin 1970.

Esposito, M., Sur quelques écrits concernant les hérésies et les hérétiques au XIIe et XIIIe siècles, in: RHE 36 (1940), S. 143–162.

Esser, K., Anfänge und ursprüngliche Zielsetzung des Ordens der Minderbrüder, Leiden 1966.

Flacius, Mathias (Illyricus), Catalogus testium veritatis, Argentinae 1562.

Franz, A., Die kirchlichen Benediktionen im Mittelalter, 2 Bde., Freiburg i. Br. 1909 (Neudr. Graz 1960).

Gonnet, G., Casi di sincretismo ereticale in Piemonte nei secoli XIV e XV, in: BSSV, Nr. 108 (1960), S. 3–36.

–, *Le confessioni* de fede valdesi prima della riforma, Torino 1967.

–, *Molnár, A., Les Vaudois au Moyen Âge*, Torino 1974 (Die unser Thema betr. Abschnitte stammen von A. Molnár).

Grundmann, H., Religiöse Bewegungen im Mittelalter – Untersuchungen über die geschichtlichen Zusammenhänge zwischen der Ketzerei, den Bettelorden und der religiösen Frauenbewegung im 12. und 13. Jahrhundert und über die geschichtlichen Grundlagen der Deutschen Mystik, 2. Aufl., Darmstadt 1961.

–, *Ketzerverhöre* des Spätmittelalters als quellenkritisches Problem, in: DA 21 (1965), S. 519–575.

–, *Ketzergeschichte* des Mittelalters, 2. Aufl. 1967, in: Die Kirche in ihrer Geschichte, herausgegeb. von K. D. Schmidt/E. Wolf, Bd. 2, Lief. G I, Göttingen.

–, Bibliographie zur Ketzergeschichte des Mittelalters (1900–1966), Rom 1967.

Guiraud, J., Histoire de l'inquisition au moyen âge, Bd. 2: l'inquisition au XIIIe siècle en France, en Espagne et en Italie, Paris 1938.

Hammann, G., Waldenser in Ungarn, Siebenbürgen und der Slowakei, in: Zeitschrift für Ostforschung, 20 (1971) S. 428–441.

Hauck, A., Kirchengeschichte Deutschlands, 4. Teil (3./4. Aufl. Leipzig 1913), 5. Teil, 1. Hälfte (1./2. Aufl. Leipzig 1911).

Haupt, H., Neue Beiträge zur Geschichte des mittelalterlichen Waldensertums, in: Historische Zeitschrift N.F. 25 (1888), S. 39–68.

–, *Waldenserthum* und Inquisition im südöstlichen Deutschland bis zur Mitte des 14. Jahrhunderts, Freiburg i. Br. 1890 (auch: Deutsche Zeitschrift für Geschichtswissenschaft I (1889), S. 285–330 und III (1890), S. 337–411).

–, *Deutsch-böhmische Waldenser* um 1340, in: ZKG 14 (1894), S. 1–18.

Histoire générale du Languedoc, ed. Devic, C./Vaissete, J., VIII, Toulouse 1879.

Jungmann, J. A., Missarum Solemnia – eine genetische Erklärung der römischen Messe, 2. Bde., 4. Aufl. Freiburg i. Br. 1958.

Kaeppeli, T., Un processo contro i valdesi di Piemonte (Giaveno, Coazze, Valgioie) nel 1335, in: Rivista di storia della chiesa in Italia, I (1947), 285–291.

Kaeppeli, T./Zaninovic, . . . Traites Anti-Vaudois dans le manuscrit 30 de la bibliotèque des Dominicaines du Dubrovnik (Raguse), in: AFP 24 (1954), S. 297–305.

Koch, G., Frauenfrage und Ketzertum im Mittelalter – die Frauenfrage im Rahmen des Katharismus und des Waldensertums und ihre sozialen Wurzeln –, Berlin 1962.

Kurze, D., Zur Ketzergeschichte der Mark Brandenburg und Pommerns vornehmlich im 14. Jahrhundert – Luziferianer, Putzkeller und Waldenser –, in: Jahrbuch für die Geschichte Mittel- und Ostdeutschlands, Bd. 16/17, Berlin 1968, S. 50–94.

–, Quellen zur Ketzergeschichte Brandenburgs und Pommerns, Berlin/New York 1975.

Lea, H. Ch., Geschichte der Inquisition im Mittelalter (Deutsche Übersetzung von «A history of inquisition of the Middle Ages» London 1888, durch H. Wieck und M. Rachel. Herausgeber: J. Hansen) 3 Bde., Bonn 1905–1913.

Limmer, R., Bildungszustände und Bildungsideen des 13. Jahrhunderts, München 1970.

Marx, J., L'inquisition en Dauphiné-Etude sur le développement et la répression de l'hérésie et de la sorcellerie du XIVᵉ siècle au debut du regne de Francois Iᵉʳ, Paris 1914.

Mollat, G., Bernhard Gui, Manuel s. o.

Molnár, A., Les Vaudois en Bohême avant la révolution hussite, in: BSSV 116, S. 3–17.

–, *L'initiative* de Valdès et des Pauvres Lombards in: CV IX (1966), S. 153–164. 251–266; X (1967) S. 153–164; XI (1968), S. 85–93.

–, /Gonnet, G., Les Vaudois au Moyen Age s. o. unter Gonnet.

Müller, K., Die Waldenser und ihre einzelnen Gruppen bis zum Anfang des 14. Jahrhunderts, Gotha 1886.

Nickson, M., The «Pseudo-Reinerius-treatise, the final stage of a thirteenth century work on heresy from the diocese of Passau, in: Archives d'histoire doctrinale et littéraire du moyen âge, XXXIV 1967, S. 255–314.

Patschovsky, A., Der Passauer Anonymus – ein Sammelwerk über Ketzer, Juden, Antichrist aus der Mitte des 13. Jahrhunderts (Schriften der MG 22), Stuttgart 1968.

–, *Die Anfänge* einer ständigen Inquisition in Böhmen – Ein Prager Inquisitorenhandbuch aus der ersten Hälfte des 14. Jahrhunderts –, Berlin, New York 1975.

Poschmann, B., Buße und letzte Ölung, in: Handbuch zur Dogmengeschichte, herausg. von M. Schmaus, IV/3, Freiburg i. Br. 1951.

Potthast, A., Regesta pontificum romanorum, 2 Bde. Berlin 1874/1875.

Preger, W., Beiträge zur Geschichte der Waldesier im Mittelalter, AAM 13/1 (1875), S. 181–250 und Sonderdruck München 1875.

–, *Der Tractat des David von Augsburg* über die Waldesier, AAM 14/2 (1878), S. 181–235.

–, *Über die Verfassung* der französischen Waldesier in der älteren Zeit, AAM 19/3 (1890), S. 641–711.

Prevenhueber, V., Annales Stirenses, Nürnberg 1740.

Rashdall, H., The universities of Europe in the middle ages, 3 Bde., neu ediert von F. M. Powicke und A. B. Emden, Oxford 1936.

Raynaldi Annales Ecclesiastici, in: Caesaris … Baronii, Od. Raynaldi etc. Annales, denuo excusi … ab A. Theiner, Paris/Fribourg/Bar-Le-Duc, 2. Aufl. 1887, 37 Bde.

Roschach, M., Une émigration bourguignonne dans le sud – ovest de la France, au XIIIᵉ et au XIVᵉ siècle, in: Mémoires de l'Académie impérial des sciences, inscriptions et belles-lettres de Toulouse, 6. ser., t. VI, Toulouse 1868, S. 97–121.

Schönbach, A. E., Studien zur Geschichte der altdeutschen Predigt, 3. Stück: Das Wirken Bertholds von Regensburg gegen die Ketzer, in: Sitzungsberichte der kaiserl. Akad. d. Wissensch. (Phil.-histor. Klasse), 147. Bd., Jahrgang 1903, Wien 1904 S. 99–107.

Sclafert, Th., Le Haut-Dauphiné au Moyen Âge, Paris 1926.

Selge, K.-V., Die ersten Waldenser, mit Edition des Liber Antiheresis des Durandus von Osca, Berlin 1967 (Arbeiten zur Kirchengeschichte 37)

I: Untersuchung und Darstellung;
II: Der Liber Antiheresis des Durandus von Osca. Berlin 1967 (Arbeiten zur Kirchengeschichte).

–, *Riflessioni* sul carattere sociale e sulla religiosità del Valdismo francese primitivo, in: Protestantesimo 29 (1974), S. 11–39.

Thouzellier, Chr., Catharisme et Valdéisme en Languedoc (a la fin du XIIᵉ et au début du XIIIᵉ siècle. Politique pontificale-Controverses), Paris 1966.

Tremel, F., Wirtschafts- und Sozialgeschichte Österreichs, Wien 1969.

Troeltsch, E., Die Soziallehren der christlichen Kirchen und Gruppen, Tübingen 1919.

Vicaire, M.-H., Rencontre a Pamiers des courants vaudois et dominicain (1207), in: CF 2 (1967), S. 163–194.

Vidal, J.-M., Bullaire de l'inquisition francaise au XIVᵉ siècle et jusqu'à la fin du grand schisme, Paris 1913.

Volpe, G., Movimenti religiosi e sette ereticali nella società medievale italiana (secoli XI–XIV), 4. Aufl., Florenz 1972.

Wadding, L., Annales Minorum seu trium ordinum a S. Francisco institutorum, ed. tertia, T. III, Quaracchi 1931.

Wolff, Ph., Histoire du Languedoc (Herausgeber und teilweise Verfasser), Toulouse 1967.

Zanoni, L., *Gli Umiliati* nei loro rapporti con l'eresia, l'industria della lana ed i comuni nei secoli XII e XIII (Biblioteca historica italiana Ser. 2, vol. 2) Mailand 1911.

–, *Valdesi* a Milano nel secolo XIII, in: Archivio storico lombardo, Ser. 4, vol. 17 (1912), S. 5–22.

REGISTER

1. Bibelstellen

2. Namen und Sachen (W. = Waldenser(in)); I. = Inquisitor) a.M.

ARBEITEN ZUR KIRCHENGESCHICHTE

Herausgegeben von Kurt Aland, Carl Andresen und Gerhard Müller

Geist und Geschichte der Reformation

Festgabe Hanns Rückert zum 65. Geburtstag dargebracht von
Freunden, Kollegen und Schülern. In Verbindung mit Kurt Aland
und Walther Eltester herausgegeben von Heinz Liebing
und Klaus Scholder

Groß-Oktav. VIII, 486 Seiten, Frontispiz. 1966. Ganzleinen DM 104,–
ISBN 3 11 001236 7 (Band 38)

Knut Schäferdiek

Die Kirche in den Reichen der Westgoten und Suewen

bis zur Errichtung der westgotischen katholischen Staatskirche

Groß-Oktav. VIII, 186 Seiten. 1967. Ganzleinen DM 50,–
ISBN 3 11 001259 6 (Band 39)

Walter Bodenstein

Die Theologie Karl Holls im Spiegel des antiken und reformierten Christentums

Groß-Oktav. VIII, 354 Seiten. 1968. Ganzleinen DM 76,–
ISBN 3 11 001239 1 (Band 40)

Reinhard Schwarz

Vorgeschichte der reformatorischen Bußtheologie

Groß-Oktav. X, 349 Seiten. 1968. Ganzleinen DM 76,–
ISBN 3 11 001241 3 (Band 41)

Preisänderungen vorbehalten

Walter de Gruyter Berlin · New York

ARBEITEN ZUR KIRCHENGESCHICHTE

Herausgegeben von Kurt Aland, Carl Andresen und Gerhard Müller

Klaus Wengst

Tradition und Theologie des Barnabasbriefes

Groß-Oktav. X, 129 Seiten. 1971. Ganzleinen DM 35,50
ISBN 3 11 003975 3 (Band 42)

Horst Weigelt

Spiritualistische Tradition im Protestantismus

Die Geschichte des Schwenckfeldertums in Schlesien

Groß-Oktav. XIV, 325 Seiten, 2 Karten. 1973. Ganzleinen DM 101,-
ISBN 3 11 003581 2 (Band 43)

Martin Stupperich

Osiander in Preussen

1549–1552

Groß-Oktav. XVI, 402 Seiten, 3 Karten. 1973. Ganzleinen DM 65,-
ISBN 3 11 004221 5 (Band 44)

Hans Hermann Holfelder

Tentatio et consolatio

Studien zu Bugenhagens „Interpretation in Librum Psalmorum"

Groß-Oktav. XII, 233 Seiten. 1974. Ganzleinen DM 76,-
ISBN 3 11 004327 0 (Band 45)

Reinhard Schlieben

Christliche Theologie und Philologie in der Spätantike

Die schulwissenschaftlichen Methoden der Psalmenexegese Cassiodors

Groß-Oktav. X, 132 Seiten. 1974. Ganzleinen DM 40,-
ISBN 3 11 004634 2 (Band 46)

Preisänderungen vorbehalten

Walter de Gruyter Berlin · New York

ARBEITEN ZUR KIRCHENGESCHICHTE

Herausgegeben von Kurt Aland, Carl Andresen und Gerhard Müller

Hans Schneider

Der Konziliarismus als Problem der Neueren Katholischen Theologie

Die Geschichte der Auslegung der Konstanzer Dekrete von Frebonius bis zur Gegenwart

Groß-Oktav. VIII, 378 Seiten. 1976. Ganzleinen DM 108,–
ISBN 3 11 005744 1 (Band 47)

Gerhard May

Schöpfung aus dem Nichts

Die Entstehung der Lehre von der creatio ex nihilo

Groß-Oktav. XII, 196 Seiten. 1978. Ganzleinen DM 82,–
ISBN 3 11 007204 1 (Band 48)

Gerhard Simon

Humanismus und Konfession

Theobald Billican, Leben und Werk

Groß-Oktav. XII, 260 Seiten, 1 Abbildung. 1980. Ganzleinen DM 98,–
ISBN 3 11 007862 7 (Band 49)

Text — Wort — Glaube

Studien zur Überlieferung, Interpretation und Autorisierung biblischer Texte — Kurt Aland gewidmet

Herausgegeben von Martin Brecht
Groß-Oktav. VIII, 397 Seiten, Frontispiz. 1980. Ganzleinen DM 128,–
ISBN 3 11 007318 8 (Band 50)

Preisänderungen vorbehalten

Walter de Gruyter Berlin · New York